¡HONDUREÑOS, A LAS ARMAS! (COLECCIÓN DE ESCRITOS)

POLICARPO BONILLA

ERANDIQUE
COLECCIÓN

¡HONDUREÑOS, A LAS ARMAS!
(COLECCIÓN DE ARTÍCULOS)
Por Policarpo Bonilla
Seleccionados y ordenados por Rómulo E. Durón

©Editorial Erandique 2024
Supervisión Editorial: Óscar Flores López
Diseño de portada: Andrea Rodríguez-Lilyana Gálvez
Administración: Tesla Rodas y Jéssica Cordero
Levantamiento de texto: Zona Creativa
Presidente: José Azcona Bocock

Primera edición
Tegucigalpa, Honduras-marzo de 2024

POLICARPO BONILLA

¡HONDUREÑOS, A LAS ARMAS!

(¡Selección de escritos!)

ERANDIQUE
COLECCIÓN

ÍNDICE

UN HOMBRE DE LEYES Y DE PISTOLA

Abogado de profesión, Policarpo Bonilla, el carismático dirigente liberal de finales del Siglo XIX y el primer cuarto del Siglo XX, no vaciló en hacerse de las armas para defender el orden constitucional.

Estos artículos, publicados en los tomos I y II de los libros Selección de Escritos, escogidos y ordenados por el gran Rómulo E. Durón, nos ayudan a descubrir el pensamientos del estadista y unionista que fue Policarpo Bonilla, antes de convertirse en aquel caudillo que, nostálgico de las glorias del pasado, fue uno de los causantes de la sangrienta revolución de 1924.

En Selección de Escritos, Policarpo Bonilla deja clara sus posturas contra la corrupción y la reelección, ataca sin temor a personajes poderosos y hace un llamado a los hondureños a tomar las armas (de allí el título que escogí para esta edición), para detener los intentos de tiranuelos para perpetuarse en el poder.

Sobre la corrupción, Bonilla escribió: "Y no puede darse el escándalo de que el Gobernante se halle en miseria al recibir el poder y lo deje siendo millonario, y deje también enriquecidos á subalternos, convertidos en cómplices; por más que uno y otros, para lograrlo, hayan tenido que robar á más de un infeliz, el pan que con sus hijos debiera llevarse á la boca".

Cuando el general Luis Bográn pretendió perpetuarse en el poder, Bonilla lo atacó públicamente a través del periódico EL BIEN PÚBLICO.

Tuvimos la franqueza de presentar al actual Gobernante los dos caminos que podía seguir; el de la gloria, ó el de la infamia — expuso Bonilla—. Prefirió el torcido sendero, y debe esperar que, si sigue por él, sus conciudadanos le apliquen al fin de la jornada, en vez del honroso título á que decía aspirar, el de verdugo despiadado de su patria.

No sería la última vez que atacaría a los déspotas.

Así como a Bográn, Bonilla se opuso a los planes continuistas de Ponciano Leiva.

Hondureños: ¡Levantad vuestra abatida frente! Llegó la hora de redimir á nuestra patria del pesado yugo que la avergüenza y oprime.

Volad á detenerla al borde del abismo del crimen, de degradación y de miseria, en que pronto va á sumirla su actual Gobierno si no ofrecéis en holocausto vuestra posición y fortuna, y hasta vuestra vida. Imitad el noble ejemplo de tantos mártires que han regado con su sangre los campos de batalla de La Ceiba, Danlí, El Carrizal y El Corpus, y en casi diarios combates en los pueblos del Sur, y el heroísmo de tantos que han expirado en el patíbulo —escribió el 29 de enero de 1893.

¿Qué esperáis? —preguntó—. ¿Acaso que penetre remordimiento en la lóbrega conciencia del anciano que no se ha aterrado al manchar sus canas con la sangre de seis centenares de víctimas, cuyos huesos blanquean en todos los ámbitos del país? ¿Acaso que sus cómplices se avergüencen de su obra?

Con pluma o pistola en mano, el joven Policarpo Bonilla sufrió persecución y fue herido de gravedad, pero no le bajó a la intensidad de su lucha. Unos años más tarde, fue encarcelado y exiliado.

Casi en el ocaso de su vida (ya habrá tiempo de debatir sobre eso más adelante), le provocó, por culpa de su intransigencia, un daño irreparable a Honduras.

Agradezco la gentileza de los nietos de Rómulo E. Durón (e hijos de Jorge Fidel Durón), licenciado Mauricio y arquitecto Luciano, por permitirme trabajar en este libro, acompañado de pláticas inolvidables, buen café y postre.

Los libros que ellos me facilitaron tienen dedicatoria con la firma de Policarpo Bonilla a Rómulo E. Durón.

¡Licenciado Mauricio Durón, arquitecto Luciano Durón, gracias por este aporte a la historia, cultura y literatura de Honduras!

Óscar Flores López/Editor COLECCIÓN ERANDIQUE

RASGOS BIOGRÁFICOS

NACIÓ POLICARPO BONILLA en Tegucigalpa, el 17 de marzo de 1858. Fueron sus padres el Lic. don Inocente Bonilla, honor del foro hondureño, y doña Juana Vásquez de Bonilla, distinguida matrona, de cuyas preclaras virtudes se conservará indeleble el recuerdo en nuestra sociedad. La niñez del señor Bonilla se deslizó en medio de las privaciones y penalidades de la pobreza. Había perdido á su padre á los siete años, y le habían quedado únicamente los tiernos afectos de su buena madre, quien, á pesar de delicada salud, atendió á su educación con las dificultades que naturalmente se presentan á quien sólo cuenta con los escasos recursos de su trabajo personal para la subsistencia. Hecho el aprendizaje de las primeras letras, el señor Bonilla ingresó á la Universidad, en donde recibió las enseñanzas del notable humanista don Julio Contreras y de otros profesores que supieron poner muy alto su nombre en aquel instituto, por sus profundos conocimientos y por su acierto en las tareas del profesorado.

A la edad de catorce años obtuvo el grado de Bachiller en Filosofía; á la de diez y seis, por suficiencia, los de Bachiller en Derecho Civil y Canónico; y apenas había cumplido veinte años, cuando, después de brillante examen sostenido ante la Corte de Justicia, alcanzó el título de Abogado. Comenzó desde luego á ejercer su difícil profesión, y se distinguió en ella de tal manera, que pronto contó con una clientela numerosísima. Por esa misma época estuvo desempeñando con aplauso el cargo de Contador del Tribunal Superior de Cuentas, y dirigía á la vez al Juez de Letras Militar de este departamento.

Posteriormente hizo un viaje á los Estados Unidos de Norte-América, y se dedicó al comercio, fundando la sociedad "Fortín y Bonilla", que giró durante ocho años en esta capital, y cuyos negocios dirigió con acierto y con éxito. No obstante las tareas comerciales, continuó dedicado también á las de la Abogacía. En estas últimas fué donde el señor Bonilla dió á conocer su carácter y tendencias. Cuando comenzó sus labores profesionales, había la costumbre de acatar como leyes toda clase de disposiciones emitidas por el Poder Ejecutivo. Él inauguró, luchando rudamente, la práctica contraria, sosteniendo en diferentes ocasiones que sólo debía respetarse como ley la que emanara del poder que tuviera facultades para dictarla y revistiese las formalidades prescritas por la Constitución. En comprobación de ésto puede recordarse que nunca reconoció como ley el decreto de Reformas al Código de Procedimientos y á la Ley de Tribunales que el Poder Ejecutivo dictó, mediante una indebida autorización del Congreso, el 17 de marzo de 1883, y que, en sus gestiones como Abogado, siempre se atuvo á las prescripciones del Código y ley citadas, considerándolas, en toda su extensión, en su vigor y fuerza. Cuando estaba para expirar el primer periodo presidencial del General don Luis Bográn, se trató de la reelección de éste. Con tál motivo, el 6 de enero de 1887 hubo en el Palacio de Gobierno una junta de notables que debía decidir sobre el particular. El señor Bonilla fué convocado á ella, y asistió. La mayor parte de los concurrentes eran empleados de aquel Gobierno, y expusieron terminantemente sus deseos en favor de la reelección, á pesar de que se había manifestado opuesto á ella el mismo General Bográn, en el discurso que dirigió á la junta.

El señor Bonilla, aunque con disposiciones emitidas por el Poder Ejecutivo. Él inauguró, luchando rudamente, la práctica contraria, sosteniendo en diferentes ocasiones que sólo debía respetarse como ley la que emanara del poder que tuviera facultades para dictarla y revistiese las formalidades prescritas por la Constitución. En comprobación de ésto puede recordarse que nunca reconoció como ley el decreto de Reformas al Código de Procedimientos y á la Ley de Tribunales que el Poder Ejecutivo dictó, mediante una indebida autorización del Congreso, el 17 de marzo de 1883, y que, en sus gestiones como Abogado, siempre se atuvo á las prescripciones del Código y ley citadas, considerándolas, en toda su extensión, en su vigor y fuerza. Cuando estaba para expirar el primer período presidencial del General don Luis Bográn, se trató de la reelección de éste. Con tal motivo, el 6 de enero de 1887 hubo en el Palacio de Gobierno una junta de notables que debía decidir sobre el particular. El señor Bonilla fué convocado á ella, y asistió. La mayor parte de los concurrentes eran empleados de aquel Gobierno, y expusieron terminante- mente sus deseos en favor de la reelección, á pesar de que se había manifestado opuesto á ella el mismo General Bográn, en el discurso que di- rigió á la junta. El señor Bonilla, aunque conociendo que todo aquello era una farsa, trató de aprovechar las declaraciones del Presidente, y comprometerlo á que formalmente desistiera de su candidatura; pero nada consiguió. Sometido el punto á votación, le siguieron unos pocos, y tuvo en contra una enorme mayoría, que votó por la reelección.

El señor Bonilla entonces inició trabajos en favor de la elección del distinguido ciudadano señor don Céleo Arias. Publicó una exposición excitando á éste á que diese á conocer al pueblo hondureño si aceptaba ó no la candidatura, y, en el primer caso, á que pre- sentase su programa administrativo. El señor Arias aceptó: publicó su hermoso manifiesto intitulado Mis Ideas, y con esto quedó empezada la campaña electoral.

El resultado de la lucha fué el que debía esperarse. El poder contaba con todo: la oposición no contaba más que con su inquebrantable decisión y energía, y necesariamente había de quedar vencida, aun cuando equivalga á una victoria moral una derrota debida á la imposición y la violencia. Recuerdo que entonces uno de los Ministros más atendidos por el Gral. Bográn me dijo, en tono de satisfacción, estas palabras: "Si, amigo: es muy difícil ganarle las elecciones á un Gobierno", lo que fué una espontánea y valiosísima confesión.

Reelecto el General Bográn, comprendió el señor Bonilla la necesidad que el Partido Liberal tenía de una imprenta independiente para defender su causa, y proyectó establecerla. Al efecto promovió la formación de una sociedad anónima con personas de todos los departamentos de la República, no obstante que el señor Arias desconfiaba del éxito. La sociedad se fundó, y se estableció "La Prensa Popular". Habiendo fallecido el señor Arias en mayo de 1890, era indispensable procurar que el Partido Liberal, que sólo tenía su nombre y su programa por enseña, tuviese unidad y fuerza por medio de la disciplina, obedeciendo á un plan de acción fijo, organizándose sin consideración á persona alguna, y sometiéndose á una Constitución. El señor Bonilla tomó sobre sí esta tarea, echando las bases para la organización del Partido en octubre siguiente.

El 8 de noviembre de ese año dió el señor Bonilla una prueba de civismo y de respeto á las instituciones, muy rara en países que, como el nuestro, no han alcanzado su completo desarrollo, y en que no es el verdadero republicanismo la base de la vida política y social. Ese día se sublevó en Tegucigalpa el General don Longinos Sánchez, Comandante de Armas del departamento, contra el Gobierno del General Bográn. El señor Bonilla, que hacía la oposición á este Gobierno y que, á haber querido manchar su nombre, hubiera podido aprovechar el pronunciamiento de Sánchez para adueñarse del poder, se puso al servicio del Gobierno constituido, y con el pronto auxilio que con sus correligionarios le prestó, afirmó en el poder al General Bográn, dándole fuerza material y moral desde el primer momento, desde muy antes que hubieran podido venir en su socorro las divisiones de los departamentos, y decidiendo así, desde luego, el fracaso de la intentona de Sánchez. Fué entonces la primera vez que el Doctor Bonilla jugó su vida en los combates. Debelada la sublevación, influyó poderosamente en el ánimo del General Bográn á efecto de que no se aplicase la pena de muerte á ninguno de los comprometidos, aunque fuese muy grave su responsabilidad, y consiguió su objeto. En esos días tuve el honor de cooperar á la defensa del Gobierno legítimo, ejerciendo, por depósito que en mí hiciera de su cargo el Coronel y Doctor don Rodolfo Pineda, la Comandancia de Armas del departamento de Copán. Entre las comunicaciones oficiales que recibí sobre el curso de los sucesos, me llegó un telegrama del señor Bonilla, en que me daba noticia de haber concluido todo.

Comprendí, por los términos del telegrama y por mi conocimiento del señor Bonilla, la participación que había tenido en la defensa del Gobierno, y tomando en cuenta que poco antes de la sublevación, esto es, á fines de octubre, había lanzado él las bases para la organización del Partido Liberal, no vacilé en transcribir, en mi carácter de Comandante, su telegrama á "El Imparcial" de Guatemala, que dirigía don Augusto Mulet de Chambó, y á "El Heraldo" de San Salvador, que redactaba don Miguel Plácido Peña, en estos términos:

Santa Rosa: 18 de noviembre de 1890.-A Redactores de "El Imparcial" y "El Heraldo". —El Jefe del Partido Liberal me dice con fecha de ayer: "Insurrección Sánchez, debelada; traidor murió suicidado. Todo el orden restablecido. El Partido Liberal ha cumplido con su deber. Comuníquelo amigos. —P. Bonilla". —Su servidor—. Rómulo E. Durón.

Como aun no estaba hecha la elección del Jefe del Partido Liberal, conforme a las bases de octubre, mi telegrama fué mal visto, así en las esferas del Gobierno como entre algunos de nuestros correligionarios. Con todo, quedó demostrado que mi anticipación á llamar al señor Bonilla Jefe del partido, era fundada, pues en las elecciones que en seguida se practicaron en los departamentos que hasta entonces habían entrado en el plan de organización, fué el señor Bonilla favorecido casi por unanimidad de votos. Hago esta declaración hoy que no está en el poder el señor Bonilla, y que por lo mismo no puede creérsela interesada.

El 5 de febrero de 1891 dictó en Tegucigalpa la Convención Liberal, con representantes de seis departamentos, la Constitución del Partido, habiendo acogido en ella las ideas fundamentales del programa del señor Arias y las bases provisionales de organización de octubre de 1890. La Convención declaró electo al señor Bonilla Jefe del Partido y candidato á la Presidencia de la República en el nuevo período. Así quedó inaugurada la campaña electoral. La lucha fué vigorosa. El Partido tenía imprenta siquiera, y con ella tuvo bastante para enfrentarse con el poder, que apoyaba la candidatura del General don Ponciano Leiva. Pero en esta campaña, como en la anterior, habían de resultar triunfantes la imposición y el fraude. En mayo de ese año fué asaltado y tomado el cuartel de Amapala por unos pocos emigrados, habiendo muerto en la refriega el Comandante del puerto, General don Santos Bardales.

Pronto el puerto fué recuperado, y el movimiento no tuvo más trascendencia, pues era absolutamente aislado. Sin embargo, él sirvió de pretexto al General Bográn para declarar en estado de sitio toda la República, y de este modo impidió los progresos de la propaganda que por la prensa se le hacía á la candidatura liberal. El estado de sitio se levantó el 15 de agosto, cuando ya el Poder tenía seguridad de hacer triunfar su candidatura y cuando el Partido Liberal no tenía tiempo de reanudar completamente sus trabajos, pues las elecciones debían comenzar el 5 de septiembre.

Las elecciones se practicaron como era de esperarse; y á pesar de que no hubo libertad en ellas, obtuvo el señor Bonilla más de 15.000 votos en una base falseada de 49.662 sufragantes. En consecuencia, fué declarado electo Presidente de la República el General Leiva. Si hubiera habido libertad, y probablemente aun faltando, sin haberse cometido fraude, puede asegurarse que el resultado habría sido contrario. A pesar de las irregularidades incalificables de esta elección, el Partido Liberal se habría sometido si se hubiera abierto una nueva era administrativa. El señor Bonilla, deseoso de que volviera la tranquilidad a todos los hogares y seguro del triunfo en una nueva campaña electoral, propuso al Gobierno del señor Leiva la organización de un Gabinete formado por hombres respetables que no tuviesen compromisos con ninguna agrupación y que dieran al pueblo garantías de que se llevaría al Poder la moralidad política y de que serían castigados con arreglo á la ley los que, durante la Administración anterior, la habían violado cometiendo atentados contra los derechos individuales y dilapidando los bienes del Tesoro Público. El señor Leiva no supo apreciar esto en lo que valía, y no sólo desoyó esa voz amiga, sino que hizo lujo de mantener en sus puestos á la mayor parte de los empleados culpables de la Administración Bográn, y exigió que el señor Bonilla disolviera la agrupación liberal. Esto era inaguantable, y el señor Bonilla rechazó indignado semejante exigencia. Entonces comenzó contra él y los suyos la más implacable persecución. Se les molesto por todos los medios imaginables, y por fin, el 8 de mayo de 1892 fueron expulsados del país el señor Bonilla, los Generales don José María Reina, don Erasmo Velásquez, don Dionisio Gutiérrez y don Miguel R. Dávila, y los Licenciados don Miguel Oquelí Bustillo y don Enrique Lozano.En estas circunstancias, sólo la revolución podía salvar al país, y la revolución comenzó.

El 22 de junio, el Coronel don Leonardo Nuila asaltó y tomó el cuartel de La Ceiba, proclamando Presidente al señor Bonilla, y el 5 de julio se dirigieron á la frontera de Nicaragua los patriotas de Tegucigalpa y Comayagüela, á cuyo frente se pusieron allá los Generales Reina, Velásquez, Dávila y Laínez. Estos y otros movimientos simultáneos en la frontera salvadoreña, fueron desgraciados. El ejército de Nuila, que se formaba de 700 hombres bien armados se desbandó en Quiebra-Botija, y el ejército del Sur, que contaba con muy pocos rifles y tuvo que batirse con arma blanca y hasta con piedras, sucumbió ante el numeroso y bien equipado ejército del Gobierno en Las Anonas, primero, y después en El Corpus, en donde seguido del General don Dionisio Gutiérrez, de los Licenciados Lozano y Oquelí y de otros ardientes revolucionarios, se había fortificado el General Sierra. La acción del Corpus, librada poco después del combate en que el General Sierra con unos pocos soldados derrotó en El Carrizal á las fuerzas que mandaba el entonces Coronel Antonio Tercero, fué de las más reñidas. El General Sierra defendió la plaza durante tres días, teniendo apenas como 125 hombres, habiendo sido atacado con 1.500 al mando de los Generales Vásquez, Williams y López, quienes contaban además con dos piezas de artillería. La acción del Corpus fué el último esfuerzo de la campaña liberal en 1892. Pero el señor Bonilla, que se hallaba entonces en Guatemala y no había podido reunirse con los revolucionarios, se preparó para el año siguiente. Burlando la vigilancia de las autoridades nicaragüenses, y viniendo por tierra desde Costa Rica, logró penetrar hasta Somoto, donde permaneció de incógnito, hasta que en febrero de 1893 se presentó en la frontera seguido de gran número de sus partidarios, habiendo luego ocupado el pueblo de Güinope. Una vez allí, se iniciaron conferencias en favor de la paz por parte del Gobierno, que presidía á la sazón el Licenciado don Rosendo Agüero por depósito que en él hiciera el General Leiva. Las conferencias no dieron el resultado apetecido, y el ejército liberal pasó á ocupar á Tatumbla, á cuatro leguas al Sudeste de la capital.

En Tatumbla hicieron prodigios de valor los revolucionarios, no habiendo podido desalojarlos de allí en treinta días el General Vásquez, Jefe de las fuerzas del Gobierno. El señor Bonilla dispuso por fin levantar el campo y venir á atacar á Tegucigalpa. El 28 de marzo amanecieron las huestes liberales en El Picacho, y como á las once de la mañana tomaron La Leona y gran parte de la ciudad habiendo tenido que replegarse hacia el cerro como á la una de la tarde al entrar en combate las fuerzas, superiores en número y equipo, del General Vásquez que habían quedado burladas en Tatumbla. Una fuerte columna de éstas había sido destacada del camino sobre el cerro de Las Crucitas y allí fué completamente derrotada por el ejército liberal, después de un reñidísimo y terrible combate, que duró desde las cuatro de la tarde hasta las once de la noche.

El ejército liberal continuó cinco días más en El Picacho, de donde destacó una columna al mando del General Bonilla, para capturar un convoy de cartuchos y dinero que venía de Comayagua, lo cual por un desgraciado accidente no se logró. Por falta de dinero, principalmente, el resto de la fuerza liberal abandonó la posición, dirigiéndose á Cedros con el objeto de ponerse en comunicación con Olancho, y proveerse de allí de los recursos necesarios. En el camino, en el Río Hondo, quedó el General Sierra con una columna encargado de amenazar la capital, y de detener al enemigo ó seguirlo para atacarlo por retaguardia si á su vez atacaba la plaza de Cedros. Cumpliendo con la primera parte de su misión el General Sierra libró en Coa un combate con una fuerza que mandaba el General Vásquez en persona, obligándole á regresar á la capital; pero ya no pudo concurrir á la reñida acción que se libró en Cedros, desde el 8 de abril, en donde el General Manuel Bonilla fué gravemente herido.

Después de seis días de estar enfrentado al enemigo, el Doctor Bonilla con sus fuerzas marchó á Guaimaca, á donde se replegó el General Sierra. Descuidado por el exceso de fatigas y privaciones estaba allí el ejército liberal el 15 del mismo mes cuando se presentaron las fuerzas de Villela. A pesar de la sorpresa, los revolucionarios hicieron brillantes cargas; y la victoria habría coronado sus esfuerzos, en vez de ser una acción más bien indecisa, si el señor Bonilla no hubiera sido herido; y al sacarlo del campo de batalla no se hubiera perdido gran número de tropas, por cierto de las mejor equipadas. Iba montado y acompañado sólo del General Sierra á visitar el puesto del cementerio, caminando por un llano limpio, á distancia de menos de cien pasos de una guerrilla enemiga, que hacía fuego parapetada en un barranco, cuando una bala le atravesó el brazo derecho y el pecho de tetilla á tetilla. La arteria principal había sido rota en el brazo, y se creyó que la herida era mortal. El herido fué trasladado en camilla á Juticalpa, donde permaneció en cama trece días, al cabo de los cuales sobrevino la hemorragia por la rotura de la arteria, que hizo necesaria una operación de ligadura. Se practicó esta sin éxito, al mismo tiempo que el ejército liberal se batía otra vez á las órdenes del General Sierra en El Salto, logrando contener al enemigo y asegurar, sin persecución ya, la marcha hacia la frontera de Nicaragua. El Doctor Bonilla, conducido en hamaca, custodiado por más de ochenta de sus más leales amigos, y cargado por ellos en sus hombros, por la gravedad de su estado no quiso pasar de Las Cañadas, hato de Félix Medina, en donde resolvió esperar la llegada del Doctor Julián Baires, para que en unión del Doctor Alejo S. Lara h., que le acompañaba, practicase una nueva operación.

Crítica era en verdad la situación, porque el Doctor Lara declaraba que por justos motivos no podía practicar él solo la ligadura de la arteria; y dentro de pocas horas la debilidad del enfermo no lo permitiría. Felizmente llegó Baires, y juntos practicaron el 3 de mayo una feliz operación. El mismo día el Doctor Bonilla continuó la marcha y el siete traspasó la frontera de Nicaragua. Con eso quedó terminada la segunda campaña de la revolución liberal. Por entonces en Nicaragua una revolución se sucedió á otra quedando definitivamente el partido liberal en el Poder, y aliviada la difícil situación de los emigrados hondureños. El señor Bonilla fué electo Diputado á la Asamblea Constituyente por el departamento de Carazo; y en su puesto hizo honra á su credo y á su país. A fines de 1893 se inició la tercera y última campaña. El 24 de diciembre de aquel año inauguró el señor Bonilla su Gobierno en Los Amates. A este acto sucedieron la ocupación de la plaza del Corpus y la de Choluteca, y finalmente la de Tegucigalpa, á donde entró el ejército vencedor, auxiliado por el ejército nicaragüense, el 22 de febrero de 1894. Pronto quedó pacificado el país y se entró en una era de reparación, de progreso y de justicia. Lo primero que hizo el señor Bonilla fué convocar la Asamblea Constituyente que dictó la liberal Constitución que en la actualidad rige. Electo Presidente Constitucional, ha consagrado sus energías á promover el adelanto en los diferentes ramos del Gobierno. Su labor administrativa aparece justificada en sus Mensajes que formarán el tomo final de esta colección. Dedicó atención especial á dos importantes problemas: el de la reconstrucción de la República de Centro América, que se hubiera logrado á no acaecer el movimiento revolucionario del 13 de noviembre de 1898 en San Salvador: y la construcción del ferrocarril interoceánico, acerca de la que nada puede afirmarse como seguro por ahora con motivo de la falta de inteligencia que acerca de la contrata ha habido entre el Gobierno y el Sindicado. El señor Bonilla ha concluido su período presidencial en paz, y ha tenido la satisfacción de entregar el Poder al sucesor que el pueblo le designó, cumpliendo así sus deberes de ciudadano y sus compromisos como individuo y Jefe del Partido Liberal. Su conducta en el Poder ha merecido con justicia el aplauso de propios y extraños. Pocas vidas podrán presentarse tan brillantes y fecundas á los cuarenta años de edad. Y el haber sido el señor Bonilla lo que ha sido, le valdrá un gran porvenir, un porvenir que, al desarrollarse, hará ver lo que ha conseguido hasta hoy como el comienzo de la obra que está llamado á realizar. Van á verse en seguida sus escritos: ellos, mejor que estas páginas, darán á conocer el temple de alma, el inquebrantable carácter y la osadía y tenacidad de este notable hondureño, quien es por otra parte de índole suave y de modestia sincera. Ellos también darán á conocer los detalles de su vida que en esta rápida narración haya involuntariamente omitido. Por lo que hace a la obra literaria, el señor Bonilla piensa que sólo se ha esmerado en su discurso de incorporación en la Academia de Honduras; pero, por mi parte, hallo en todos sus escritos el gran mérito del hábil manejador del idioma y del profundo pensador, que consiguen realizar la difícil facilidad: el escribir lo que se quiere con tal precisión, exactitud y propiedad, que ni faltan ni sobran las palabras ni los conceptos, ni se advierte por otra parte esfuerzo alguno de parte del escritor. Los primeros artículos del presente libro fueron, al publicarse por primera vez, armas de combate; pero están destinados a continuar siéndolo, como su autor lo está para seguir siendo esperanza de la patria y firme defensor del liberalismo.

RÓMULO E. DURÓN. 17 de febrero de 1899.

CUESTIÓN JURÍDICA

I

Señor Redactor de EL ORDEN:

En el número 36 de su periódico he visto un artículo en que pone Ud. en parangón dos sentencias, pronunciada una por el Juez de Letras Militar de este departamento contra el Coronel don Manuel Morey "por haber llevado al cuartel y dado latigazos á unos muchachos malcriados", según las propias palabras de Ud.; y la otra por la Corte de Apelaciones de esta Sección contra Romualdo Fuentes, por homicidio cometido en el Inspector Coronel don Luis Blum.

La casualidad, tal vez, habrá querido que Ud. haya tomado como objeto de comparación dos sentencias pronunciadas en procesos en que yo he intervenido, aunque desempeñando funciones bien diferentes. En el instruido contra el Coronel Morey, no sólo dirigí al Juez en su tramitación, sino que también le aconsejé el fallo que pronunció. En el instruido contra Fuentes, fui defensor del reo, y como tal, hice en su favor cuanto por las leyes me era permitido.

He explicado estos antecedentes, que acaso Ud. ignoraba, para poner en claro la sola razón que me impulsa á contestar las apreciaciones que Ud. hace contra la sentencia que aconsejé, porque si alguna responsabilidad pudiera ocasionar al Juez que la pronunció, la acepto toda entera ante la opinión pública, y la aceptaré en cuanto me sea posible, si se llega el caso, aun ante los Tribunales.

Pero antes, teniendo en cuenta que es Ud. un Abogado notable, le haré la siguiente observación: Dice Ud. que la sentencia condena al Coronel Morey á la pena de "dos años seis meses de prisión", y es esto falso, porque la sentencia dice: "dos años seis meses de reclusión". Esta sustitución me parece de alguna importancia, porque la pena de prisión es pena de falta, y como tal no puede en ningún caso exceder de sesenta días; y la pena de reclusión lo es de simple delito ó de crimen, y como tal debe comenzar en los sesenta y un días. También esta sustitución podría ser de trascendencia, porque, según las consideraciones que cada cual haga sobre la causa que la motiva, importe quizá el crédito de un Abogado ó periodista.

Por ejemplo. Hay quien asegure que Ud., señor Redactor, no ha visto ni el proceso ni la sentencia que tan mal ha tratado; pero este aserto, por ofensivo que sea para Ud., es increíble para mí: sería preciso concederle un atrevimiento, de que lo creo incapaz, para criticar á ciegas ó cuando más por informes tomados de fuente no muy pura. Otro quizá pretenda que Ud. no ha abierto ni leído la primera página siquiera del Código Penal, concibiendo sólo así que Ud. haya incurrido en el grave error en que me ocupo; o tal vez, yendo más lejos, crea que Ud., apegado á la antigua legislación y desdeñando, como muchos otros Abogados, según Ud. lo ha asegurado en varias ocasiones, leer siquiera los Códigos que nos rigen, tenga la opinión de que subsiste la prisión como pena de delito; pero tales suposiciones las creo aún más inaceptables, porque Ud. ha demostrado siempre mucho amor á la nueva legislación, y criticado á menudo con la merecida severidad á esos Abogados á que me he referido.

Queda todavía otra suposición que puede hacerse, y que desde luego me apresuro á declarar absurda: puede pretenderse, con motivo de otras omisiones importantes que Ud. ha hecho en su artículo, que de propósito y con el dañado intento de hacer pesar sobre el Juez las consecuencias, Ud. ha sustituido una palabra por otra; pero repito que esto es absurdo suponerlo, porque Ud. se ha constituido en todo caso y circunstancias, Apóstol de la Verdad, y en honor de ella, tal es el concepto en que sus conciudadanos le tienen.

Por estas razones, no siendo concebible que un distinguido jurisconsulto como Ud. haya incurrido deliberadamente en una equivocación, ni que, acreditado periodista, como es, haya procedido de mala fe, debo creer y creo firmemente que del error ha sido causa el señor Director de la Imprenta, y Ud., si acaso, en una parte insignificante, por haber tenido la distracción de no notarlo en la corrección de pruebas. Después de esta digresión que me he permitido más bien en provecho de Ud., paso á contestar la parte sustancial de su artículo, sobre la desproporción que dice Ud. existe entre las penas impuestas por las dos sentencias antes mencionadas. Instruido el proceso contra el Coronel Morey, y por el mérito que de él apareció, juzgué que el reo había cometido los delitos de arresto arbitrario y aplicación de tormentos definidos por los artículos 149, inciso 1º y 151, número 1º, del Código Penal, comprendidos en el § IV que trata *De los agravios inferidos por funcionarios públicos á los derechos garantidos por la Constitución, que dicen literalmente:* Artículo 149. —*Todo empleado público que ilegal y arbitrariamente desterrare, arrestare ó detuviere a una persona, sufrirá la pena de reclusión menor y suspensión del empleo en sus grados mínimos á medios.* Art. 151. —*Sufrirán las penas de presidio ó reclusión menores y suspensión en cualquiera de sus grados: 1.º —Los que decretaren ó prolongaren indebidamente la incomunicación de un reo, le aplicaren tormentos ó usaren con él de un rigor innecesario.* Advierto por si alguien lo ignora, que la duración de las penas que establece el primero de los artículos citados, es de sesenta y un días á dos años, y la de las que establece el segundo, de sesenta y un días á tres años.

Habiendo estimado el primero de los delitos como medio para perpetrar el otro, lo consideré sólo como circunstancia agravante —artículo 13, número 17 del mismo Código; y juzgando que concurrió también la que señala el número 6 del mismo artículo, impuse la pena en el término medio de su grado máximo. Omito el repetir las apreciaciones de hecho y las demás consideraciones de derecho en que la sentencia se funda, porque supongo que se publicará en La Gaceta de los Tribunales, y su sola publicación es la mejor defensa. En cuanto al fallo pronunciado por la Corte de Apelaciones, se ha publicado ya en la misma Gaceta, y me parece bastante indicar á Ud., que, como Abogado, debe saber que el hecho de haber cometido un hombre un crimen atroz por el nombre con que la ley lo defina no exige forzosamente la imposición de la pena en la misma ley establecida, porque pueden concurrir circunstancias que obliguen al Tribunal á disminuir aquélla en tantos grados que resulte penado el que llevaba el nombre de crimen atroz, como una falta ligera.

Mas en el presente caso ni siquiera se ha disminuido en un grado la pena que el artículo 394 del Código Penal señala al homicidio. Por esta razón no concibo cómo Ud. ha demostrado tanto asombro en vista de la sentencia en que me ocupo, ó más bien sin haberla visto, puesto que no funda su parecer en detalles del proceso. Ud.

llama en su artículo la atención de la Corte de Apelaciones sobre la sentencia contra el Coronel Morey; y como yo no tengo pretensiones de infalible, en caso de ser reformada, confesaré francamente mi error, si las razones en que se funda el Superior Tribunal me obligan á reconocerlo.

No puedo convencerme de que deba tomar su artículo á la letra: me veo precisado á creer que Ud. bajo pretexto de criticar á los Jueces, y sin tener el valor necesario de ser franco, ha querido criticar al Legislador; porque si alguna desproporción hubiera en las penas, como Ud. lo asegura, no sería por culpa de los Tribunales que las aplican, sino de los artículos 149, 151 y 394 del Código que las establece.

Si Ud. cree de buena fe que "la leve falta de aplicar unos cuerazos á muchachos malcriados" en ningún caso debe tener la misma pena, ó con poca diferencia, que el delito de homicidio, proponga al Poder Ejecutivo dirija su mirada sobre tan absurdas disposiciones penales, á juicio de Ud., y acuerde su reforma. En conclusión, debo declarar, para tranquilidad de mi conciencia y de mis amigos, que si alguna vez vuelvo á ocuparme de EL ORDEN no será por algo escrito contra mí, que preveo sea en todo conforme á su programa cumplido siempre á la letra, y haré abstracción de su redactor; pues si al presente he contestado directamente, ha sido por dar una satisfacción, ó más bien una explicación á la sociedad, ya que ésta ha tolerado la existencia del periódico á pesar de la *muy noble misión que se ha impuesto.*

Tegucigalpa: 2 de julio de 1881.

II

Señor Redactor de LA PAZ: He leído, con el detenimiento que merece, el artículo que registra el número 184 de su importante periódico, en el cual combate Ud. la sentencia que aconsejé al Juez de Letras Militar de este departamento contra el Coronel don Manuel Morey, y que defendí en un Remitido á EL ORDEN, publicado en el número 183 de su mismo periódico.

No convenciéndome, como Ud. lo sospechó, de que he incurrido en los errores que me atribuye, no obstante el gran peso de las razones en que Ud. apoya su opinión, me aprovecho de la invitación que me hace á replicar, abriéndome las columnas de LA PAZ.

Al hacerlo, sintiendo sólo estar en desacuerdo sobre puntos de derecho con un Abogado a quien respeto por su ilustración reconocida en todo Centro América, cumplo con un deber. Pero lo cumplo con la satisfacción y la honra de ver en mi adversario un periodista que comprende y aprecia, como es debido, la elevada misión de la prensa; que quiere, no su descrédito, sino convertirla en apoyo de los débiles; que tiene interés en que la sociedad se convenza de su benéfica influencia; y de quien no puedo temer que descienda al insulto, porque siempre se coloca á la altura de sus deberes. Ya una vez ha hecho Ud. justicia á mi sinceridad y buena fe, y no dudo me la conceda en la defensa que voy á hacer.

Afirma Ud. que he cometido dos errores en la sentencia que aconsejé. Uno, del cual me ocuparé primero por creerlo de más gravedad, es el haber considerado como circunstancia agravante del delito de aplicación de tormentos el de arresto arbitrario; y el otro, el haber estimado que concurrió la agravante 6.ª del artículo 13 del Código Penal. Ud. no niega que dichos delitos son distintos, puesto que están penados en el Código separadamente; pero opina que para cometerse el primero es necesaria la comisión del segundo, no pudiendo concebir que se apliquen los tormentos sin estar el ofendido bajo el poder del ofensor: que por lo mismo, el artículo 151, al definir y penar el de aplicación de tormentos, lo ha definido y penado con todas sus circunstancias, comprendido el arresto previo que debió presuponer. De todo lo cual deduce Ud., fundándose en el artículo 66, que siendo el arresto una circunstancia inherente al delito que se propuso ejecutar el culpable, no puede producir el efecto de aumentar la pena de éste.

No puedo poner en duda, ni lo he puesto nunca, que el artículo 151 exige, para que se constituya el de- lito que define, que el ofendido sea un reo ó arrestado, puesto que terminantemente lo establece. Pero ¿será necesario que el arresto previo sea arbitrario? O en otros términos: ¿exigirá el citado artículo que el arresto previo sea un acto criminal? Siguiendo el consejo de Ud. he consultado al que pasa por la calle, y me ha contestado poniéndome los siguientes ejemplos: "Un Juez manda arrestar á un hombre por imputársele algún delito, y lo hace sin separarse de las prescripciones de la ley; pero arrestado, reconoce en él á un enemigo, y por satisfacer su venganza manda darle de palos". No quiero dar la solución por esperarla de Ud., que de seguro dirá se ha cometido sólo el delito de "vapuleo", y en manera alguna el de arresto arbitrario, porque lo impuso legalmente el Juez. He aquí el otro ejemplo: "Un hombre está arrestado, legal ó arbitrariamente. El Alcaide por cualquier causa le manda aplicar el vapuleo". ¿Qué delito ha cometido este empleado? Sin lugar á duda Ud. me contestará que el mismo del caso anterior; y que si el arrestado lo había sido arbitrariamente, responderá por este delito su autor. Con estos ejemplos, que según he confesado me suministró el que pasa por la calle, cuya voz no desprecio porque es la voz del pueblo, creo demostrar que el artículo 151 no presupone que el arresto previo del ofendido sea ilegal y arbitrario, que constituya un delito; y deduzco la consecuencia de que no es una circunstancia inherente al delito principal. ¿Lo será acaso cuando un mismo empleado impone ilegalmente el arresto y aplica los tormentos? Para contestar, preciso es distinguir dos casos. Uno, cuando hasta después de cometido el primero ocurre al culpable la comisión del segundo. El otro, cuando con intención deliberada se sirve del arresto como medio más seguro para la ejecución del que se propone como fin. Convengo con Ud. en que para resolver el primer caso, es necesario leer el artículo 66, que encierra el secreto de la cuestión, puesto que dice: "No producen el efecto de aumentar la pena las circunstancias agravantes que por sí mismas constituyan un delito especialmente penado por la ley"...

La razón es clara. En el caso á que esta disposición se refiere debe aplicarse el artículo 77, que dice así: "Al culpable de dos ó más delitos se le impondrán las penas correspondientes á las diversas infracciones". Luego en este caso puedo inferir con razón que el arresto arbitrario no es una circunstancia inherente al delito de vapuleo. Para resolver el segundo caso, que es el mismo que motivó la sentencia que defiendo, creo conveniente copiar el considerando que al punto debatido se refiere. "Considerando: que aparece haberse impuesto el arresto solamente como medio para aplicar el castigo de palos, y que, de conformidad con el artículo 13, número

17, y 78, inciso 1, del citado Código, el primero debe tenerse como una circunstancia agravante del segundo".

Desgraciadamente, como se ve, no creí necesario precisar si el arresto fué un simple medio ó un medio necesario para la ejecución del otro delito, pero ya que se debate este punto, declaro, y creo tenerlo demostrado, que no es medio necesario, pero que, siendo un delito menor que el principal, lo comprende en rigor la regla 17 citada, que tratándose de las circunstancias agravantes dice: "Ejecutar un delito menor como medio para perpetrar otro mayor". Ud., por el contrario, opina que es un medio necesario, de necesidad absoluta, y en esto funda su opinión de que no puede ser agravante del delito que sirve de fin. Lo doy por admitido, pero trascribiendo el artículo 78 que dice: "La disposición del artículo anterior (el 77 ya citado) no es aplicable en el caso de que un solo hecho constituya dos ó más delitos, ó cuando uno de ellos sea el medio necesario para cometer el otro. En este caso sólo se impondrá la pena mayor asignada al delito más grave".

¿Qué diferencia hay entre estas dos disposiciones? Cuando se dan las condiciones que las dos exigen, como en el presente caso, ninguna, y es ésta la razón por que las he citado á la vez. No veo, en verdad, que la haya entre considerar un delito revestido de circunstancia agravante y aplicarle la pena mayor asignada al mismo delito. Creo firmemente que si Ud. hubiera mencionado en su artículo disposiciones que son tan importantes para la cuestión, no estaríamos en desacuerdo, pues yo no he hecho otra cosa en la sentencia que cumplirlas, al poner la pena mayor asignada por el artículo 151 al delito de aplicación de tormentos, por estar revestido de la circunstancia agravante del delito menor de arresto arbitrario que define el 149. Me cita Ud. la doctrina del señor Pacheco en apoyo de su opinión; mas debo declarar que no la veo distinta de la que establece el artículo 66 de que me he ocupado, y en la misma sentencia he tenido ocasión de demostrar que la respeto y la cumplo, como Ud. lo ha reconocido.

Pero no creo que lo que dicen el señor Pacheco y el citado artículo de las agravantes en general, pueda aplicarse á los delitos que sirven de medio, porque de éstos tratan disposiciones especiales, que les dan el carácter de agravantes, precisamente cuando por ser un medio necesario se confunden con el delito principal. Si no se explica, como lo hago yo, el inciso 1.º del artículo 66 por medio del 77 y 78, confieso francamente que no les encuentro otra conciliación, y espero que Ud. me la indicará. En cuanto a la circunstancia 6.ª, apreciada por mí en el fallo que aconsejé, dice Ud. que debe tenerse como inherente al delito, porque sin ella no podía cometerse: que la ley al penar los delitos oficiales presupone, porque es natural, la superioridad de fuerza en el empleado público sobre los demás ciudadanos, no pudiendo por lo mismo aquella circunstancia ser una agravante sino en los delitos comunes. Para contestar copiaré la parte de la sentencia que á este punto se refiere: "Considerando: que además de la circunstancia agravante antes indicada, concurre la que establece el número 6.0 del citado artículo 13, atendida la superioridad de fuerza y medio de acción del delincuente, y la ninguna defensa que podían oponer los ofendidos por su corta edad".

Yo estoy de acuerdo con Ud. en que no debía considerarse en este delito la superioridad de fuerza que el empleado tenía en su carácter de tal, porque es circunstancia inherente según el artículo 66; y en prueba de que reconozco esta verdad, como Ud. bien lo dice, no consideré la circunstancia de la regla 8.: "Prevalerse del carácter público que tenga el culpable"; y he ido más lejos, pues tampoco he querido apreciar como agravante (regla 6.) Los medios de acción que su empleo proporcionaba al delincuente, que son: "El haberse valido de la autoridad que la ley le concede sobre sus subalternos militares y del local donde ejerce sus funciones, pues estos medios me han servido para dar al delito el carácter de oficial. Entonces, se me preguntará, ¿á qué fuerza, á qué medios de acción me he referido? Fuerza, la misma á que Ud. se refiere en su artículo: la de cuatro ó cinco que atacan á uno, la de un hombre armado que ataca á otro sin armas, la de un hombre que ataca á una mujer; y yo le agrego, con el tácito consentimiento de Ud.: la de un adulto que ataca á un anciano ó á un niño, ya sea el agresor empleado ó simple ciudadano, porque las circunstancias de la edad y del sexo son independientes del carácter oficial que tenga el culpable.

En verdad, no creo haya quién niegue cuánta mayor gravedad encierra el mandar azotar á una mujer, á un anciano ó á un niño que á un adulto, á personas que no pueden hacer ninguna defensa, no tanto en el acto, que todos se confunden ante la fuerza mayor, sino aun después, sustentando su derecho ante los Tribunales; venganza legitima que tampoco teme el culpable. Medios de acción, los que registra el proceso y que aparecen en la relación de hechos en la sentencia; medios tales que impidieron á los jóvenes ofendidos hasta el recurso de huir de los latigazos; medios que no enumero porque la sentencia se publicará, y he querido mantenerme en cuanto me ha sido posible tan sólo en la discusión de los principios.

Como Ud. observará, me he abstenido de usar de nombres propios. Ud. con mucha razón ha dicho que éstos tienen mucha influencia en las sociedades pequeñas, pero no tanto en extensión como de espíritu. Pensando yo tan modestamente como Ud., creo que para pedir la reforma de una ley, debe hacerse de ella un estudio á fondo, concienzudo, el mismo que se ha hecho para dictarla. Nunca he pensado de otro modo. ¿Por qué me atribuye Ud. el haber criticado la legislación vigente en mi remitido á EL ORDEN? No lo sé; y no creo haya otro medio mejor de probar que no ha sido tal mi intención, que trascribir el párrafo en que, atribuyendo al Redactor poca franqueza al criticar á los Jueces, siendo su verdadero objeto criticar él al Legislador, le dije: "Si Ud. cree de buena fe que la leve falta de aplicar unos cuerazos á muchachos malcriados en ningún caso tenga la misma pena, ó con poca diferencia que el delito de homicidio, proponga al Poder Ejecutivo dirija su mirada sobre tan absurdas disposiciones, á juicio de Ud., y acuerde su reforma.

Si alguna vez me ocurre criticar la legislación, con sólo la reserva necesaria al que carece de luces, al que no tiene confianza en sí mismo, lo haré con entera franqueza, y no digo con la franqueza que acostumbro, porque, por primera vez, con motivo de esta cuestión, me he visto precisado á escribir, pero sí con la que tengo el propósito de usar, siempre que me toque valerme de la prensa. [1]

Lo haré así, porque tendré la convicción de que muy lejos de cometer un delito, ejerceré un derecho, y á la vez cumpliré un deber

---

[1] Esto dijo el Doctor Bonilla cuando era un joven de veintitrés años de edad; y lo que entonces prometió lo ha cumplido fielmente después, como se verá en todos sus escritos.

de ciudadano. En cuanto á la sentencia contra el homicida del Coronel Blum, es bien sabido que no soy su autor; pero como Ud., en el artículo que replico y en otro del anterior número de su periódico, hace algunas consideraciones sobre ella, y como yo, aunque muy incidentalmente, la consideré también en mi remitido á EL ORDEN, creo deber dar algunas explicaciones, que omito por ahora porque quizá me he extendido demasiado. Declaro á Ud., sin embargo, que sobre la teoría de compensación de las circunstancias atenuantes y agravantes estamos enteramente de acuerdo; pero no así en la aplicación de la misma teoría al caso del homicidio á que me he referido, porque estimo de muy diferente modo que Ud. las que concurrieron en el hecho. Teniendo la sincera convicción de que no me he separado de mi deber al aconsejar la sentencia contra el Coronel Morey, y lo que Ud. no me niega, comprenderá que estoy en el caso de defenderla cuantas veces la vea atacada en LA PAZ. Por esta razón, Ud. decidirá cuándo deba cortarse el debate, porque crea que la opinión pública, el verdadero Tribunal Superior en estos casos, puede dar su fallo con bastante conocimiento de causa. [2]

Tegucigalpa: 12 de julio de 1881.

---

[2] En el número siguiente el Redactor de "La Paz" dió por terminada la discusión y cerró las columnas del periódico al Doctor Bouilla. Pero debemos hacer constar que no lo hizo de motu propio, sino por orden del entonces Presidente Doctor Soto, quien era el verdadero autor de la primera crítica, lo cual constaba al Doctor Bonilla.

DISCURSO

pronunciado á nombre de la Municipalidad de Tegucigalpa, al conmemorarse el LXIV aniversario de la Independencia.

SEÑORES:

La Corporación Municipal de esta ciudad, de que soy miembro, me ha hecho la inmerecida honra de comisionarme para interpretar los sentimientos que animan al pueblo que representa, en este solemne día, que ha sido y debe ser siempre de gran fiesta nacional para todos los pueblos de Centro América. Acepté más por cumplir un deber que por pensar que sea yo el llamado á llenar debidamente ese encargo. Pero al ocupar esta tribuna, lo hago con el temor de que mis ideas, mis apreciaciones, no estén quizá en todo de acuerdo con las de mis colegas. Conozco su benevolencia y su caballerosidad. Sé que si les interrogase, no vacilarían en dar su aprobación. Por ello, para atreverme á llenar hasta el fin mi cometido, necesito confiar en vuestra rectitud de juicio, que os servirá para inculparme á mí sólo por lo malo que encontréis en mi discurso.

En los que en este día se pronuncian, es costumbre consagrar un lugar preferente a narrar la historia de nuestra vida colonial y de los sucesos que prepararon y siguieron inmediatamente á la proclamación de la independencia de la América Central. Y sobra razón para hacerlo así, porque de esa narración resulta grande honra para nuestra patria, poniendo de manifiesto lo que es capaz de obtener un pueblo animado por el sagrado fuego del patriotismo. Yo, sin embargo, no me propongo imitar ese ejemplo, porque tantas veces en los sesenticuatro aniversarios que se han celebrado en todos los pueblos de Centro América se ha hecho, y con maestría, esa narración, que mi desautorizada voz tendría que ser monótona repitiéndola.

Tampoco me ocuparé, como más de una vez se ha hecho desde esta tribuna, en vituperar y aun maldecir á la que fué nuestra madre patria; porque si las colonias españolas se vieron privadas de toda libertad y tuvieron encadenado el pensamiento, oprimidas las conciencias, monopolizado el comercio, casi nulificada la industria, y cegadas, en fin, las fuentes todas de su prosperidad, no corrían entonces mejor suerte los hijos de la metrópoli. Culpemos, si es preciso hacerlo, al sistema de gobierno, al fanatismo y al atraso de la época. Juzgar del pasado á la luz de la gran antorcha que ha puesto en nuestras manos el siglo XIX, es grave injusticia. No debemos quejarnos de que España no nos diera lo que entonces no tenía. Por el contrario, nuestra gratitud debe ser eterna hacia esa nación tan noble, que se desprendió de su más fecunda savia para traer á estos países la civilización. De seguro España lamenta aún más que la América esas sombras que en su pasado proyecta el coloniaje, porque son quizá las únicas manchas de su gloriosa historia.

Y lo hace con más derecho también, porque ha sabido recobrar su puesto entre las naciones que sirven de vanguardia al mundo civilizado. Es aún una monarquía; pero si vamos á las comparaciones, puede sostenerlas con ventaja sobre muchas que tan orgullosas se muestran con el nombre de Repúblicas en la América Latina. Por otra parte, creo que este día no debe destinarse sólo á ensalzar las glorias de la patria: que debemos también dedicarlo á examinar lo que hemos hecho en tantos años de autonomía, y confesar nuestras faltas, por más que sea doloroso. ¿De qué nos serviría conservar en santa veneración un pasado grande y hermoso, si hemos olvidado y no pensamos seguir el noble ejemplo de nuestros mayores? Hermosa y santa es la libertad en los pueblos como en los individuos. Mas no basta tenerla. Preciso es merecerla. Por ello es enorme la carga que echa un pueblo sobre sus hombros al proclamarse autónomo; y más pesada aún, cuando á la vez rechaza hasta un amo de entre sus propios hijos, declarando ante el mundo que es apto para gobernarse á sí mismo. Centro América lo hizo así. Bajo la influencia del irresistible impulso de la Democracia, genio tutelar del continente de Colón, se constituyó en República.

¿Y qué uso hemos hecho de ese precioso legado que nos hicieron los próceres de la independencia de nuestra patria? Abramos la historia, y veámoslo. Pero ante todo permitidme, señores, una explicación. Voy á entrar en una materia harto difícil. Está en vuestras conciencias que vais á escuchar verdades amargas. Pero tened presente que mis consideraciones abarcarán un período de más de medio siglo, dentro del cual no me concretaré á determinada época y mucho menos á la en que vivimos. Tengo la opinión de que no son los contemporáneos los llamados á juzgar con acierto. Sabia era la costumbre egipcia de juzgar á los reyes en presencia de sus cadáveres, para declararlos réprobos ó benefactores de su pueblo.

Si del presente me ocupase, temería verme dominado por una parcial severidad ó inclinado á la mezquina adulación. Sólo ante las tumbas hay verdadera imparcialidad. Cerca de cuatro lustros pasan después del 15 de septiembre de 1821… y Centro-América no existe ya. Hijos del crimen se apoderan del rico patrimonio y lo destrozan. Contemplamos cinco jirones, no más, de aquella hermosa nación[3].

Este hecho es, por sí solo, una respuesta á la pregunta que antes hice. Ante él debería detenerme. Pero está por desgracia consumado. Veamos si, nefando en su origen, ha podido producir algún benéfico resultado. Negar no podemos que después de la fatal separación, todas las cinco Secciones han entrado en las vías del progreso. Se han ensanchado las relaciones y los medios de comunicación con los países de ambos continentes: se han abierto nuevos puertos y nuevos centros de comercio: se han descubierto nuevas fuentes de riqueza nacional, mejorándose la agricultura y protegiéndose la industria: se ha difundido la enseñanza primaria y creado colegios y universidades para la superior: se han acrecentado las rentas del Estado, lo que ha permitido á los gobiernos emprender obras de positiva utilidad; y se han hecho, en fin, otros adelantos, en lo material, de gran importancia. Todo esto es verdad. Pero no nos envanezcamos, que no es obra sólo nuestra. La ley del progreso es ineludible. Se cumple aun á pesar de la voluntad de los hombres. Y de seguro, por la parte que nos toca, no hemos hecho cuanto hemos debido y podido hacer, para que esos adelantos produjesen todo su fruto.

¿Mas acaso por la separación se habrá mejorado la organización social y política de las cinco nuevas naciones: se habrán ennoblecido los sentimientos de los ciudadanos, despertándose el patriotismo y el espíritu público, salvaguardia de las instituciones de un pueblo: se

---

[3] Desde entonces sin descanso ha venido trabajando el Doctor Bonilla por la reconstrucción de la patria, hasta el momento presente en que se ha logrado la unión de los Estados de El Salvador, Honduras y Nicaragua.

habrán moralizado las costumbres, disminuyendo las rencillas y avanzando en las vías de la fraternidad universal, destino manifiesto del hombre: quizá se haya logrado la conservación de la paz y la extinción de las luchas fratricidas?

Desgraciadamente no podemos conservar ni por un instante esa ilusión. Si estudiamos las instituciones de cada una de las cinco Repúblicas, de seguro encontraremos escritos en muchas cartas Fundamentales que se han dado, los hermosos principios que consagró la Constitución Nacional, y aun muchos de los que la época no permitió proclamar. Veremos consignados, con hermosas letras, todos los sagrados derechos del hombre. Pero hélo ahí todo. Si buscamos la libertad del pensamiento, de la palabra y de la prensa, escritas están. Leamos, sin embargo, los artículos de periódicos, los discursos, las manifestaciones públicas de todo género que bajo el imperio de esas Constituciones se han hecho, y ó bien creeremos que todos los gobernantes han sido inmaculados, ó nos convenceremos de que esas libertades han sido exclusivo patrimonio de los profesores en el arte de adular, de los cortesanos, que no han preferido una honrosa oscuridad á la mancha de su nombre.

Si buscamos la independencia de los tres Poderes, el libre ejercicio de sus funciones, escrito lo hallaremos. Pero ¿cuándo y á qué Gobernante ha llamado un Congreso á su barra, como al Doctor Molina en Guatemala, siendo Jefe del Estado, acusado de lo que hoy llamamos nimiedades? ¿Cuándo ha sido siquiera improbada la conducta oficial de un Gobierno al dar cuenta de sus actos ante la Representación del pueblo?

¡Tal vez sea que todos han sido probos y económicos, respetuosos á la ley y á las garantías del ciudadano! Buscamos el respeto á la propiedad, á la seguridad individual? También lo veremos escrito; pero leeremos en seguida los decretos de proscripción, de confiscación y de muerte, sin que por eso dejen de cantar los oradores y poetas la rectitud, la justicia y la humanidad del que manda. ¿Buscamos la abnegación y el patriotismo en los hombres del poder? Y nos responderán los Mensajes de los Presidentes y las Memorias de los Ministros, en donde veremos decantados los inmensos sacrificios que les cuesta el mando supremo y su constante anhelo por volver á disfrutar de las delicias de la vida privada. Pero de seguro pocos ejemplos hallaremos en que, como Morazán y sus heroicos compañeros, Barrundia, Cabañas y tantos nobles ciudadanos de la antigua patria, hayan sellado con su sangre ó compurgado en las cárceles ó en el destierro la defensa de la más hermosa de las causas. Y si deseamos hallar la buena administración de los caudales públicos, comparecerán ante nosotros hombres que han tomado el poder tal vez en la miseria, y resultan convertidos en ricos propietarios, los más ricos de su país. No obstante, mientras han mandado, han sido calificados como grandes hacendistas, modelo de probidad. Y entretanto, ¿qué hemos hecho los ciudadanos?

Triste es decirlo. O nos hemos convertido en cómplices de los déspotas, cuando no en esbirros, ó hemos permanecido impasibles presenciando los abusos. Sólo en muy pocas ocasiones y de tiempo en tiempo, se ha levantado alguna voz con enérgica protesta; pero esa voz no se ha oído otra vez: su autor ha caído y su nombre no ha sido pronunciado más. ¡Quién sabe si la historia podrá recogerlo! Y, ¿qué aliento puede encontrar el patriotismo en un pueblo cuya sangre se ha estancado y donde todo espíritu público ha muerto? Hemos llegado al grado de corrupción política en que el Gobernante, si bien intencionado pretende hacer el bien, no encuentra quien lo secunde: se inclina al mal, y le sobran cómplices. Recuerdo á este respecto las hermosas palabras de un hombre en el poder: "Desconfío de las unanimidades: cuando en casos graves mis Ministros están todos absolutamente de acuerdo conmigo, sin encontrar, según dicen, la más ligera objeción que hacerme, dudo de su sinceridad"[4].

Ese Gobernante ha pedido la verdad y se le ha negado, Culpémonos también nosotros por sus errores.

Y aprovechemos la lección, que rara vez volveremos á oír tales

---

[4] Este gobernante era el General Bográn, que tenía un carácter caballeroso; y que, a haber estado rodeado de otros hombres, quizá habría sido un buen gobernante. En el momento que hablaba el Doctor Bonilla, no se había dejado oír bajo la Administración Bográn una sola voz de censura para su Gobierno, y tres meses antes había estado a punto de enviar á Omoa al Doctor Bonilla, Síndico Municipal de esta capital, y á dos de sus colegas.

palabras de los labios del que manda. Acostumbrémonos á la franqueza. Dejemos el sistema de decir siempre sólo la mitad ó lo contrario de lo que pensamos. Si las divisiones sociales son una ley fatal de la humanidad, al menos disminuyamos sus estragos, buscando la afinidad de nuestras ideas para formar agrupaciones; y formadas, combatámonos á la luz y con las armas de la razón. Nadie se avergüence de confesar que pertenece á tal ó cual agrupación, llámese liberal ó conservadora, ó que es fanático, libre pensador ó ateo. Dejemos ya de vestirnos con falso ropaje, para abandonarlo cuando la ocasión lo exige. Los duelos entre las tinieblas son terribles, porque casi siempre se conciertan á muerte. Mas cuando de ellos es testigo el mundo entero, la victoria casi nunca cuesta sangre: se luce entonces la inteligencia, la habilidad, mas no la fuerza: la lucha es decente, porque en mengua se tendría el triunfo obtenido por medios arteros. Unamos, por una vez siquiera, nuestros esfuerzos, tan sólo para formar los grupos que han de rivalizar después en abnegación y patriotismo y que han de tener por lema luchar sin descanso hasta obtener: que la Carta Fundamental deje de ser letra muerta: que las leyes dejen de estar sólo escritas: que un atentado contra el individuo, sea considerado como un ultraje á la sociedad.

No abandonemos el peso entero de la carga á los Gobernantes, que de seguro les abruma. Si logramos desterrar el egoísmo que hoy nos hace pensar sólo en el yo y olvidar á veces hasta los vínculos de la sangre, el espíritu de asociación vendrá, y con él la palanca más poderosa para hacer un buen Gobierno. No tendremos, ya, como único móvil para servir al país, el sueldo con que nos remunera. Si hoy la envidia y la codicia nos impulsan á usar de todo medio para obtener un empleo, sin detenernos ante la calumnia de la mejor reputación, entonces nuestra emulación será ceder sin fingimiento el campo á los más dignos. Cuando esto hayamos logrado, señores, ó por lo menos estemos colocados en vía de su realización, entonces podremos alzar la frente sin rubor ante las sombras de nuestros mayores, y ante las demás naciones, que admirarán el éxito de los esfuerzos por su regeneración en un pueblo que hoy creen envilecido.

Persigamos ese ideal, y de seguro, en el curso de nuestra

peregrinación, veremos surgir convertido en hecho hasta lo que hoy califican los escépticos de irrealizables utopías. No muy lejos habremos caminado, y Centro América habrá reaparecido. Y veremos después á esa nación, que es no sólo el centro del nuevo Continente, sino del mundo entero, convertida en centro también del comercio y de la civilización. Entonces la democracia producirá sus frutos, y podremos enorgullecernos, como ciudadanos de un pueblo libre, de ser hijos de la América Central. Entonces tendremos paz y prosperidad nacional. Pero no será la paz que envilece, sino la paz con la justicia y el derecho. Será la prosperidad en las ciencias, en las artes, en la industria, aunque nos falten las glorias militares, que no son la verdadera gloria de un pueblo.[5]

Tengo fe en el destino de Centro América, y en ver convertido en realidad ese hermoso cuadro que me he deleitado en describir. Entonces, sí, seremos dignos de disfrutar la libertad proclamada el 15 de septiembre de 1821.

---

[5] Esta es la paz que hemos tenido bajo la Administración actual.

ELECCIÓN PRESIDENCIAL (1887)

I

En todos los países que disfrutan de los beneficios de la democracia, es asunto de vital interés la elección del primer Jefe de la República; y cuanto más afianzadas están las instituciones de un pueblo, cuanta más libertad disfruta, mayor es el empeño que tienen los ciudadanos en llamar al ejercicio del poder, al hombre que mayor confianza les inspira. Y sin embargo, en los países más bien organizados es donde menos peligro ofrece una mala elección, porque en ellos el Jefe del Poder Ejecutivo tiene la autoridad más limitada, y puede, por lo mismo, cometer menos abusos, causar menos daños con sus extravíos. Por el contrario, donde el Poder Ejecutivo es todo, á pesar de lo que en la Constitución esté escrito, y los demás poderes le están subordinados de hecho; donde una orden del Presidente de la República es obedecida sin contradicción, aunque pase por sobre toda ley, y su responsabilidad por los abusos que cometa es nula, el pueblo tiene verdadero poder sólo en el acto de elegir á su representante, si para ello se le deja la libertad suficiente; y el ciudadano debe considerar, en consecuencia, su derecho al sufragio, como su joya más preciada, de la cual no debe desprenderse, sino después de mucha reflexión y al estar convencido de que no la tira en el fango.

II

Entre nosotros, por desgracia, los pueblos, que tan celosos se muestran para elegir un Alcalde, á pesar de que sus funciones duran sólo un año y tiene superiores á quienes respetar y temer, han mostrado casi siempre escaso interés y hasta desidia, cuando se ha tratado de elegir al Presidente de la República, á pesar de que saben, por dolorosa experiencia, que cuando ocupa ese puesto un hombre egoísta, déspota y corrompido, nada tienen que esperar en bien del país, y si tienen que temer la corrupción de las costumbres, la inmoralidad reinante en todas las relaciones sociales; la calumnia, dueña de la honra, de la libertad y hasta de la vida de los hondureños, vejados con injustos encarcelamientos y víctimas de todos los ultrajes; la riqueza pública convertida en patrimonio de los hombres del poder ó de sus viles instrumentos; y en general, la explotación del capital y del trabajo de todos en provecho de unos pocos.

En cambio, saben que se hará una buena elección si los ciudadanos para dar sus votos desoyen la voz de la mezquina intriga, desprecian las amenazas, rechazan con indignación el soborno; si se desprenden de todo móvil egoísta para atender al interés general; porque con seguridad entonces exigirán en su candidato, entre otras cualidades, las siguientes: Rectitud y energía, pero sin llegar á la terquedad; tolerancia, pero sin llegar á la debilidad. Con estas cualidades en el gobernante, el país logra ver mantenerse el orden público, y recoge el fruto de una paz llena de vida, sin necesidad de que la fuerza pública esté constantemente amenazando el pecho de los ciudadanos. Y se ve desaparecer de la morada del que manda, sea el Presidente de la República, sea un simple Comandante local, la nube de cortesanos que, con su inmundo aliento, envenenan, diariamente, á toda hora la atmósfera que respira; y esgrimiendo con maestría las armas del chisme y la adulación, separan de su lado á los hombres honrados, que quizá ejercerían sobre él saludable influencia, logrando, muchas veces, no contentos con ésto, dar colorido de crímenes á simples mues- tras de desafección, y aun á los actos, á las palabras más inocentes, para sepultar á sus víctimas en horribles calabozos ó hacerlas comer el duro pan del ostracismo: cortesanos que, llegado un momento de peligro, si sobrevienen las consecuencias de sus propios escándalos, perturbándose el orden público, son los primeros en huir despavoridos, si no cometen una infame traición, para presentarse al día siguiente, en el mismo lugar, testigo de sus bajezas, incensando un nuevo ídolo.

Abnegación y patriotismo.

Y el gobernante sabe estimar como verdadera gloria el cumplimiento de sus deberes, sacrificando, si es preciso, su posición y hasta su vida: se consagra á procurar el progreso moral y material del país, promoviendo reformas, creando instituciones, realizando empresas de positiva utilidad, aunque dejen su nombre oscuro, con preferencia á obras fútiles que le den fama halagando su vanidad, pero á costa del sudor y hasta de la sangre de los pueblos.

Honradez y economía en el manejo de los caudales públicos.

Y se ven acrecentadas las rentas con la regularización de los ingresos en las arcas públicas: se ve nivelado el presupuesto, porque es desterrada la banda de parias que le tiene declarada cruda guerra; pudiendo pagar oportuna é íntegramente á los empleados, que pueden ya ocupar dignamente sus puestos y cumplir con fidelidad sus deberes: se ve al Gobierno cumplir fielmente sus compromisos con tanta delicadeza como la más escrupulosa casa de comercio, restableciendo así el crédito del Estado.

Y no puede darse el escándalo de que el Gobernante se halle en miseria al recibir el poder y lo deje siendo millonario, y deje también enriquecidos á subalternos, convertidos en cómplices; por más que uno y otros, para lograrlo, hayan tenido que robar á más de un infeliz, el pan que con sus hijos debiera llevarse á la boca. Y hay en las arcas nacionales, distintas ya del propio bolsillo del que manda, considerables fondos de reserva, que no invertidos en descabelladas empresas, ó en satisfacer la voracidad de infames agiotistas, sirven de garantía de conservación del orden público, sin tener que recurrir á odiosas exacciones contra los particulares.

Espíritu progresista.

Y el gobernante, aunque no tenga gran ilustración, empeña sus esfuerzos en el desarrollo de la educación del pueblo, túnica base sólida del adelanto de un país, y ejerce sobre ella constante y eficaz vigilancia, á fin de que los establecimientos de enseñanza dejen de serlo sólo de nombre. Y fomenta las industrias nacionales, y crea las que no existen, para dar patrimonio á los pueblos y trabajo á los que de él carecen. Y fomenta y protege la inmigración, pero con la necesaria prudencia, sin dar lugar á que el extranjero sea, ante la ley y los funcionarios públicos de mejor condición que el hondureño, y se ensoberbezca y desprecie á los nativos.

Respeto á las leyes y, sobre todas, á la Carta Fundamental.

Y dejan de escucharse los gemidos del prisionero por razón de Estado, ó víctima de tenebrosas intrigas, arrancado de su hogar en plena paz, obligándole á perder el fruto de su trabajo y á dejar en abandono y en miseria una numerosa familia. Y puede el hondureño consagrarse á sus labores seguro de no ser interrumpido en sus faenas para exigírsele servicios ilegales, debido al capricho, al resentimiento ó á la venganza de una autoridad cualquiera. Y los empleados todos, aun los subalternos del Poder Ejecutivo, ejercen sus funciones con entera independencia dentro de la esfera de sus atribuciones; convirtiéndose de empleados del Gobierno en empleados verdaderamente nacionales, que están seguros de sufrir inmediato castigo por sus abusos, que no pueden invocar, aun desautorizadamente, el nombre del Jefe Supremo, para amedrentar á los tímidos y rehuir el peso de la ley. Y haciéndose imposible el despotismo, se reanima el amor á la patria, que ya merece llamarse tal, dejando de ser lo que había sido, un fantasma terror de nuestro sueño.

Firmeza de carácter, lealtad, consecuencia, solidez en sus convicciones.

Y no se ve al Gobernante á merced de un favorito ó de la camarilla de aduladores: su política, tanto interior como exterior, es franca y sincera, y no impulsada por el viento que domina; y absteniéndose de prometer lo que no puede ó no debe cumplir, da al Gobierno la respetabilidad que le es tan necesaria para captarse la estimación del pueblo hondureño y de las demás naciones[6].

III

Tal es el ideal del buen gobernante á que los pueblos deben aspirar; y si no se puede de pronto verlo realizado, por ser difícil que se reúnan en un hombre tantas y tan bellas cualidades, deben procurar acercarse á él, haciendo recaer la elección en la persona en quien sobresalga el mayor número de esos dotes y de quien se tenga la seguridad de que no está contaminada con los vicios que le son contrarios: de quien se esté seguro que no es un vulgar ambicioso, un déspota, un avaro, un egoísta, vanidoso, sin ninguna ilustración, sin principios, defectos todos que, llevados al Gobierno, labran la desgracia del país. Lográndose elevar al poder á un hombre que, según lo dicho, merezca la confianza de sus conciudadanos; y

---

[6] Se ha visto el constante esfuerzo del Presidente Dr. Bonilla por revestirse de estas cualidades que en 1887 exigía para el gobernante.

convencido el pueblo hondureño de que su acción y sus deberes no han terminado en los comicios, continúa vigilando la conducta del mandatario y sus agentes, haciendo respetar sus derechos por la unión de los hombres de bien contra los perversos, naturales aliados de los déspotas; si al ver que se comete un abuso contra cualquier ciudadano, sea amigo ó enemigo, se reúnen los demás y protestan y hacen sentir á la autoridad que lo comete el peso de su indignación ó su desprecio, de seguro el gobernante se afirmará en las cualidades que le adornan, adquirirá muchas que le faltan, corregirá muchos de sus defectos y siempre tendrá que dominar el ímpetu de sus pasiones.

IV

Mas en nuestro país, desgraciadamente, faltan importantes elementos que en otros se utilizan para ponerse de acuerdo los pueblos sobre el mejor candidato y hacer una acertada elección: falta ante todo la prensa, tan necesaria para formar la opinión pública. Sin ella, difícilmente se da á conocer el hombre de Estado, y el pueblo puede equivocarse, ya porque lo juzga á través del prisma del poder, ya bajo el influjo de los prejuicios. Sólo la prensa depura las reputaciones y exhibe en esqueleto las personalidades, discerniéndoles la corona del verdadero mérito, ó arrancándoles la máscara con que se encubren.

La falta de tan sustancial elemento, podrían suplirla partidos políticos bien organizados, sin los cuales no hay en ningún país verdadero Gobierno parlamentario; pues la lucha entre esos partidos, que cuando más se empeña es al tiempo de la elección de Gobernante, contribuye en gran manera á dar á conocer los respectivos candidatos. Pero en Honduras, aunque esos partidos existen bien definidos, no tienen la organización necesaria para las luchas electorales; y más bien han caminado, de día en día, á su disolución, porque los Gobiernos han mostrado siempre decidido empeño en nulificarlos, convencidos de que así nulificaban la oposición, y evitaban que se hiciera luz sobre sus actos. Dos son los partidos que, aquí como en todas partes del mundo, se disputan la dirección de los intereses sociales: el partido conservador, defensor del pasado, y el partido liberal, campeón del porvenir.

Terribles encuentros han tenido entre nosotros, pero no se ha logrado que queden depurados, de manera que los ciudadanos tengan entereza suficiente para declarar, siempre y en todas circunstancias, á cuál de los dos están afiliados, sea su suerte próspera ó adversa; que tengan fuerza de ánimo bastante para no pasarse al lado opuesto, ó convertirse en incoloros, al primer peligro que el suyo corre. Y sucede también que en uno y otro partido hay miembros extraños, heterogéneos: conozco más de alguno que se dice liberal, en quien podría reencarnarse bien un Torquemada; y hay muchos hombres á quienes se llama conservadores que, por sus ideas, por sus tendencias progresistas, son dignos de figurar en primera línea en las filas liberales.

V

Esta falta de organización y depuración de los partidos hace imposible que en tan solemne ocasión, como en la presente, sus miembros se reúnan en juntas locales y departamentales, y en convenciones generales, en que estuviesen representadas las varias secciones del país, para elegir el candidato respectivo, y discutir y resolver las bases de Gobierno que el electo deberá aceptar, que es el sistema practicado donde quiera que el verdadero Gobierno representativo es una verdad convertida en hecho. Mas siendo indiscutible la conveniencia de este pacto entre electores y elegidos, y no pudiendo aquellos imponerlo, preciso es que de éstos parta la iniciativa.

Conviene, pues: Que los candidatos que estén dispuestos á aceptar los votos que se les ofrecen, interpretando los sentimientos de sus partidarios, pero sin faltar á sus propias convicciones, prescindan de la falsa modestia, impropia del verdadero republicano, y expongan un verdadero programa de Gobierno, que indique de una manera concreta y detallada las reformas que cada uno piensa introducir, los vicios que ha de extirpar, las empresas que ha de llevar á cabo, y sobre todo, los principios que le han de servir de gula; omitiendo palabras pomposas, que no tienen sentido preciso, y promesas vagas, cuyo cumplimiento es muy fácil de eludir. En vista de esos programas, los pueblos consultarán: los antecedentes del candidato, para juzgar si es hombre de honor y de carácter incapaz de infringirlo: las personas de quienes estará rodeado y que serán llamadas á secundarle, para juzgar si tendrán suficiente energía y honradez para obligar al mandatario á cumplir sus compromisos, si tratase de desviarse de ellos, y no serán meros instrumentos, dispuestos á acatar su voz como la de un amo: sus vínculos con las demás Repúblicas de Centro América, que sirvan de garantía de paz, pero bajo la base de la igualdad; Y con tales antecedentes, decidirán quién merece sus votos para el próximo período. Esta decisión de los pueblos se verificará, es de creerse, atendidas las manifestaciones sobre elección hasta ahora publicadas, principalmente entre dos candidaturas: la del señor General don Luis Bográn, actual Presidente de la República, y la del Licenciado don Céleo Arias. Sobre ellas me permitiré externar mi opinión.

VI

La proclamación de la primera de estas candidaturas implica la negación del principio de alternabilidad en el ejercicio del Poder. Este principio, que en el año de 1883 fué una de las bases del programa que suscribieron los hombres más notables del país, entre ellos la mayoría de los Diputados al Congreso, al presentar entonces como su candidato al General Bográn, fué en aquella fecha aceptado, y ha sido después mantenido con calor por el mismo señor Bográn en ocasiones solemnes. Para hacer mejor conocer al pueblo hondureño su decisión, el señor Bográn reunió, en enero próximo pasado, una Junta de notables, de las principales poblaciones de la República, ante la cual ratificó su resolución, con carácter de irrevocable, de no aceptar su reelección para el próximo período. En esa ocasión, en que me cupo la señalada honra de tener la misma opinión que el señor Bográn, la cual conservo, se expresó él con tanta elocuencia, hizo palpar tan claramente los inconvenientes de su reelección, demostró con tan poderosas razones las ventajas de la alternabilidad, que no encontré ningún argumento nuevo que hacer en apoyo de nuestra común opinión. Entonces, á pesar de las objeciones que varios individuos de la Junta le hicieron y que él contestó victoriosamente, la Junta por mayoría de votos en decisión final, acordó dirigir sus trabajos en favor de la continuación del señor Bográn en el poder; pero él no retiró ni ha retirado todavía sus declaraciones en contrario.

Con tales antecedentes, en mi entender, se hace preciso que el pueblo hondureño sepa á qué atenerse, y no se equivoque interpretando el silencio del candidato por aceptación; porque esa equivocación haría infructuosa la elección, y entre otros males, causaría al país dos muy dignos de tomarse en cuenta. Por una parte, si el Congreso no da posesión al electo en noviembre próximo, el poder continuará ejerciéndose, según la Constitución, por el Secretario de Estado en el Despacho de la Guerra, creándose una situación transitoria, que podía hasta poner en peligro el orden público, mientras se practicaba nueva elección. Y por otra, se causaría un innecesario y considerable gravamen al Erario Nacional, pues el Congreso tendrá que prorrogar sus sesiones hasta dar posesión al nuevo electo, ó suspenderlas para volver á reunirse dos o tres meses después, devengando, como sería natural y justo, nuevos viáticos. Mas si el General Bográn ha variado su resolución, si está dispuesto á aceptar la presidencia en el nuevo período, ya porque las súplicas y observaciones de sus amigos le impulsen á ello, ya porque hayan variado las circunstancias y crea conveniente al país su continuación en el poder, conviene que lo declare ante el pueblo hondureño, para que cese la duda que subsiste en los ánimos de muchos, aun entre sus amigos.

Y consecuente con la teoría que anteriormente he venido desarrollando, creo que en este último caso el General Bográn debería agregar á su declaración el programa de su administración en el nuevo período, ó por lo menos, la indicación de sus propósitos: si continuará ejerciendo el poder tal y como lo ha ejercido hasta hoy, ó si ha rectificado algunos errores y modificado sus tendencias: si continuará rodeado de los mismos hombres que le han acompañado en este período, ó llamará elementos nuevos al Gobierno; y en general, si su política tanto interior como exterior, sufrirá variación, ó continuará la misma que ha observado.

La candidatura del señor Arias, como cualquiera otra distinta de la del actual Gobernante que se presentase en favor de alguno de varios hombres que podrían dignamente ejercer el poder, salva el principio de alternabilidad, que reportaría inapreciables ventajas al país al ser implantado, y mucha gloria al mandatario que lo apoyase. Esta ventaja, los antecedentes del señor Arias, y las ideas que profesa, que me son bien conocidas, me inclinan en favor de su candidatura; y siento valer tan poco, que apenas pueda aumentar el peso de la balanza en su favor.

Como el señor Arias ha ejercido en otra época el poder, y es hoy tan distinto de lo que era entonces el estado social de Honduras, que probablemente habrá modificado muchos de sus sentimientos y rectificado al- gunas de sus ideas; es esta una razón más para que, si acepta la candidatura, dé el programa que creo tener demostrado es tan necesario para todo candidato, á fin de que, tanto sus amigos como sus adversarios de entonces, conozcan lo que siente y lo que piensa en la actualidad. Juzgo tanto más necesario para el señor Arias dar este paso, cuanto que estoy convencido de que ninguno de los amigos de su candidatura la proclamamos, sino porque tenemos confianza en que será consecuente con sus principios y sabrá corresponder á las aspiraciones que para el bien del país en él tenemos cifradas: que estoy convencido de que hay entre sus partidarios hombres de energía bastante para convertirse los primeros en adversarios suyos, prescindiendo de todo vínculo personal que con él pudiera ligarles, si colocado en el Poder fuese inconsecuente con su programa.

De propósito me he abstenido de hacer consideraciones sobre la personalidad de las dos candidaturas. Considero ese para mí terreno vedado, en el cual no entraré sino por necesidad de la defensa. La conciencia de los pueblos sabrá discernir entre ellas. Tampoco he querido ocuparme sobre la importancia mayor ó menor de las manifestaciones en favor de cada candidatura.

Me refiero, no á la importancia numérica, sino á la importancia intrínseca. El sano criterio de los hondureños sabrá apreciarlas. Réstame manifestar: que la presente campaña electoral se ha inaugurado bajo los auspicios de la libertad, bajo la fe en las promesas del Gobierno; y quiero explicarme sobre lo que yo entiendo por la libertad, de que ahora estoy usando: Absoluta no intervención de las autoridades civiles y militares y demás empleados públicos, no sólo al tiempo de las votaciones, sino también en todos los actos, proclamaciones y manifestaciones de cualquier género, referentes á la elección,

Con mayor motivo, ausencia de violencias, amenazas, promesas de empleos públicos, ú otros medios semejantes de soborno que las autoridades pudieran usar para conseguir votos en favor de una candidatura, ó retirarlos de otra.

Imprenta libre para la publicación de todos los escritos de la oposición, aunque se exija su pago, conforme á tarifa; dándoles preferencia, según las reglas establecidas en la Tipografía Nacional, sobre los escritos en favor de la reelección, principalmente, si la impresión de éstos es gratuita.

Seguridad, de parte de los opositores, de no ser molestados ni antes de practicarse la elección, ni durante el período presidencial próximo, en caso de ser vencidos, por sus opiniones, escritos, manifestaciones ó votos en favor de su candidato, á menos que estos actos sean justiciables, conforme á la ley, ante los Tribunales comunes; de que en ningún caso lo serán con pretextos fútiles ó bajo capa de legalidad, llamando, por ejemplo, al servicio á los milicianos que no han acostumbrado llamar, ó sin que les toque su turno, ó teniendo justa excusa, ó exigiéndoles el concurso de sus brazos para los trabajos públicos, aunque á ello no estén acostumbrados, y haciendo en su contra odiosas distinciones, ó encarcelándolos militar y gubernativamente. Si esta libertad, así bien entendida, es la que impera en la presente campaña electoral, podremos exclamar con júbilo, unidos todos los hondureños, sea cual fuere el resultado, el 30 de noviembre próximo:¡MUERA EL CANDIDATO! VIVA EL PRESIDENTE! *Tegucigalpa: 30 de junio de 1887.*

ELECCIÓN PRESIDENCIAL EN HONDURAS

La candidatura Bográn vencida en el terreno de la discusión. NECESARIA ACLARACIÓN: Como en la advertencia indico, pensé que este escrito podría imprimirse en forma de folleto, pero no se ha logrado tampoco, como se demuestra por los documentos á que en seguida hago referencia. Para hacer el último esfuerzo á fin de lograr la impresión, escribí al señor Director de la Tipografía Nacional la carta que dice:

"Tegucigalpa, julio 30 de 1887. Señor Director de la Tipografía Nacional. Presente. Muy señor mío: Como encargado de la edición del Manifiesto del Licenciado don Céleo Arias, y estando ya corregidas las pruebas, me tomo la libertad de proponer á Ud. se sirva mandarlo tirar como trabajo extraordinario, á fin de que pueda salir el día de mañana, cargando el aumento de precio al pasarme la cuenta. Igual proposición me permito hacerle para la formación y tiro de mi réplica al redactor de La Nación, en forma de folleto, que entregué á Ud. el martes por la noche y que, según me ha dicho, no podrá publicarse en esa imprenta, por muchas ocupaciones que en ella hay; y en caso de parecer á Ud. aceptable, suplícole se sirva decirme si podré recibirlo ya impreso, con absoluta seguridad, en toda la semana entrante. En caso contrario, suplico á Ud, se sirva devolverme mi expresado folleto, con la razón al pie de no poderse publicar por motivos que Ud. tenga á bien expresar, porque aunque me sea más gravoso, lo que deseo evitar, tendré que enviarlo al exterior para su impresión. Con placer me ofrezco de Ud. muy seguro servidor. —P. Bonilla".

A consecuencia de esta carta, el señor Director de la Tipografía puso el mismo día al pie de mi folleto la constancia que dice:

"Señor don Policarpo Bonilla. Muy señor mío: Como dije á Ud, ayer, no será posible que el anterior folleto se publique esta semana, pues como la imprenta está muy ocupada con los periódicos y el presupuesto, etc., gracias que se haya podido hacer el Manifiesto del señor Licenciado Arias, el cual ya se hubiera tirado, si hubiera habido lugar en la prensa; pero como le aseguré estará el miércoles, tan pronto salga La Nación, que se puede disponer de la prensa por unas horas: mañana, domingo, se tira La República, el lunes el presupuesto, el martes La Nación, y el miércoles el programa, habiendo necesidad para tirar éste, que suspender La Gaceta esta semana. En cuanto al presente folleto, yo no puedo asegurarle, por el mucho trabajo que hay ahora en esta imprenta, cuándo podré imprimirlo, aun cuando ya dije á Ud. que lo haría en la primera oportunidad, y que ésta no pasaría de unos quince días. Soy de Ud, afectísimo S. S. Ramiro Fernández".

No inculpo á este empleado, que siempre ha dado muestras de imparcialidad y de honradez, pero que depende en absoluto de un superior cuyas órdenes obedece estrictamente. Entre los trabajos pendientes á que él se refiere figura el periódico La Nación, bisemanal consagrado exclusivamente á la causa de la reelección, el cual se imprime gratis y como trabajo preferente á cualquiera otro, aunque sea ostensiblemente oficial. Para dar preferencia á este escrito de la oposición, aunque pagado, habría sido preciso el consentimiento del superior, lo mismo que para hacerlo imprimir con trabajo extraordinario.

No queda, pues, ningún medio á la oposición de hacerse oír. Si no fueran ya demasiadas las pruebas que hay de que la opinión pública rechaza la reelección, bastaría para demostrarlo el terror que de manera tan manifiesta tienen los reeleccionistas á toda discusión: demuestra el propósito de falsear la opinión pública, por ahora; y de llegar probablemente al tiempo de las votaciones, hasta ejercer la violencia descarada sobre los electores, evitando que sean denunciados los abusos en el intermedio cometidos. Sirva esta manifestación de protesta anticipada ante el pueblo hondureño y ante el Partido Liberal de Centro América, ya que en su oportunidad se carecerá de medios para hacerla. Si lo contrario sucede, también sabrá la oposición hacer justicia. Aunque la lucha en que el Partido Liberal hondureño ha entrado es á todas luces desigual, tendrá la paciencia que le dan la conciencia de su derecho y la fe en la justicia de su causa, para mantenerse firme en su puesto, sin salirse del terreno legal, como lo procuran sus adversarios, hasta el primer domingo de septiembre próximo. Este escrito que ha necesitado ya de dos advertencias, necesitará probablemente de un epílogo. En el caso de no poder escribirlo su autor, confía en que lo hará á su nombre, cualquiera de sus correligionarios en el exterior.

Tegucigalpa: 31 de julio de 1887.

ADVERTENCIA

El artículo que se publica en este folleto fué escrito para ser inserto en las columnas de La Nación, por ser una réplica á las refutaciones de su redactor, contra el que anteriormente publiqué sobre Elección Presidencial, y estar en consonancia con el programa del mismo periódico; y principalmente porque el señor redactor, sabiendo por mí que trataba de replicarle, me pidió varias veces que le entregase mi escrito. El sábado, 23 del presente, lo puse en sus manos, fué leído por él en mi presencia y no hizo ninguna objeción para insertarlo; quedando sólo por resolverme si lo haría en el número de hoy ó en el del viernes próximo; mas después el señor redactor me ha manifestado que por ser muy largo el artículo y por contener ciertas expresiones muy fuertes, no le era posible insertarlo. Si la segunda de estas causales es cierta, los lectores juzgarán. En cuanto a mí, encuentro otra explicación para esa negativa. El artículo, mal escrito, con muchas incorrecciones quizá, lleva sin embargo el sello de la verdad: consigna hechos innegables y contiene apreciaciones que están en la conciencia y al alcance de todos los hondureños, aun de los de más escasa instrucción.

Teniendo en cuenta estas consideraciones, es creíble que el señor redactor haya comprendido que si en el mismo número que lo publicase se ocupaba de refutarlo, podría ridiculizar mi persona ó mi modo de escribir, como lo hizo en la otra refutación; pero no podría oscurecer verdades claras que no son obra mía. Por el contrario, publicado en folleto, al refutarlo podrá tomar párrafos ó palabras aisladas, que le permitirán las digresiones, sin entrar en el fondo de la cuestión, porque tal vez quien lea "La Nación" no será el mismo que haya leído el folleto.

Este proceder de parte del redactor del principal órgano de la causa de la reelección, dará lugar á creer que esa causa está perdida en el terreno de la discusión; ya que, procediendo con rectitud caballeresca, se abstendrá en lo absoluto de ocuparse de los escritos de la oposición, y tendrán que continuar los reeleccionistas escribiendo bajo el anónimo, que es la más clara señal de la impopularidad de su causa. En el folleto va inserto el artículo intacto, habiendo preferido poner en forma de "Notas" las observaciones ó aclaraciones que con fecha posterior he creído convenientes.

Tegucigalpa: julio 26 de 1887.

ELECCIÓN PRESIDENCIAL

La falta de costumbre en nuestro país de expresar con entereza las propias ideas, hace que todo aquel que levante su voz en contra de la corriente, sea el blanco de los tiros de todos aquellos que, estando acostumbrados á seguirla, encuentran desagradable el sonido de esa voz. Es lo que me ha sucedido con la publicación de mi folleto sobre elección presidencial. En La Nación, ya bajo la responsabilidad de su redactor, ya bajo el anónimo, ya directa, ya indirectamente, se ocupan de refutarlo.

Replicaré en una serie de artículos (*)[7] á todo lo que en interés de la causa que defiendo, crea merecer réplica, haciendo á un lado todas las injurias que á mi persona se refieren; y procuraré además tratar sobre algunos de los principales argumentos que en pro de la reelección he visto ó vea publicados.

I

LA NACIÓN Y MI FOLLETO

Antes de comenzar la réplica debo dar algunas explicaciones sobre la personalidad del redactor de ese periódico. No es hondureño, y allá en España, su patria, según él mismo ha confesado, es monarquista. Por ello, no soy de los que le inculpen por sus opiniones, que con tanto calor defiende. Naturalmente quisiera ver implantado en todo Centro América aquel sistema de gobierno; y si no aboga manifiestamente por él, es que teme el ridículo, por lo cual se conforma con defender el que más se le parezca: es lógico, pues, que un monarquista sea en una República ultraconservador.

En el editorial del número 81 de La Nación, su redactor demuestra, ante todo, su disgusto al ocuparse de mi expresado

---

[7] Según lo consignado en la advertencia, no volveré á ocuparme de estos asuntos, en artículos dirigidos á La Nación. Cuando crea conveniente la réplica, la haré en folleto ú hoja suelta, si quedan á la oposic ión libres esos medios, como es de esperarse, para la defensa de su causa. *N. del A.*

44

folleto, porque todos sus conceptos están, según dice, "como cubiertos con una gasa"; y parece que hay algunas personas que se consideran zaheridas por mi publicación, sin duda inclinadas á ello por la opinión del periodista que ha echado sobre sus hombros la empresa de la reelección. Desearía que tanto lo que el señor redactor afirma como lo que dice, fuese cierto, pues entonces creería que mi trabajo no ha sido infructuoso. Eso demostraría que la gasa que cubre mis apreciaciones, si la hay, es suficientemente transparente para que, sin levantarla, se encuentren retratados todos aquellos á quienes su conciencia dice que están contaminados con los vicios que me propuse denunciar, ó adolecen de los defectos que quise reprobar, ó son responsables por los actos que han sido objeto de mi execración; por más que al escribir no haya pensado en nombres, ó haya recordado muy pocos; por más que no haya concretado épocas, ni hecho indicación alguna directa que servir pudiera de guía al criterio público para encontrar á las personas que pueden creerse lastimadas. Y mayor sería mi satisfacción si con tales circunstancias, habiendo guardado el decoro que la prensa exige, los hondureños, buscando realidad á mi pensamiento, señalan con el dedo á los culpables; pues eso probaría que he acertado a tocar en las llagas que corroen nuestra sociedad, y siéndole conocidas al pueblo, se prepara á ponerles remedio. Mucho honor sería para mí haber logrado ese objeto, pues aunque no tengo pretensiones de satírico, ya que ni de escritor las tengo, probaría que escribí teniendo presente estas palabras de Fígaro: "A nadie se ofenderá, á lo menos á sabiendas; de nadie bosquejaremos retratos; si algunas caricaturas por casualidad se parecieren á alguien, en lugar de corregir nosotros el retrato, aconsejamos al original que se corrija; en su mano estará, pues, que deje de parecérsele".

Mi propósito, al escribir mi folleto, fué emitir, cumpliendo con un deber de ciudadano, mi pobre juicio sobre los medios de hacer una buena elección, y las ventajas que de ella resultan, y señalar las consecuencias desastrosas de una mala. Pero no podía ni podré, imitando al señor redactor, asegurar que mi candidato tiene todas las buenas cualidades para ser el mejor de los gobernantes, y carece en absoluto de defectos. Por el contrario, he afirmado terminantemente que eso es imposible. El mismo candidato de "La Nación" (el candidato nacional) tiene de seguro suficiente modestia para estar de acuerdo una vez más conmigo, y rechazar las exageradas afirmaciones de su panegirista. ¡Tales son los inconvenientes de la adulación! Y de mi proceder deduce el señor redactor que "yo he abrazado con frialdad y hasta como por compromiso la candidatura Arias".

Pero no ha acertado, y parece que de propósito ha incurrido en error: si no he colmado de elogios á mi candidato, como es costumbre, creyéndose engañar con ello á los pueblos, es porque siento repugnancia invencible por la adulación, aunque no se refiera al que manda, aunque se refiera sólo al que podrá llegar á ejercer el poder. Así como en religión, en política detesto la idolatría. Al proclamar un candidato sigo viendo en él un hombre, y no lo convierto en mi diós, porque no me siento dispuesto a postrarme después de hinojos ante él. Como hombre reconozco en él cualidades y defectos; y toda mi esperanza para el bien del país se cifra, como lo he manifestado, en que concurran en su persona circunstancias especiales que permitan al pueblo ejercer sobre él constantemente su influencia y vigilancia, alentándole en el camino del perfeccionamiento y retrayéndole de las sendas extraviadas.

Muestra La Nación decidido, aunque vano empeño, en combatir mi opinión de que en Honduras existen dos partidos políticos bien definidos, por más que no estén bien organizados y depurados. Su colega, el periódico ministerial La República, parece que no participa de la misma opinión del señor redactor de La Nación.

En el editorial del número 166 bajo el epígrafe Guatemala, y ocupándose de apreciar la conducta del señor Presidente de aquella República en vista de su decreto de 26 de junio, reconoce de una manera clara la existencia de dos partidos, con los nombres mismos que yo les he dado: uno, partido del pasado, y otro, partido del porvenir. Sin dejar de recomendar á los escépticos la lectura de ese editorial, citaré algunas de sus más importantes declaraciones.

Dice "que a pesar de pertenecer el General Barillas á los hombres de generoso esfuerzo y patriotismo de la revolución del 71, se pretendía que rompiese su liberal programa, y se convirtiera al partido reaccionario y se echara en brazos del bando del retroceso, de los aristócratas y de los fanáticos que han explotado siempre ese mismo pueblo y vivido de su sudor y sangre".

Dice que el General Barillas en su Manifiesto "ha dado preciosa prenda al partido liberal de Centro América; y por eso ha dicho: soy hijo del pueblo; no olvido sus vejaciones y sus martirios, y no permitiré que se repitan.

De seguro el señor redactor de La Nación rectificaría sus ideas y participaría de la opinión de su colega si hubiese leído la Historia de Centro América, especialmente la escrita por el Doctor Montúfar, pues en ella aprendería que desde nuestra independencia quedaron formados los partidos liberal y conservador, tal y como hoy existen, y que los liberales y conservadores de Guatemala han estado siempre y están hoy íntimamente ligados con los de Honduras y de las demás secciones, como miembros de un mismo cuerpo. Pero mientras tanto se instruye el señor redactor en nuestra Historia patria, no es extraño que para defender su causa se apoye en esa muletilla de que tan bien se ha servido el partido conservador después de la gran revolución del 71, desde que pasaron para no volver los tiempos de Carrera; y digo que no es extraño, porque él mismo lo confiesa; su convicción se ha formado en vista de los muchos hombres de ambos partidos, ó valiéndonos de sus propias palabras, "de los muchos liberales y conservadores que durante la Administración Soto y aún hoy mismo han servido y sirven en primera línea al Gobierno, sin que jamás se hayan encontrado sus principios".

Bien claro se ve que el señor redactor no ha tenido tiempo de fijarse en que los hombres que han sido objeto de su estudio son aquellos que, aunque forman la mayoría del partido conservador, lo han convertido en planta parásita, que sólo se sustenta al lado del poder: que a ese precio consienten gustosos en oscurecer su nombre cuando la ocasión lo exige, y hasta en engalanarse con el de liberales: por más que no olviden su origen, que no pierdan sus tendencias, que prosigan su trabajo de zapa para hacer retrogradar al país á la época en que sin disfraz ejercían el poder, y continúen en secreta inteligencia, en íntimo consorcio, con los reaccionarios de todo Centro América. Es natural, pues, que en la actualidad, que ven consolidándose el partido liberal en la mayor parte de las secciones de la América Central, sean muy pocos los hombres que, fieles á sus convicciones, se atrevan á decir: "yo soy conservador": es natural que la mayoría de este partido se esfuerce más que nunca en querer demostrar que no se diferencian en el fondo de los que siempre, en todas circunstancias, ya sea en el poder, ya en lucha contra él, han exclamado y exclaman con orgullo: "somos liberales".

Los mismos hombres que niegan la existencia de los partidos políticos en Honduras, no pudiendo negar que existen dos agrupaciones antagonistas, han dado en llamarlas partidos personales. El señor redactor en esto también los secunda. No entiendo á la verdad muy bien lo que quieren significar con esa expresión. Si con ella quisieran decir que esas agrupaciones se han dado ó quieren darse un Jefe, depositario de su confianza, y encargado de representar y dirigir los intereses del partido, reconozco sin dificultad que es cierto; pues los liberales, ó valiéndose de la expresión de nuestros adversarios, los que nos llamamos liberales, declaramos con franqueza que el señor Arias es nuestro Jefe, y como á tal lo proclamamos candidato para la Presidencia, y estamos seguros de que él no rechaza aquel título que considera honroso. Pero ¿quién es el Jefe de los que se llaman conservadores? Debe creerse que lo es el actual Gobernante, el General Bográn, puesto que la mayoría de ellos apoya su reelección; ó por lo menos como tal lo consideran; por más que, siguiendo su conocido ardid de guerra, quieran ocultar verdad tan manifiesta.

¿Admite el General Bográn el título de Jefe del partido conservador, ó rechazará la oferta avergonzándose de llevarlo? Estamos aún por saberlo.

Se pronuncia el señor redactor contra los programas de los candidatos. Uno de sus argumentos es "haber visto en otros pueblos una y mil veces presentarlos en los momentos de encargarse de los destinos públicos". ¡Extraña lógica! Si tanto lo ha visto hacer, es una razón de más para que entre nosotros se haga, pues un uso mil veces ratificado, no puede ser un mal uso.

El otro argumento es el de no haberse consultado previamente la voluntad de los candidatos. Para que tuviese fuerza sería preciso que el pueblo hondureño estuviese compuesto de niños. ¿Quién será aquel que crea que un hombre pueda permitir que su nombre sea proclamado con notoriedad para un puesto público y expuesto hasta á los insultos de sus contrarios, sin que por lo menos tácitamente confiese que está resuelto á aceptar ese puesto?

Al menos respecto de nuestro candidato, tal es nuestra convicción y creemos también que dará su programa, sin arredrarse por la tormenta de injurias que sobre él se descargará, de que ya hay preludios. En cuanto al candidato de los reeleccionistas, hay sí la diferencia de que antes ha declarado como su resolución irrevocable que no aceptará el poder en un segundo período; pero como gran número de hondureños, y hasta empleados superiores que le son muy allegados, insisten en presentarlo como candidato, para evitar los daños que su no aceptación causaría al país, está más obligado que cualquiera otro á expresar su última resolución; por más que en contrario demuestren grande empeño los que se dicen sus mejores amigos, á quienes se ve convertidos, como se dice de ciertos fanáticos, "es más Papista que el Papa".

Se censura á la oposición que defienda el principio de alternabilidad y hasta se la tacha de poco respetuosa á la Carta Fundamental, porque considera perjudicial la reelección para un segundo período que aquella permite; y se cita como argumento lo que en los Estados Unidos pasa, en lo cual no ha andado muy acertado el señor redactor de La Nación; porque precisamente la oposición es quien imita al pueblo americano. Allá la Constitución permite la reelección sin límites; y sin embargo el pueblo ha dicho: "Nadie podrá ejercer el poder supremo en más de dos periodos", y de ello se han visto ciertamente repetidos ejemplos. Nosotros, pues, no haríamos más que imitar á aquel gran pueblo, poniendo un límite en la práctica á nuestra Carta Fundamental, diciendo: "Nadie podrá ejercer el poder supremo en más de un período".

Repito, en esta ocasión, que nuestra doctrina está apoyada en la explícita opinión del candidato de nuestros adversarios. Recuerdo que al hacer sus declaraciones siempre ha dicho: "Bien sé que la Constitución permite que me reelijan: saben todos que queriendo, podría hacerme reelegir; pero lo creo inconveniente al país, y sobre todo, deseo dar un ejemplo que ningún gobernante se atreverá después á contrariar, y quedará definitivamente implantado en

Honduras el principio de alternabilidad".[8]

Si sus proclamadores, pues, quieren contrariar su decisión, reproduzcan sus argumentos, que bien recuerdo, y combátanlos si pueden. Si no, tengan presente, que si censuran nuestras opiniones á este respecto, que si emplean contra nos- otros la sátira y hasta el ridículo, usarán armas de doble filo, que herirán primero a su candidato, cuyas opiniones, sin deferencia alguna, nosotros sostenemos.

Y no queriendo por ahora insistir en la discusión del principio que la oposición sostiene, me limitaré á agregar á la autorizada voz del primer Jefe de la República, la opinión del distinguido publicista don Florentino González, que el señor redactor de La Nación tuvo cuidado de no citar, cuando en su refutación copió, con pocas, pero sí sustanciales alteraciones, el párrafo que dice: "Es un error creer que la libertad, etc., que puede verse en la página 301, de su obra Lecciones de Derecho Constitucional". El señor González, pocas líneas atrás dice: "Permitir la reelección, es la medida más funesta que puede adoptarse; se da al Presidente un motivo para ocuparse más en asegurar los medios de ser reelegido, que en las tareas de la Administración, de que pueden resultar beneficios positivos al país".

Otra vez enseña el señor redactor su falta de conocimiento, muy disculpable como ya he dicho, de nuestra Historia patria. Dice que las promesas que hoy haga el señor Arias, sólo podrán estar garantizadas por los hombres del 72 y del 73, como que son los mismos oposicionistas de hoy. Y en otros números de su periódico ha censurado con acritud y hasta injuriado á los hombres de entonces, como él nos llama.

Creo, pues, conveniente llamar su atención sobre el grave error en que ha incurrido. De los hombres importantes que rodearon al señor Arias en su Administración, muchos han muerto, otros están

---

[8] He podido reproducir textualmente estas hermosas palabras del General Bográn, porque fiando poco en mi memoria, las anoté en mi cartera, con otras muchas de sus importantes declaraciones. Lo hice, tanto después de la Junta de Notables, reunida el 6 de enero como de un banquete que dió el 30 de noviembre último el que hoy es redactor de La Nación. Recuerdo que en el banquete a que aludo, solamente el señor Bo gran, el periodista don Carlos Selva y yo estuvimos de acuerdo en sostener la doctrina por que hoy combate la oposición. N. del A.

ausentes del país, otros se han retirado de la política y gran número ha estado ó está hoy al servicio del actual Gobernante, cumpliendo lealmente sus deberes como militares. Citaré, entre otros, al General Gálvez, ex-Ministro de la Guerra; al General Williams, Comandante del departamento de Choluteca; al General Ordóñez, Comandante del departamento de Colón; al General Reina, miembro del Tribunal Supremo de la Guerra; al General Matute, Comandante del departamento de Comayagua; y al Coronel Casco, Comandante de Nacaome.

De seguro hay menos hombres de entonces en las filas de la oposición y tendrá que convenir el señor redactor, en que el partido liberal que hoy proclama al señor Arias, está formado en su mayor parte de hombres nuevos, en general jóvenes,[9] muchos de ellos hijos de los que entonces eran adversarios de aquél. Tome nota de esta circunstancia, pues demuestra que este partido está lleno de vida y llamado á ensancharse cada día.

No niego el ofrecimiento del General Bográn de ser neutral en esta cuestión; pero estoy seguro de que no estamos de acuerdo con el señor redactor sobre lo que significa la neutralidad.

No bastaría que el General Bográn se abstuviese de dar órdenes contra los opositores: preciso es que use de su autoridad para corregir los abusos de los empleados subalternos. El señor redactor, por el contrario, se conformaría con lo primero; pues ha sostenido la pre tensión de que todo empleado público está obligado á ser reeleccionista, so pena de pasar por inconsecuente y desleal y poco le faltó para decir que traidor. No sé cómo esta pretensión pueda conciliarse con la de que no hay en la actualidad candidatura oficial.

Llevando hasta sus últimas consecuencias la pretensión del señor redactor, resultaría: que los empleados para cumplir su deber de ser reeleccionistas, estarían obligados á demostrar el mismo ó mayor celo que para cumplir los demás deberes de su cargo. Y bajo ese supuesto, ¿quién puede concebir hasta dónde llegarían en su afán por hacer prosélitos en favor de la candidatura obligada, é impedir ó restringir no logrando lo primero, toda manifestación en favor de

---

[9] No son niños, como pretende el redactor de La Nación. Son jóvenes electores conforme a nuestra Carta Fundamental. N. del A

otras candidaturas?

Con tan perniciosa doctrina sostenida por el órgano de la reelección, que debe creerse oficial porque no ha sido oficialmente combatida, ¿qué valor tienen las actas en favor de la reelección que en su mayor parte han sido levantadas oficialmente por las municipalidades, ó encabezadas por los miembros de esas corporaciones, por las autoridades militares, por los empleados de hacienda, etc., etc?

(Sin duda inspirados por esta doctrina los capitanes de compañía de milicianos y oficiales de las mismas, en la parada general del primer domingo de este mes, diciendo que por orden superior, ó por lo menos dejándolo entender, hicieron una cortés invitación á sus respectivos subalternos para firmar una acta á favor de la reelección). Los milicianos, que ascendían próximamente á quinientas plazas, con excepción de unos veinte ó treinta, contestaron con energía nada común: "que darían su voto por quien quisiesen el día de la elección". Verdad es que en esa ocasión los milicianos, por ser quizá en gran número del recinto de la ciudad, se colocaron á la altura de su derecho; pero no es de creerse que en las aldeas ó en las demás poblaciones de la República, puedan resistir con igual energía personas sencillas y tímidas, á invitaciones semejantes, aunque se hagan en términos igualmente corteses.

Reconocemos que el Gobierno ha dado una prueba de neutralidad con la circular del Ministerio de Gobernación del 18 del presente; pero desearíamos verla también dirigida por el Ministerio de la Guerra, recomen dando igualmente la más absoluta abstención de intervenir en los asuntos electorales, porque es indudable que las autoridades militares tienen más medios de acción que cualquiera otra, y á sus órdenes se encuentra la mitad de los electores).

Mas, de entrar en este terreno, tendría que dar mucha mayor extensión á este artículo. Reservo para otros señalar los muchos vicios de que esas manifestaciones adolecen, y denunciar oportunamente los abusos, de que la oposición irá tomando nota, y de que haya sido ó sea víctima, con pruebas en la mano.

POLICARPO BONILLA.

NECESIDAD Y VENTAJAS DE LA EDUCACIÓN DE LA MUJER

I

El tema es fecundo y de importancia actual; y siento por lo mismo que estas líneas no sean trazadas por una mano digna de desarrollarlo, emitiendo ideas de inmediata aplicación. Su importancia está en proporción con la influencia que la mujer ejerce en la sociedad, influencia que se halla en relación directa con el estado de ade lanto de las naciones, pero que no llega á nulificarse jamás por mucho que sea su atraso. El imperio dela mujer está generalmente reducido á los límites del hogar; pero en él es ó debe ser una reina con poder absoluto, á fin de que pueda cumplir la elevada misión que le está confiada, de educar á la familia, cimiento de la sociedad. Ese poder lo ejerce desde la más infeliz cabaña hasta el palacio del más grande de los monarcas; y por ello puede decirse que en manos, de la mujer están los destinos de la patria, los de la humanidad entera, Si hemos de creer en la tradición bíblica sobre el origen de la humanidad, en el Paraíso Terrenal hizo la mujer, con éxito, el primer ensayo de su poder sobre el hombre, y decidió de la suerte de ambos y de toda su descendencia. Y las hijas de Eva han sido y serán siempre fieles imitadoras de ésta, con la sóla diferencia de que, unas siguen el ejemplo que les dió Eva pecadora al seducir á Adán para comer la fruta vedada, obligándole á rebelarse contra su Dios; y otras imitan el que les dió Eva arrepentida, cuando después de arrojados del Paraíso, procuró compensar al hombre la privación de tantos bienes como habían perdido, y los muchos sufrimientos á que en su nueva vida estaban condenados, con su desinteresado cariño, su adhesión ilimitada, su consagración al cuidado del hogar y tantas otras cualidades que legó á las buenas esposas y buenas madres.

Si, como afirman los hombres de ciencia, aquella tradición es pura fábula, no se atreverán, sin embargo, á negar que su autor era profundo filósofo, conocedor á fondo de la naturaleza humana, porque esos sabios, como hombre alguno, no pueden jactarse de haber librado sus actos del influjo de la mujer. A este respecto recuerdo, por la verdad que encierra, un pensamiento que resume lo dicho: "Estudiad á la mujer y aprenderéis á conocer el móvil de las acciones humanas". Es un consejo para los moralistas, pero que bien podrían aprovechar con éxito los políticos, los economistas y todos los que cultivan las ciencias sociales. Aunque de la mujer me ocupo, no me propongo hacer su estudio, que con razón ha arredrado hasta á los sabios. Conociendo mi falta de experiencia y de luces, no pretendo decir nada nuevo. Cuanto tengo que escribir ha sido ya pensado por otros. Mi propia obra se habrá reducido á beber en buenas fuentes, siguiendo á aquellos que han tratado con imparcialidad al bello sexo, y huyendo, á la vez que de sus inmoderados aduladores, de los que con ruin saña lo han vilipendiado.

II

La mujer es un sér indefinible, han dicho unos. La mujer es un sér heterogéneo, han dicho otros. Pero todos están de acuerdo en que ha sido dotada por la naturaleza de las más bellas cualidades y de los más grandes defectos: en que es extremada para el bien y para el mal, en sus afecciones y en sus odios: que rara vez se coloca en un término medio. Y por ello una misma mujer es capaz de ejecutar las acciones más heroicas y los más grandes crímenes, sin cambiar de carácter ni de educación. Es capaz, por exceso de piedad, de proporcionar la fuga á un asesino y de desprenderse de cuanto posee por socorrer á un desgraciado; y es capaz de pedir, sin transición, por fanatismo religioso, que se condene á muerte, á fuego lento en una hoguera, á todo el que no profese sus mismas creencias; ó, si hambriento llama á su puerta, de negarle un bocado de pan; es capaz, impulsada por el amor, de exponer sonriente su vida por salvar la de su esposo, y lo es también, arrebatada por los celos, de hundir un puñal en las entrañas del mismo a quien antes ha salvado.

La que es hoy modelo de fidelidad conyugal, capaz de ser una Lucrecia, podrá mañana, por despecho, convertirse en Mesalina. Puede llevarla su discreción hasta soportar los más crueles tormentos por guardar un secreto que se le ha confiado; pero puede también después, por ligereza ó vanidad, aun á sabiendas de que ha de causar la desgracia de una familia, revelar ese mismo secreto que había guardado á tanta costa. Puede hoy, con sublime abnegación, exponer su propia honra por salvar la de otra mujer que ve expuesta á ser injustamente mancillada; y mañana, por celos, podrá ella misma convertirse en instrumento de la calumnia, y hundir en el fango la reputación y orgullo, por egoísmo, por envidia, por influencia de los tan bien supo defender, ó ponerla en duda con una mirada indiscreta, con un gesto expresivo y hasta con un simple movimiento de cabeza, armas que sabe esgrimir con maestría para lograr un fin cualquiera que se proponga. Lo dicho, que son verdades al alcance de todos, y que de seguro ninguna mujer, que estas líneas lea, tachará de inexactas, nos muestra á grandes rasgos el carácter distintivo de su sexo: distintivo agrego, porque el hombre, ciertamente, es capaz de incurrir en tan graves ó mayores contradicciones en sus actos, pero no con tan bruscas transiciones.

Para cambiar de modo de pensar, el hombre necesita de más tiempo: necesita el frío cálculo, porque en él domina la cabeza, y por eso son generalmente inexcusables sus extravíos. La mujer puede pasar, como ya he dicho, de un exceso á otro exceso de pasión, porque en ella es el corazón el que impera; y por eso generalmente son sus faltas no sólo perdonables, sino hasta admiradas, aunque se reprueben, y nunca pueden provocar el odio del hombre, ni aun su desprecio, por graves que sean, sino la compasión. Hay otro sentimiento que las faltas del sexo débil deben producir al que, quizá con jactanciosa vanidad, se apellida él mismo sexo fuerte: la vergüenza. Vergüenza por el criminal abandono con que ha visto y ve aún la educación de la mujer, planta que durante largos siglos ha clamado y clama todavía inútilmente por algún cultivo siquiera, ya que no sea esmerado. Y en vez de reconocer su culpa, o tal vez por conocerla mucho, para engañarse á sí mismos, hombres hay que tienen por sistema vilipendiar á la mujer, llegando hasta hacer responsable al sexo entero por los crímenes, los vicios ó las faltas individuales. No de otro modo se explica que en apoyo de sus invectivas citen: á una Herodías, despechada por haberle sido enrostrados sus vicios, que pidió y obtuvo de su esposo la cabeza del Bautista: á una Agripina, concibiendo, entregada a torpes liviandades, y elevando al trono por el crimen, á un Nerón, monstruo insaciable bebedor de sangre, que sacrificó á la misma que en mala hora le dió la existencia: á una Cleopatra, inspirando á su amante el olvido de sus glorias y del imperio del mundo, por correr á la muerte entre sus impuros brazos: á una Elena, que comprometió con su crimen en larga y cruenta guerra á dos naciones, causando la completa ruina de una de ellas, y desgracias sin cuento á su propia patria; y á muchas otras mujeres, tristemente célebres por los males que han causado ó de que han sido ocasión. Pero se olvidan los que así proceden de que ejemplos á millares presenta la historia de los más repugnantes crímenes entre hombres, y de que hombres han sido los cómplices ó ejecutores de los extravíos que á la mujer inculpan; y sobre todo, con estudiada mala fe, se abstienen de traer á la memoria grandes hechos que con exceso compensan aquéllos.

Si con sinceridad procedieran, ¿por qué no recordar á una Mónica, dando la mano á un Agustín para salir del fango de los vicios, y convirtiéndolo en Santo, modelo de caridad y de todas las virtudes? Á una Marta Washington, educando al libertador de medio mundo; ó á una Cornelia, madre de los Gracos, haciendo de sus dos hijos, descendientes de orgullosos patricios romanos, los más celosos defensores del pueblo? ¿Por qué no citan á las Beatrices, Lauras y Eleonoras, inspirando á sus amantes?

Y luego nos quejamos de la mujer que es veleidosa, olvidándonos de que la enseñamos á desconfiar con nuestra propia inconstancia, y le damos el derecho de anticipar el rompimiento de que más tarde habría ella de ser víctima. Nos quejamos de su vanidad y de su orgullo, olvidándonos de que fomentamos en ella diariamente esas pasiones con la adulación constante y el empeño que tomamos todos á porfía, por demostrarle lo que ella, por desgracia, tiene bien sabido, ó se lo imagina por lo menos: que es bella, graciosa, rica, bien nacida, y tantas otras vulgaridades como á la mujer dice, especialmente, todo aquel que no tiene de qué hablar.

Nos quejamos de su conversación insustancial, de su falta de candor, de su costumbre de murmurar; y nos olvidamos de que jamás se habla á las mujeres sino de asuntos insípidos, y en ese estilo jocoso con que muchos creen hacer su delicia, por más que a veces sientan plaza de estúpidos entre ellas mismas; ó bien se les trata sólo de amor y en lenguaje de la más vulgar galantería, hasta lograr hacer imposible en sus mejillas el rubor; o bien, so pretexto de ser lo que á ellas más agrada, no se deja en pie reputación alguna de belleza ó de bondad de otra mujer, principalmente si se la considera su rival.

Nos quejamos de su frivolidad y de su afición al lujo, y sin embargo á ello la obligamos con nuestra conducta. Dirigimos nuestras atenciones y tributamos nuestra admiración á la mujer que gasta el mejor traje y está arreglada con el mayor rigor de la moda, aunque nos conste que eso cueste el sudor de la frente de sus padres, ó arrastra los restos de su fortuna; á la mujer que más deslumbra por su belleza física, cierta ó suplantada por el arte, sin preocuparnos para nada de sus cualidades morales; ó á la que tiene más medios ó mayor habilidad para rodearse siempre de una corte de admiradores, dispuestos a satisfacer sus menores antojos. Y luego la inculpamos, porque, imitando el ejemplo, hace á un lado el verdadero mérito, desprecia al que le habla el lenguaje de la verdad, ó consagra sus más dulces miradas y da muestras de marcada predilección, por lo menos aparente, al que gasta la mejor levita, ó lleva al dedo el mejor brillante, o tiene más correcto el nudo de la corbata, por más que sea un petimetre ó un vagabundo, esclavo de la ociosidad y de sus vicios. Se exige de la mujer sinceridad, y es obligada al constante fingimiento; porque el hombre llama cándida, lo que en su lenguaje convencional es sinónimo de tonta, á la mujer que deja comprender sus sentimientos; y esto la conduce hasta confundir la virtud con la grosería, á pagar con inexcusable desprecio tal vez un amor verdadero, por temor de que una simple muestra de cortesía sea pretexto para darle el apodo de coqueta.

Deseamos de nuestra propia esposa fidelidad; en nuestras hijas, en nuestras hermanas, castidad; y nos esforzamos, sin embargo, por hacer olvidar sus deberes á la mujer ajena, ó empleamos todo medio de seducción contra la hija ó la hermana de otro, á quien tal vez llamamos amigo. Despreciamos ó aparentamos despreciar á la mujer caída, olvidándonos de que somos los autores de su falta, y que el lodo con que pretendemos cubrirla debería manchar con más justicia nuestro propio rostro; y llevamos nuestra saña hasta reprobar á la mujer honrada que tienda á aquella desgraciada una mano generosa para ayudarle á levantarse, aplaudiendo sin embargo que brinde su cariño al infame seductor; y vemos sin repugnancia que aquel que más vergonzosos triunfos cuenta en su vida, que aquel que puede jactarse de haber hecho mayor número de víctimas, sea el hombre á la moda en los salones y goce entre las damas de la reputación de irresistible. Desearíamos que la mujer cultivase con esmero el lenguaje, las ciencias y las artes, para encontrar en ella una conversación amena é instructiva; y le vedamos sin embargo lo mismo que deseamos, porque apenas asoma á sus labios una expresión poco común en boca de mujer, nos apresuramos á llamarla pedante y á hacerla objeto de nuestras burlas. Quisiéramos, en fin, que fuese la mujer como nos la pinta el deseo, olvidándonos de que no puede ser de otro modo que como nosotros la hacemos. Si no queremos que abunde y se perpetúe ese modelo, preciso es que hagamos respirar á la mujer otra atmósfera más pura: que la alejemos de la infecta en que hoy la hacemos vivir. Preciso es que cambiemos de conducta y le formemos un ideal nuevo, mostrándole el sendero por el cual ha de llegar á hacer todo el bien de que es capaz. Y entonces sabrá la mujer apreciar como sus más caras joyas la constancia, la modestia, la caridad, el candor, la circunspección, la economía, la franqueza, la cortesía, la fidelidad conyugal, la castidad, la cultura y el saber, y en general todas las virtudes que deben adornarla, y que si hoy muchas poseen, lo deben, ó á una rara energía de carácter, ó á una feliz predisposición para el bien, que les da fuerza para triunfar en lucha tan desigual. Entonces sabrá despreciar á los necios rezagados que pretendan agradarla con las vulgaridades que hoy son de tanto efecto: podrá fácilmente defender su virtud contra las asechanzas de los seductores de oficio, porque llevarán éstos en la frente un estigma de vergüenza, en vez de la aureola con que hoy se presentan ante la sociedad.

Y para ello basta educar á la mujer y darle en seguida como complemento la instrucción que sea posible. Así podrá probarse á sí misma, y probarnos á nosotros, que es una mezquina creencia, resto de antiguas preocupaciones, la de la inferioridad absoluta de su sexo; y podrá comprender toda la importancia de la elevada misión que le está confiada. Hagámoslo, aunque sea por egoísmo, ya que estamos convencidos de que tanto nos interesa personalmente, si para algunos de nosotros nada vale la felicidad de la familia y el porvenir de la patria, que en ello van envueltos.

IV

¡Educar é instruir á la mujer! Me parece ya que oigo repetir estas palabras en tono de admiración, preguntándose alguno si puede pedirse más para el sexo débil que lo que por él se hace en el mundo civilizado. Se dirá que después de haber dejado la mujer de ser cosa, perteneciente al padre ó al marido, y de haber adquirido todos los derechos de la personalidad humana, con la gran conquista de la igualdad de ambos sexos, obtenida por la ley evangélica sobre el mundo antiguo, nada más puede apetecer. Y es cierto que esa conquista la acreditan los historiadores, la defienden los filósofos, la cantan los poetas y hasta la ratifican los legisladores; pero falta mucho para que sea una verdad de hecho, porque no se han dado á la mujer los medios de hacer práctico el uso de sus derechos.

Mal comprendida sería la ley evangélica si se creyese que ha pretendido crear la igualdad absoluta de los sexos, borrando hasta sus diferencias de constitución física, intelectual y moral, que exigen también diversidad de ocupaciones, porque sería pretender lo absurdo, contrariando la naturaleza. Si se ha propuesto, es cierto, poner término al poder absoluto que ejercía el marido, no ha pretendido anular la superioridad relativa á que los dos sexos tienen derecho. Por el contrario, ha querido que se desarrolle, que los dos giren libremente en su propia esfera y realicen la misión que á cada uno corresponde, muy diferente en los medios de acción, pero una en el fin: el progreso social, el perfeccionamiento de la humanidad.

Y esta misma unidad exige el concurso simultáneo de las dos fuerzas, de tal manera que, siendo deficiente ó nula la acción de la una, la obra resulta imperfecta, si no imposible. Enseñar á los dos sexos todo el alcance de su propia misión: hacerles conocer sus respectivas aptitudes para realizarla y los medios de desarrollarlas: enseñarles á corregirse los defectos y á vencer todos los demás obstáculos que podrían detenerlos en su camino, tal es el objeto de una buena educación. Aprovechar ese resultado para poner a su alcance y utilizar en sus manos los conocimientos que ofrecen las ciencias y las artes, á fin de que cada individuo de la especie humana ponga su contingente en la obra del progreso, tal es el objeto de la instrucción. La primera tiene por principal fin formar el carácter del individuo, se dirige al corazón; y por lo mismo debe confiarse a la mujer, La segunda tiene por fin el cultivo de la inteligencia, y por ello corresponde darla, principalmente, al hombre.

V

La naturaleza ha dado á la mujer el instinto de la maternidad, que se despierta en ella desde el momento en que tiene conciencia de que existe. Comienza su influencia desde los primeros años de su infancia, cuando en sus inocentes juegos arrulla la muñeca, prodigándole las más dulces palabras y sus más tiernas caricias. Continúa desarrollándose en progresión ascendente á la par de su sensibilidad, y se manifiesta en el aumento de su ternura, en su compasión hacia todo sér desvalido y por los ajenos sufrimientos, que hace suyos propios y laceran su corazón. Llega á ser esposa y á ser madre, y se opera una revolución en su existencia: ni ve, ni piensa, ni tiene oído más que para atender al débil sér que ha alimentado en su seno, y que convierte en realidad la ilusión ansiosa que durante muchos meses ha tenido como paralizadas todas sus facultades.

Y por la influencia de ese instinto, la novel madre entra en posesión de secretos que nadie le ha enseñado y de que no tenía ni la más ligera idea. Su imaginación, que trabaja sin descanso, le proporciona recursos que la asombran á ella misma, para mitigar al nuevo sér, que arroba sus sentidos, las primeras penas que en la vida sufre, y que sólo son leve indicio de las que el mundo ha de causarle, tal vez cuando ya no exista á su lado la mujer cariñosa que enjugó sus primeras lágrimas. Su inteligencia se despeja; y acrecentándose el caudal de sus conocimientos, percibe con mayor claridad, é infunde en su hijo, objeto para ella de verdadera idolatría, las verdades morales y los principios fundamentales de las ciencias, que todos creemos verdades innatas, porque no recordamos haberlas aprendido de nuestra madre.

Su corazón se purifica, y le da fuerza bastante para reprimir sus pasiones, y hasta para romper con un pasado que no ha sido ejemplar, á fin de evitar al hijo la mayor de las vergüenzas, el dolor de los dolores: no poder venerar, como es debido, á la que le llevó en sus entrañas. Cuando ese instinto se ha desarrollado libremente, sin las trabas que le oponen el vicio ó la absoluta ignorancia, la madre es la única capaz de dar al niño una buena educación. Entonces ésta principia en el momento mismo en que el sér humano abre los ojos por primera vez á la luz del día. Tal vez se deposita el germen en la primera mirada amorosa que la madre le dirige, en el primer beso que imprime en sus mejillas, sin que ninguno de los dos se dé cuenta de ello. Ese germen sigue desarrollándose todavía de una manera inconsciente, hasta que el niño está en capacidad de comprender los sencillos pero sublimes consejos que el amor desinteresado de su madre le da entre caricias, y que dejan una impresión tan profunda, que se graban en su memoria hasta que baja al sepulcro; de manera que, al salir el niño de la infancia, queda fijada la base de su carácter con tanta firmeza, que difícilmente se cambia en el curso de la vida. Pero si en la mirada de la madre se retrata la impureza, si en sus labios palpita aún el beso de un amor ilícito, el germen que depositará en el niño será el del vicio. Si su corazón está herido por el constante re- cuerdo del crimen, si su inteligencia está ofuscada por la exacerbación de sus pasiones, no encontrará palabras de amor que dirigirle, no tendrá sanas ideas que inculcarle, ni caricias siquiera se atreverá á prodigarle: el niño se verá abandonado á sus propios instintos, y su carácter se formará a su capricho; tendrá sólo mal ejemplo que imitar, y su corazón se habrá corrompido desde la infancia.

No es difícil predecir que ese niño será un sér pernicioso á la sociedad, y que su nombre, casi de seguro, habrá de figurar en los anales del crimen. Si la madre no es viciosa ni criminal, pero tiene la desgracia de ser esclava de una completa ignorancia, abundará en deseos de educar á su hijo, pero será impotente para ello. No podrá inculcarle sino imperfectamente, la noción del bien: no podrá infundirle aspiración alguna para procurar salir de su triste condición, y la ignorancia de que ha sido víctima hará de él un miembro poco útil á la sociedad, si no lo conduce por la senda del vicio. Aunque la mujer no sea viciosa ó criminal, aunque no sea absolutamente ignorante, porque haya recibido alguna cultura é instrucción, si éstas no han sido bien dirigidas, todavía pueden presentársele obstáculos, que su amor de madre no puede vencer por sí solo, para la educación de la familia. Si las madres que no aman á sus hijos son monstruos que no deben tomarse en cuenta, porque sólo se presentan de tiempo en tiempo, no son pocas, sin embargo, las que creyendo amarlos, por haber recibido una educación extraviada, se extravían al darla á su vez. No es raro, en efecto, ver madres que confían la lactancia y el cuidado de sus hijos a manos mercenarias, tan sólo por no marchitar su belleza, ó por no privarse de concurrir á los bailes, al teatro, á la tertulia, ó por otros motivos tan frívolos como éstos.

Casi nunca esa mujer extraña á quien se confía el niño, es escogida por su conducta ejemplar; y aunque la nodriza deba su maternidad á su vida disoluta, no se toma en cuenta para nada esta circunstancia, olvidándose la madre de que esa mujer advenediza que va á sustituirla en el puesto que la naturaleza le tiene señalado, va á robarle toda su influencia y todos sus derechos sobre el niño, y á aparecer á sus inocentes ojos como su verdadera madre. A la que así peca contra las leyes santas de la naturaleza, no debe extrañarle recoger el fruto de su frivolidad y negligencia. Crecerá el niño y su amor filial será tan débil, que apenas si lo demostrará, como obligado; su respeto hacia su madre será más fingido que real; y faltará en él esa especie de veneración que todo hijo bien educado siente hacia la mujer que le llevó en su seno.

La sombra de autoridad que ejerce, será desconocida y despreciada al llegar aquél á la edad de las pasiones. Y feliz podrá llamarse esa madre descuidada, si no tiene que derramar lágrimas de sangre al ver al hijo, que no quiso encaminar al bien, marchar por la senda de los vicios, hasta precipitarse en el abismo del crimen, maldiciendo tal vez de la hora en que recibió la existencia, si no del sér que se la dió. Tampoco es raro que se dé el mismo resultado, cuando la madre, por exceso de cariño, educa á su hijo de manera que se convierte en obediente esclava del menor de sus deseos infantiles, que más tarde se llamarán pasiones. Acostumbrado á hacer su voluntad, será orgulloso, dominante y grosero; y cuando al entrar en sociedad se convenza de que ésta no la forman sólo madres complacientes, abandonará la compañía de los hombres honrados y buscará sus relaciones entre aquellos que, por haber perdido la conciencia de su dignidad, no tengan inconveniente en portar sus impertinencias y fomentar más aún su mal adularlo, en soportar sus impertinencias y fomentar más aún su mal carácter, que bien saben explotar. Como el trabajo y toda ocupación honesta le habrán inspirado horror desde su infancia, al consumir la ociosidad y sus pasiones sus últimos recursos, se hallará á un paso del crimen; y, ó el suicidio pondrá fin á su vida, ó la habrá de terminar en un presidio, si, siendo más feliz, no la pierde antes á manos de cualquiera que tenga que vengar una ofensa recibida.

No es menos errado el sistema de hacerse la madre temer de su hijo por su áspero lenguaje y su rigor, que raya muchas veces en crueldad. Principalmente este defecto hace al padre inepto para la educación del niño; y si la madre lo secunda en vez de mediar entre los dos, lograrán infundirle el temor, que es el fruto natural del despotismo, pero nunca el respeto, y menos el cariño, que sólo la rectitud y el amor combinados pueden producir. Si esa conducta no es hija del mal carácter, de un exagerado orgullo, si hay en los padres sana intención, merece indulgencia; mas no por eso deja de ser uno de los más viciados sistemas de educación. Por caminos distintos y hasta opuestos, conduce á idénticos resultados que los anteriores; pues el niño anhela crecer para sacudir el que llama pesado yugo de la autoridad paterna, procurando, mientras llega el día de la libertad, engañar siempre á los autores de sus días para librarse de su cólera; y se amaestra en el arte de mentir, y se acostumbra á ocultarlo todo á aquéllos, quienes viven creyendo en la perfección de su hijo, hasta que la noticia de su primer escandaloso extravío abre sus ojos, aunque tarde, á la realidad. Después de cuanto dejo dicho, no se extrañará que afirme que el padre por sí sólo es impotente para servir de guía á la familia, al menos antes de entrar en la adolescencia los hijos varones, y respecto de las mujeres, en ningún tiempo.

No se extrañará que repita que debe ser la mujer la reina del hogar, debiendo limitarse la acción y vigilancia del marido, á procurar que cumpla con sus deberes de madre, si no quiere sembrar la anarquía y hacer á su descendencia víctima inocente de su importuna intervención. La madre debe tener sola el mérito ó la responsabilidad directa por la buena ó mala educación de sus hijos.

Mas para ayudarle á desempeñar con éxito tan de- licada misión, para librarla del remordimiento por haber causado, culpable ó inocente, la desgracia de la familia, no se la debe dejar abandonada á su instinto: debe enseñársele á dominar sus pasiones, á corregir sus malos hábitos, para que pueda concentrar su atención en el cumplimiento del deber: preciso es enseñarle á reprimir los excesos de su amor y á moderar los ímpetus del orgullo ó de la cólera, para que pueda enderezar á tiempo las malas inclinaciones del niño, y ser á la vez su mejor amiga, depositaria de sus impresiones y de todos sus inocentes secretos. Hasta aquí me he ocupado de la educación del niño, sin distinción de sexo; pero tratándose en especial de la de una hija, la misión de la madre es mucho más delicada aún. Debe tener presente que el desarrollo libre de sus malos instintos, su mal carácter, su falta de moralidad, no representarán, como en el hombre, el in- dividuo perjudicado, sino la sociedad. El vicio de educación contraído por la mujer en la infancia, contagiará á los demás miembros de la familia con quienes ella se cría, á las personas que frecuenten su trato, á los hombres á quienes su belleza ó sus gracias seduzcan, al que tenga la imprudencia de elegirla por esposa, y será trasmitido á la familia que ella ha de formar, tal vez en larga sucesión de generaciones.

Con razón bastante ha dicho Michelet: "Educar á una niña es educar á la sociedad"... "La madre sentada ante la cuna de su hija debe pensar: Tengo aquí la guerra ó la paz del mundo: lo que turbará los corazones, ó les dará la tranquilidad y la rica armonía de Dios".

Le sobra razón para decirlo, porque esa niña habrá de cumplir ante todo sus deberes de hija, y será la causa de la alegría ó del eterno llanto de sus padres; será el consuelo de su vejez ó su tormento: habrá de sustituir quizá á su madre en el gobierno del hogar, y será causa de que entre en él la próspera ó la adversa fortuna. Esa niña habrá de entrar en el mundo al ser mujer, y ejercerá en él irresistible influencia. Y será la dulce amiga que consuele al hombre en sus penas, ó traidoramente le infiltrará el veneno que ha de amargar más su existencia; ya será la tierna amante que mantiene en la senda del honor al hombre que le tributa adoración, que le inspira el deseo de la gloria, que le fortalece para el trabajo, que le reanima en sus horas de desaliento y le hace soñar en su amor un paraíso; ó bien con sus desdenes, su doblez ó su traición, labrará su eterna desventura y le hará hasta odiosa la vida.

Esa niña habrá de ser esposa, y en sus manos tendrá su propia suerte y la del hombre que le consagre su existencia. Si no ha aprendido el arte del gobierno de la familia para aplicarlo en el hogar que ha de regir, introducirá en él el derroche, la anarquía, y pronto habrá disipado el poco ó mucho capital del matrimonio. Si no ha aprendido á corregir sus propios defectos, no podrá enfrenar las pasiones de su esposo. Si no ha adquirido un carácter dulce, compasivo, humilde, si no ha acumulado en su corazón la riqueza del amor y de la virtud, no sabrá ofrecer al hombre que se ha obligado á hacer feliz, un bálsamo que cicatrice las heridas que reciba en las luchas sociales; no sabrá brindarle en sus amorosos brazos un seguro puerto de refugio contra el naufragio en las tempestades de la vida: no podrá infundirle el fuego santo del patriotismo, que sólo se enciende en el hogar.

Si su carácter es áspero, dominante, celoso y desconfiado, si ha acumulado en su corazón mucha hiel, mucho veneno, no sabrá curar, sino con fuego, las heridas del esposo; le hará huir de sus brazos como de un peligroso escollo, le inspirará el odio á la humanidad; y el hogar, paraíso de sus ensueños, será trocado en un infierno, objeto de sus constantes pesadillas. Esa niña está llamada también á ser madre, si no por la naturaleza, á hacer las veces de tal por un accidente de su vida. No todos tienen la dicha de haber conocido á su madre ó de haberse criado bajo su protección durante sus primeros años. Las víctimas de esa desgracia, tal vez la mayor que puede afligir al sér humano, tienen que ser confiadas en su infancia á una nodriza primero, á una aya después, ó bien á una hermana, á una amiga ó á otra persona extraña que caritativamente se encarga de darles amparo en su orfandad.

Si éstas han de reemplazar, en parte siquiera, á la madre, preciso es que conozcan la grave responsabilidad que sobre ellas pesa: preciso es que tengan bien cultivado el instinto de la maternidad. Los vicios de educación en el hombre pueden a veces curarse en el infortunio. En la mujer son enfermedad de difícil curación, porque la medicina que podría aplicársele, tiene que luchar con su natural amor propio, cada día exagerado por la lisonja. Ni es la adversidad en ella un remedio, porque regularmente significa una caída irreparable. Y por lo mismo, la sociedad, conociendo su impotencia para corregir esos vicios, debe procurar evitarlos. Y debe también, convencida de que la mujer es árbitra de sus destinos por la grande influencia que en ella ejerce, educarla para que sepa cumplir sus deberes en todos los estados de la vida, como hija, como amiga, como amante, como esposa y madre; para que sea el principal agente de moralidad, de civilización y de progreso. Esto sólo puede lograrlo formando madres de familia. Para formarlas, elévese ese aprendizaje al rango de honrosísima profesión, más importante, mucho más, que todas las que hasta ahora se han reconocido por los legisladores, creándose establecimientos, en los cuales dirigirán la enseñanza las madres que han sabido serlo, y la recibirán las niñas que se encuentren en aptitud de comprender los sagrados deberes que más tarde han de pesar sobre ellas; pensamiento que no es nuevo, pues ya en España se ha ensayado por iniciativa privada, aunque por desgracia, durante corto tiempo. Coadyuve además la prensa, vulgarizando los ejemplos de los bue- nos modelos, y distribuyendo á manos llenas los teso- ros que la ciencia y la experiencia han acumulado; y coadyuve el sacerdote poniendo esos ejemplos y enseñanzas, por medio de la predicación, al alcance de las madres, especialmente de aquellas que por su absoluta ignorancia se encuentran fuera del poderoso influjo de la prensa. Cuando se haya logrado formar madres de familia, podrá decirse con fundamento que se ha resuelto el difícil problema de la educación de la humanidad, por medio de la educación de la mujer.

VI

Resuelto este problema, no será difícil dar á la mujer bien educada la instrucción que necesita. En esta materia no participo de las ideas de los que piensan que conviene darle la misma instrucción que al hombre: sería sacarla de su centro, debilitar su poder, contrariar su naturaleza. No creo que la mujer deba estudiar á fondo aquellas ciencias que no pueden serle de positiva utilidad, que no han de prestarle gran auxilio para llenar la misión de su sexo. Si la mujer no debe ejercer la abogacía, no necesita profundizar el Derecho. Sin conocer esa ciencia, sabe hacer algo más que el abogado que defiende al autor de un crimen, pues sabe detener el brazo que se dispone á cometerlo: tiene influencia suficiente para inclinar al criminal al arrepentimiento, lo que no puede lograr el abogado, por grande que sea su elocuencia; y sabe arrancar una víctima de manos de un tirano, para lo cual el Derecho es impotente.

No necesita profundizar el estudio de la Medicina, porque sin conocerla sabe curar las enfermedades del alma ó cicatrizar las heridas del corazón, contra las cuales la ciencia nada puede. Si no ha de ejercer las profesiones que con ellas se relacionan, no debe profundizar las Matemáticas y las ciencias físicas. Sin estudiarlas sabe construir, mejor que el más hábil ingeniero, el camino que más recta- mente la conduce al corazón del hombre, y levantar en su pecho una fortificación que la defienda de los ataques de su enemigo, imposible de destruir aun con los proyectiles más explosivos, ni de tomar por asalto, á menos que un traidor, que dentro de sus muros se oculte, abra las puertas.

Sabe construir en su imaginación los más soberbios castillos, que demuele y reconstruye á voluntad, y que pueden causar envidia al más célebre arquitecto. Y no hay maquinista capaz de inventar y dirigir motor de tanta fuerza como el sentimiento, con cuyo poderoso impulso la mujer conmueve el mundo. Si no ha de ser viajero ó navegante, inútil es para ella hacer estudios profundos de la Náutica y de la Geografía, sin cuyo auxilio puede navegar y viajar, no en frágiles barquillas y en este pequeño planeta, sino en alas del infinito por mundos desconocidos. Si no ha de gobernar una nación, no debe profundizar la Política, la Diplomacia el Derecho Internacional, la Economía, la Estadística. Y en verdad no lo necesita, pues no hay hombre de Estado que gobierne tan sabiamente como una buena madre de familia su pequeño reino, el hogar. En él puede apaciguar las rebeliones de sus súbditos, sin derramar una gota de sangre, sin usar de violencia alguna: puede conjurar, mejor que el más hábil diplomático, la tempestad que amenace turbar la paz, á consecuencia de un conflicto con otro poder igual al suyo que dentro de su reino existe: sin auxilio de las ciencias conoce bien los recursos de sus gobernados y los medios de mejorar su condición, y sabe administrar sus rentas y procurar su incremento, de manera que puede causar envidia al más hábil hacendista. Es, en fin, la forma de su gobierno digna de imitarse en la sociedad, por más que no tenga nombre conocido en la ciencia.

Si ni su débil organismo, ni la sensibilidad de su corazón le permiten ser soldado, ¿para qué ha de estudiar el arte de la guerra? No lo necesita, porque su misión es de paz. Si se presenta en los cuarteles, si acude á los campamentos, si presencia las batallas y expone su pecho á las balas, es con el uniforme de la caridad; y puede desafiar, segura del triunfo, al más valeroso General para que penetre con ella en un hospital á combatir cuerpo á cuerpo una epidemia, el ene- migo más terrible de la humanidad.

Hacen mal los que tratan de engañar á la mujer, y halagan su vanidad, pretendiendo hacerla creer que es tan apta como el hombre para ejercer todos los oficios y profesiones á que éste puede aspirar. No seré yo quien la niegue la capacidad intelectual; pero no debe olvidarse que ni su organización física, ni los instintos, ni las tendencias, ni los deberes especiales de su sexo, le permiten aquellas profesiones ú oficios que puedan arruinar su belleza, matar su pudor, poner en peligro su virtud ó distraerla por completo de la noble misión que la naturaleza le ha confiado. No concibo que de buena fe se pretenda convencer á una mujer de que vale menos en ella educar una familia, formando hijos útiles á su patria, que defender y ganar el más ruidoso pleito, ó hacer una asombrosa curación, ó resolver el más complicado problema matemático, astronómico, físico ó filosófico, ó construir un ferrocarril, ó un palacio, ó hacer el viaje más maravilloso, ó ganar una sangrienta batalla. Ella dirá, si la lisonja no la ha desvanecido, que desde el trono de su hogar, si lo ocupa dignamente, gobierna el mundo; lo que no ha logrado ni jamás logrará el más grande de los sabios ó el más ambicioso de los conquistadores. No quiero decir tampoco que se prohíba á la mujer el ejercicio de ninguna profesión. La venida al mundo de seres dotados de verdadero genio, es tan rara, que jamás deben despreciarse, sea cual fuere su sexo; sería criminal condenarlos á la oscuridad. Si la naturaleza ha concedido á alguna mujer dotes especiales para determinada profesión de las que corresponden comúnmente á los varones, y se siente con tendencia irresistible para adoptarla, ábrasele el templo de la ciencia, y alterne en él con los sabios, que no es la primera vez que lo hace con ventaja.

El error estará únicamente, de parte de los padres, en violentar la naturaleza, enseñando á la niña á despreciar su propio sexo y á odiar las ocupaciones á que instintivamente se inclina; y de parte del Estado consistiría en la creación de establecimientos especiales de instrucción profesional para la mujer, provocándola así, á perseguir por vanidad propia ó de su familia, una carrera para la cual no tiene ni inclinación, ni aptitudes, perdiéndose tal vez en ella una excelente matrona. Y mucho menos debe creerse que profeso las ideas de los que consideran bastante para la mujer, por toda instrucción, saber leer, escribir y contar, cuando más le conceden; y menos puedo pensar, como pensaban los romanos, que la mejor matrona era la que más bien sabía manejar el huso.

Debe darse á la mujer la instrucción primaria tan completa como al hombre, comprendiendo además los ramos propios de su sexo, no sólo porque éste es alimento necesario para la vida de todo sér que piensa, sino también porque la instrucción que á ella se dé no será estéril. La mujer, mejor que cualquier maestro, trasmite sus conocimientos á sus hijos; y si su esposo es ignorante, nadie mejor que ella sabrá abrirle el apetito del saber: él, que tal vez había resistido los esfuerzos de sus maestros y contrariado los deseos de sus padres, tendrá que doblegarse ante los ruegos de tan amable preceptora, y poco tiempo tardará en aprender cuanto ella sabe. El país, por consiguiente, que logra dar una instrucción siquiera elemental á la mujer, puede jactarse de que no pasará una generación sin que la absoluta ignorancia sea desconocida dentro de sus límites.

Debe enseñársele además de Medicina lo bastante para saber conocer y curar las enfermedades de los niños, y poder atender á la crianza de sus hijos con verdadera ciencia, lo que disminuiría la mortalidad de las criaturas, debida en mucho a la ignorancia de las madres; y también lo bastante para que pueda dar satisfacción con mejor éxito á sus naturales caritativos instintos. Y hasta puede hacer de esa ciencia una profesión, si ha de ejercerlas tan sólo con personas de su mismo sexo, en cuyo caso es, sin duda alguna, aún más á propósito que el hombre.

Enséñesele del Derecho, de la Economía social y doméstica, lo necesario para que pueda administrar un caudal y dirigir y manejar los negocios. Al esposo que la suerte le depare, toca completar esta instrucción, dándole la enseñanza concreta que sus especiales ocupaciones exijan, para que pueda sustituirle en su ausencia ó después de su muerte. En previsión de tales casos, debe darle cuenta de todos sus negocios, y tenerla al corriente de su movimiento; pues sólo así podrá evitar que el capital que legue a sus hijos desaparezca como si se convirtiera en humo, quedando éstos reducidos á la miseria por la falta de capacidad y de tacto en la viuda para administrarlo, ó por verse obligada á confiarlo en manos extrañas.

Enséñesele de la poesía, de la pintura, de música, de escultura, cuanto sus aptitudes permitan; pues creo errónea la idea de que la instrucción de la mujer en las bellas artes, por distraerla de los cuidados del hogar, es tan perjudicial para ella como el profundo estudio de las ciencias. El arte es hijo del sentimiento y por consiguiente, propiedad de la mujer: es constantemente su objeto, su inspiración, y debe saber comprenderlo.

Ella es artista por su naturaleza, y la perfección de una cualidad natural, nunca puede ser dañosa. Si en su destino está escrito que ha de ser la esposa de un artista, no será feliz si no sabe apreciarlo en cuanto vale. A diferencia del sabio, que es hasta cierto punto egoísta, que necesita para sus trabajos del aislamiento, y por lo mismo le importa poco ser comprendido, el artista es casi siempre vanidoso, amigo de la expansión, de recibir aplausos de quien pueda darlos á conciencia, y necesita de una esposa que pueda admirarle comprendiéndole; y sólo así pueden llegar á la unión moral en el matrimonio, única que hace posible la felicidad doméstica.

Dese á la mujer instrucción religiosa, porque su piedad natural y su misma debilidad, la inclinan á buscar en un Sér Supremo el amparo que en el mundo no halla; y es preciso dar satisfacción á esta necesidad de su espíritu, procurando á la vez preservarla de los extravíos á que da lugar. Aprovéchese la religión para consolidar su moralidad, pero aléjesela con decididos esfuerzos del fanatismo, de las prácticas supersticiosas, y sobre todo de la idolatría, á la que fácilmente se inclina, por el poderoso influjo que en ella ejerce la imaginación.

Una mujer que tales conocimientos posea, á quien además, si es posible, se den nociones de literatura y de todas las ciencias, cuanto más extensas, mejor, podrá ejercer mayor y más benéfica influencia en el hombre y darle la cultura que no se adquiere nunca con el estudio, sino sólo con el trato de una mujer bien educada y verdaderamente instruida.

Cuando la mujer reúna estas cualidades, con razón podrá decirse que está para renovarse desde sus cimientos el mundo moral, y que la humanidad habrá dado con esto un paso más agigantado, que con los descubrimientos en las ciencias y en las artes, de que tan orgulloso se muestra nuestro siglo.

VII

Pondré ya fin á mi tarea, no por estar agotada la materia, pues sobre ella, quien posea una sólida instrucción, podría escribir grandes volúmenes. Mas yo, que no la tengo, temo haber abusado ya demasiado de vuestra atención. Me inquieta también la idea de que por mala inteligencia de alguno de mis conceptos, se crea lastimado el bello sexo, cuyos enojos tanto temo, por lo mismo que tanto respeto le profeso. Pero si lo que he dicho en su favor no basta como prueba de mi sinceridad, llamo á la memoria, especialmente de mis bellas compatriotas, que entre ellas se encuentra de seguro la que formará la realidad de mis ensueños y habrá de ser la dulce compañera de mi vida, si hay alguna que se resigne á compartir conmigo su suerte, sometiéndome al suave yugo del matrimonio.

Y si aún no basta, les recuerdo que entre ellas se encuentra el sér á quien debo, más que la existencia, la educación y la instrucción que pudo procurarme, á costa de incalculables sacrificios y hasta del sudor de su frente, en el desamparo de la viudez y agobiada por la enfermedad y la pobreza. Si tengo ambición y sueños de gloria, es su estímulo más poderoso, la esperanza de ver llegar un día, si mis aspiraciones se realizan, en que oiga decir en recompensa de tanta abnegación: "Ha llegado hasta allí por haber tenido una buena madre".

Tegucigalpa: 30 de octubre de 1888.

SOCIEDADES DE ARTESANOS
Y LA UNIÓN NACIONAL
(El Tren número 32, de 19 de diciembre de 1889).

En todas las capitales de Centro América y en muchas poblaciones de importancia, desde algunos años atrás, los artesanos han organizado sociedades que, aunque difieran en su constitución y fines secundarios, tienen todas, como común y capital objeto, la protección y defensa de sus legítimos intereses, y como principal medio, la difusión de las luces entre la clase obrera.

Tal comunidad de propósitos debía producir y ha producido su natural fruto: la tendencia de todas las sociedades á ligarse prestándose mutuo auxilio, comunicándose recíprocamente sus adelantos, poniéndose de acuerdo sobre sus medios de acción y ofreciendo benévola acogida en su seno á cualquiera de los miembros de las demás, sin tomar en cuenta las fronteras que separan las varias secciones de la América Central.

Ha dado el primer paso en ese sentido la Sociedad de Artesanos "La Concordia" de San Salvador, ofreciendo á las demás sus servicios y excitándolas á unirse con verdadero espíritu de fraternidad.

Conocemos sólo la respuesta que dió la de San José de Costa Rica, que no sólo correspondió á tales sentimientos, sino que respirando el más puro y elevado centroamericanismo, concibió y propuso á sus hermanas la realización de un atrevido proyecto: "la fusión en una, de todas las asociaciones, haciéndose representar en un Congreso de Obreros, para tratar y resolver sus más importantes comunes intereses, considerando esto como un ensayo, cuyo éxito prepararía el de la reconstrucción política de la antigua patria".

No negamos que la realización de tan noble pensamiento encontraría obstáculos, pero serían menores que los que se presentarán para formar una sola nación de la América Central. La unión nacional de la clase obrera no tendría que luchar con bastardas ambiciones, porque ni sería el premio del triunfo la elevación al Poder de ninguno de sus miembros; ni tendría que luchar con la codicia, porque no podrían esperar al finde la jornada el oro en recompensa; no tendría que luchar con las tradicionales rivalidades locales, porque esas rivalidades son fomentadas sólo por los que ambicionan el Poder, la fama ó la riqueza, y la clase obrera, que nunca disfruta de tales beneficios, acoge siempre, sin inquirir su origen, al hombre honrado y laborioso, segura como está de que muy lejos nos hallamos aún en Centro América del tiempo en que sobren brazos y falte el trabajo. No comprendemos por qué se ha dado poca importancia á los proyectos de los artesanos de Costa Rica, que, realizado, adelantaría en muchos años la reconstrucción de la patria. Esta sólo podrá ser la obra de una verdadera revolución, para que pueda destruirse el orden de cosas creado hace cincuenta años. Y bien sabido es, pues la historia de todos los países nos lo enseña, que ninguna revolución se verifica de arriba para abajo: que la idea revolucionaria fructifica sólo cuando el pueblo se apodera de ella y pone á su servicio su corazón y sus brazos.

Por muy bien intencionados que se hallen los gobernantes, no podrán nulificar, como es preciso, los bastardos intereses separatistas con sólo un rasgo de pluma ó un golpe de espada. En cambio, si la clase obrera de las varias secciones de Centro América se pone en contacto, y desconociendo las fronteras, los representantes de las diferentes asociaciones funden en una sus tendencias, se comunican sus ideas, crean comunes intereses, y al regresar á sus hogares, del punto cualquiera donde se hayan reunido infunden sus sentimientos en sus coasociados; y si éstos, que forman la fuerza de la nación, llegan á poseerse del espíritu de propaganda, no con bellos discursos, sí con nobles ejemplos de confraternidad, muy cercano estará el día en que sople el espíritu de la revolución, que arrollando todos los obstáculos, aniquilará á quienquiera que los oponga, aun á los mismos gobernantes, si por debilidad ó por falta de patriotismo, pretenden torcer ó resistir la corriente; cercano estará el día en que vuelva a lucir el sol que alumbró la antigua patria. Reconstruida ésta con tales bases no podrá fácilmente derrumbarse. El pueblo, que ha sido la víctima en todas nuestras luchas fratricidas, que ha derramado en ellas su sangre estérilmente, querrá y sabrá economizarla, para prodigarla en defensa de la grande obra á que deberá su tranquilidad.

Una de esas asociaciones, que tan fecundas pueden ser en

beneficios, existe organizada en esta capital. No obsta que sus estatutos, con sabia previsión, cuando fueron formados, le hayan prohibido mezclarse, como corporación, en cuestiones políticas. Su misión no es luchar sino ejercer su influencia civilizadora sobre la clase desvalida; infundirle con la educación, la conciencia de sus derechos y de sus deberes, para que aprenda á apreciar los nobles esfuerzos de patriotismo, é impulsarlos ó secundarlos. Nuestra Sociedad de Artesanos ha comenzado á elevarse á la altura de su misión. Ha comprendido que para realizarla necesita, ante todo, combatir la ignorancia y ha fundado la Escuela Nocturna de Artesanos y jornaleros, que á juzgar por el resultado obtenido en los cuatro últimos meses de este año en que ha estado abierta, tiene el éxito asegurado.

Podemos ya contar en esta capital con toda una generación de obreros redimida de la esclavitud de la ignorancia á que por siempre estaba condenada, y veremos convertidos en conscientes ciudadanos a los que no habrían sido sino instrumentos de mezquinos intereses. Imítese en las demás poblaciones de Honduras ese ejemplo por todos los obreros; sigan el de éstos los campesinos; y, unidas y obrando en concierto esas dos agrupaciones que forman la población más viril de la nación, en pocos años esta sección de la América Central ofrecerá un valioso contingente a sus hermanas, para hacer reaparecer la patria de nuestros mayores.

MANIFIESTO DEL JEFE DEL PARTIDO LIBERAL

HONDUREÑOS:

Ayer ha cesado la dictadura creada el 6 de mayo, al decretarse el estado de sitio en toda la República, con motivo del asalto á los cuarteles de Amapala.

Cerca de tres meses y medio ha permanecido el ciudadano hondureño sujeto al militarismo, y mucha debe ser su fuerza de voluntad y patriotismo, si sobreviven en él la conciencia de sus derechos y la suficiente energía para defenderlos.

En Honduras el estado de sitio no significa como en las demás Repúblicas, la simple suspensión de determinadas garantías individuales: significa la suspensión absoluta del imperio de la Constitución, é implica, por lo mismo, la legitimación de la tiranía, la postración de todo un pueblo á los pies de su Gobernante y de los ejecutores de sus voluntades, convertidos en árbitros de su libertad, vida y hacienda.

Si en todas las naciones deben ser los Gobiernos muy escrupulosos para crear tan anormal situación, con mayor razón en Honduras, donde tan terribles efectos trae consigo, y tan perniciosa influencia ejerce en el comercio, la agricultura, y demás ramos de la industria, y, sobre todo, contra la tranquilidad pública.

Mas, por el contrario, difícilmente se encuentra otro país donde, como aquí, se abuse tanto de ese poder conferido, en mala hora, al Gobierno en nuestra Carta Fundamental. Más de siete veces ha sido decretado el estado de sitio durante la Administración del actual Gobernante; y, sin embargo, á eso llama la prensa oficial haber mantenido la paz inalterable. Si alguna vez ha sido justificable tal disposición refiriéndose a cierto departamento ó localidad, no se puede demostrar que, más de una vez, haya sido necesario hacerla extensiva á todo el país.

Cuando ocurrió el suceso de Amapala, pudo el Gobierno haber pensado, en el primer momento, que estuviesen amenazados los departamentos fronterizos, y pudo suspender en ellos el imperio de la Constitución, Pero no en el resto del país, que permaneció en perfecta tranquilidad. Y al convencerse, como se convenció, antes de quince días, de que había sido aquel un suceso aislado y sin trascendencia, al tener buenas pruebas de que el Partido Liberal, que le hacía la oposición, ninguna complicidad tenía en él, y, por el contrario, lo reprobaba, prolongar el estado de sitio fué alterar la tranquilidad pública que en manera alguna peligraba, y fué el Gobierno el verdadero trastornador del orden que el partido opositor se empeñaba en mantener.

Al obrar así el Partido Liberal, cumplía fielmente su programa de procurar, mientras disfrutase siquiera de libertad relativa, las reformas políticas, por medio de una evolución pacífica. Es así como inició la lucha electoral en la cual todos y cada uno de sus miembros entraron de lleno sin tener por único objeto el triunfo, harto difícil con armas tan desiguales, sino también el de obligar al pueblo hondureño á tomar interés en la designación del nuevo gobernante y prepararlo para ulteriores luchas.

Y es por eso que, á pesar de tantas arbitrariedades, vejaciones y violencias de que habían sido víctima los opositores, se limitaba á protestar por la prensa enérgicamente y á buscar por otros medios pacíficos la manera de frustrar los propósitos de los autores de tales atentados, y hasta de volverlos contra ellos.

Tan bien iba en su camino el partido opositor, que, en esa lucha, emprendida sin esperanza de éxito, contaba ya con grandes probabilidades, gracias al desprestigio que sus desaciertos acarreaban al Gobierno y á la candidatura que ha proclamado.

Con tales antecedentes ha debido creerse, y así lo ha creído el pueblo hondureño y lo ha comprendido toda la prensa centroamericana y aun extranjera, que el mantenimiento de tan anormal situación no ha tenido más objeto que asegurar el triunfo de la candidatura oficial, quitando á la oposición los medios de propaganda y de acción.

Así se ha visto la prensa liberal enmudecida, cuando antiguos periódicos semioficiales y muchos otros nuevos han prodigado soeces insultos y atroces calumnias contra el Partido Liberal y su candidato.

Se ha visto la correspondencia violada, y ni aun con pretexto de razón de Estado, pues más de una vez se ha divulgado su contenido;

y sus conductores, cuando no ha sido confiada al correo nacional, han sido cargados de grillos ó cadenas, y quizá gimen aún en las prisiones. El hecho solo de conducir correspondencia para el Jefe del Partido ó miembros importantes de él, se ha imputado á crimen, sin otro objeto ostensible, que el de producir la incomunicación.

Se ha privado de la libertad al ciudadano, con pretexto de delitos cometidos, y, ó no se le ha juzgado, ó se ha hecho una farsa de proceso que no ha llegado nunca á terminarse, y á más de un prisionero de éstos se le ha apaleado cruelmente, muriendo alguno bajo el látigo.

Nadie ha podido transitar de un pueblo á otro sin pasaporte; y siempre éste se ha negado, cuando se ha creído que se podía tener por objeto trabajos electorales.

El derecho de asociación estaba restringido al número de seis personas, sin permiso de la autoridad, el cual de seguro habría sido negado, si se hubiese sospechado que la reunión tenía interés político; y hasta en menor número era peligroso reunirse, porque bien se podía haber tomado como pretexto para un proceso por conspiración.

Se dió una ley reglamentando el estado de sitio, pero fué sin duda para tener el placer de violarla, por más que era creadora de un rudo despotismo militar; siguiendo en esto la costumbre inveterada dé convertir la ley en objeto de lujo, y aplicarse sólo como tal el capricho de la voluntad.

Tal es la situación en que ha estado colocado el pueblo hondureño; y la conducta del Gobierno en estas circunstancias merece calificarse de verdadero golpe de Estado, con la sola diferencia, quizá, de que no redunda en beneficio del actual Presidente, sino del candidato que le inspira completa confianza, y de quien espera que seguirá su misma política, su mismo sistema administrativo, con todas sus cualidades, sus errores y sus vicios, con todos sus odios y afecciones personales.

El Partido Liberal, á pesar de verse privado de todos sus derechos y garantías, á pesar de ser constantemente molestado con ofensivas desconfianzas y amenazado con la cólera del poderoso, ha querido disminuir, en lo posible, el número de los atentados de la autoridad, observando una conducta prudente, y estoica, aunque no servil, resignación, á fin de conservar la paz interior; y en varias ocasiones, cuando el peligro de una guerra exterior ha parecido inminente, ó por lo menos la repetición de intentonas como la de Amapala, se ha hecho propaganda entre los miembros del partido, recomendando la más absoluta abstención de participar en cualquier movimiento sin plan político, que podría traer por consecuencia la anarquía.

¿Qué ha hecho el Gobierno por su parte para alejar esos peligros? En vez de procurar la unidad del pueblo hondureño, haciéndole desear el mantenimiento del orden establecido, por el goce de sus libertades, envía un comisionado al Gobierno de El Salvador á conjurar la tormenta que creía se cernía sobre sus cabezas, aunque quizá para ello haya sido necesario postrar á las plantas de aquél la dignidad nacional; aunque para ello haya sido necesario hacer promesas imposibles de cumplir, por estar en contradicción con anteriores, también indebidos compromisos, ó faltar al cumplimiento de éstos. Y tal vez se han hecho inútilmente tales sacrificios, porque es imposible infundir la confianza, cuando no se procede rectamente.

HONDUREÑOS: Al escribir estas líneas cumplo un imperioso deber que me impone la confianza que en mí ha depositado el Partido Liberal al designarme su jefe. Debo justificar mi conducta y la que el Partido ha seguido á indicación mía en parangón con la del Gobierno, para que sea debidamente conocida y juzgada en Honduras y en Centro-América toda; y la opinión pública hoy, y la historia mañana, pronuncien su fallo imparcial y justiciero. Si he dejado de hacer ó de aconsejar algo que debiera para terminar la difícil situación del país ó siquiera mejorarla, que se me impute a error, pero no se me niegue la más recta intención; justicia que no dudo se me hará al tomar en cuenta que para obrar como lo he hecho, he tenido que contrariar mi personal ambición, que habría podido tal vez verse satisfecha siguiendo distinto camino.

No os hablo, pues, como candidato, sino como ciudadano y jefe del partido de oposición. Pienso que sin dificultad creeréis que persigo el bien de la patria y no tan sólo el mío personal. Si así no fuese, habría aprovechado cualquiera de las varias ocasiones que se me han ofrecido durante la administración del Presidente Bográn, para acercarme á él y captarme su confianza, é invoco su testimonio, para que no se considere vana jactancia. Ese era el camino más seguro para llegar algún día al poder. Sin embargo, he preferido mantenerme en la oposición, porque creo necesario que la haya en todo país, para despertar y mantener vivo el amor á la patria; principalmente cuando, como en la actualidad, ningún hombre de rectas intenciones y que tenga algún sentimiento patriótico, debe secundar ó tolerar, siquiera, la política del Gobierno.

He vacilado, al levantarse el estado de sitio, sobre la conducta que debiera seguirse. Nos ha dejado el Gobierno escasamente veinte días para reanudar los trabajos electorales, tiempo insuficiente para que una vez siquiera lleguen las publicaciones, órdenes é instrucciones á los extremos de la República. Puede también creerse, descansando en antecedentes, que la dictadura ha cesado sólo nominalmente; que la libertad del sufragio será coartada; que continuarán las vejaciones á los opositores, y se verán expuestos á todos los peligros.

Tales razones me impulsaban á resolver como más conveniente la absoluta abstención de concurrir á los comicios, como una protesta contra la manifiesta imposición del Poder, y como un medio de alejar la sospecha de que por personal interés quiera exponer á tantos riesgos á los electores que hayan de favorecerme con sus votos.

Pero he reflexionado que en las actuales circunstancias no tengo derecho de hacerlo. No me ciega el amor propio. Si mi nombre encabeza la oposición, si ha despertado algún interés en la lucha electoral, no se debe á prestigios personales, que pocos puede tener un nombre nuevo. El de cualquier honrado ciudadano habría producido el mismo resultado. La fuerza de la oposición no se debe á persona alguna. Se debe al desprestigio del Gobierno. Se debe á los muchos errores en su administración, á la necesidad palpitante que cada ciudadano siente de un cambio radical, si se quiere con a tener al país al borde de la completa ruina de que se encuentra amenazado.

El temor puede obligar á muchos á callar, pero ninguno de vosotros deja de comprender todos los males que afligen á la patria. Llamaré vuestra atención sobre los más notables.

I.—La seguridad, el adelanto, la prosperidad, la vida de toda nación dependen de la buena administración de su tesoro, de su legítima y prudente inversión. Honduras cuenta con más rentas que las que exigen sus ordinarias necesidades. En los quince últimos años se han elevado al décuplo y sin embargo su situación financiera es más aflictiva que en los tiempos en que los ingresos no alcanzaban á llenar un presupuesto que no llegaba á $300.000.

Va sobre un año que no se paga en general á los empleados sus sueldos; y sobre ocho meses que no se satisface á los contratistas el valor de las especies fiscales que suministran, aun á riesgo de secar la fuente de la producción. Ningún compromiso se cumple, por sagrado que sea, y aunque hunda el crédito nacional. En el interior del país, no hay quien preste al Gobierno cantidad alguna aunque ofrezca la más crecida usura; y en el exterior, pedir un anticipo á nombre de nuestro Gobierno, sería tomado como una ofensa, porque ya los han hecho con verdadera liberalidad agentes consulares de la República en España, Francia, Estados Unidos y en alguna otra nación, y muchos no han logrado ni el reconocimiento del crédito; y se ventilan actualmente en las cancillerías Española é Italiana cuestiones que quizá lleguen á producir por lo menos una gran humillación para Honduras. ¿Y será porque no hay fondos para pagar? Basta leer documentos oficiales publicados para convencerse de lo contrario. En ellos aparece mensualmente una cantidad entre cincuenta y cien mil pesos, cuya inversión no se conoce, y las rentas en el último año económico han excedido de la cifra del presupuesto en cerca de medio millón de pesos, y aquél, sin embargo, ha sido cubierto apenas en la mitad de su valor.

A esto agréguese que la deuda interior, que el último de julio de 18g0 importaba $ 1.768.791.61, casi se ha duplicado en el que acaba de vencer; y en la nueva deuda figura más de millón y medio de pesos que devenga en general un interés de dos por ciento mensual.

El actual Gobernante al terminar su periodo dejará planteado un problema de muy difícil solución, aun para el mejor intencionado; pero mucho más difícil aun para un sucesor hechura del actual, que tendrá los mismos empleados, los mismos favoritos, y por consiguiente el mismo ruinoso y viciado sistema para el manejo de los caudales públicos, que hará imposible librar al país de la positiva bancarrota en que se encuentra.

II.—Aflige actualmente à Honduras una terrible crisis económica, que está arruinando el comercio, la agricultura y todas las industrias. De ella es causa principal el Gobierno, porque ha retirado y sigue retirando de la circulación enormes cantidades de moneda, que entran diariamente, y cuya salida no se ve ni se explica. Fuera de los gastos de carácter local, de amortización del papel flotante, de los del correo, de la mitad de los del telégrafo, imprenta, oficialidad del ejército y algunos otros de menor importancia, que en todo no representan ni la mitad de los ingresos, se ignora en qué se invierte el resto No se encuentra en las cajas de la Dirección de Rentas, porque la existencia efectiva el último día de julio era de unos pocos centavos.

No en las del Banco, porque más bien el Gobierno le adeuda enorme suma. Y sin embargo la moneda desaparece y su necesidad se hace sentir de día en día más y más, hasta el grado de que, con unos pocos miles de pesos disponibles en su caja, cualquier casa de comercio se convertiría en árbitra del mercado, si lograse reunirlos. Toda persona sensata se preocupa del porvenir que nos espera, y prevé para no lejano día la absoluta miseria pública y privada; prevé que muy pronto podrá decirse lo que nunca se ha dicho en Honduras, que alguien se muere de hambre.

III.—Necesidad vital para la marcha regular de todo país es la paz; pero aquella que mantiene el estado de derecho y permite el libre desarrollo de sus riquezas naturales, al trabajo honrado ejercerse libremente y al ciudadano vivir tranquilo en su hogar. Es paz fructuosa sólo aquella que procura un Gobierno identificado con el pueblo y puesto al servicio de los intereses de éste y no de los suyos propios ó de quienes le secundan; aquella que permite al Gobernante descansar en el amor del pueblo y no en la fuerza de sus ejércitos, para poder consagrarse á trabajar por el bien general.

Mas no es ésta la paz que ha dado al pueblo hondureño la Administración de los últimos ocho años. Ha confundido con ella el aniquilamiento que produce el despotismo, por el abatimiento del pueblo; pero no ha sido libre de inquietudes. País que tiene emigrados no puede permanecer tranquilo; y el actual Gobierno ha causado la expatriación de mayor número de ciudadanos que en cualquiera otra época de la historia de Honduras. Las persecuciones directas de que han sido víctima; el rigor y arbitrariedad con que se ha aplicado la ley militar; la violenta exacción de la prestación personal, y en general la falta absoluta de garantía de la libertad, la propiedad y la vida, han despoblado ciudades, villas y aldeas, obligando á millares de hondureños a buscar en extraña tierra la tranquilidad que no pueden tener en la que los vió nacer. Esos hombres asi lacerados, que no pueden olvidar seres queridos que han dejado abandonados, viven constantemente pensando en hallar los medios de derrocar al Gobierno causante de sus males, y mantienen constantemente amenazada la tranquilidad pública.

También ha olvidado el actual Gobierno otra condición esencial en Centro América para la paz verdadera: la sinceridad en las relaciones con los otros Gobiernos; pues, si al estallar una revolución en un país vecino se ofrece apoyo á la vez al Gobierno y á la facción; si mañana en ese mismo país se impulsa otra revolución y en seguida se combate á los revolucionarios, que para su desgracia resultan triunfantes; si en otro país se empuja al Gobernante una y otra vez á empresas justas ó descabelladas, con promesa de eficaz cooperación, y luego se le abandona en el camino á sus propias fuerzas; si en general se mantiene haciendo honrosas ó indebidas promesas, que rara vez cumple, llega el día en que recoge el fruto de su conducta doble, infundiendo desconfianza en todos, y viéndose por todos abandonado, sino por todos hostilizado, y el país sufre las consecuencias de un proceder que siempre ha reprobado.

Una ocasión se presentó al actual Presidente para consolidar la paz en Honduras. Cuando en el último noviembre el pueblo hondureño, olvidando sus pasados errores, acudió á rodearle ofreciéndole su sangre y su dinero para librar al país de un mal mayor, debió comprender que para gobernar con la ley, no necesitaba de bayonetas, y pudo reducir la cifra enorme del presupuesto militar para aplicar las economías al progreso del país.

Pero debo creer que se encuentra encerrado en un círculo de hierro formado por los mismos hombres que le sirven de instrumento, el cual le es imposible romper; porque esos hombres, que le abandonaron en el peligro, le impidieron, primero, recoger el truto de aquel esfuerzo patriótico, cambiando radicalmente su sistema de Gobierno, y después, lo han empujado á perseguir, vejar y maltratar á los mismos ciudadanos que más contribuyeron à restablecer el orden, ofreciendo al mundo ejemplo de inaudita inmoralidad, al darles por verdugos á aquellos mismos hombres cobardes ó desleales. Se ha creado, en consecuencia, el despotismo militar; y en vez de reducir la cifra de estos gastos, se ha elevado al triple y al cuádruplo, al elevar en esa proporción las guarniciones, al establecer el odioso sistema de la policía secreta, y tal vez comprar á subido precio la lealtad de jefes y oficiales, de importancia relativa, á quienes se temía.

Y sin embargo, no basta tanto aparato de fuerza para tranquilizar al Gobierno. Vive en constante alarma y con tantas precauciones, como si se encontrase acampado al frente del enemigo. No hay duda de que le acusa su conciencia y teme la justicia del pueblo, olvidándose de que está desarmado, y sobre todo de que es un pueblo sufrido y de paciencia á prueba de despotismo, mientras conserve la esperanza de su redención. Mas el Gobierno en sus infundados terrores, acrecentados con secretas miras por sus satélites, llegará según el camino que lleva, para su propia ruina, la del Partido Liberal y la del país, á provocar un conflicto, ó á inventarlo, á fin de ahogar en sangre la oposición.

Caiga sobre sus cabezas, si tal caso llega, la que por su ceguera sea derramada.

HONDUREÑOS: Preciso sería escribir un libro, si hubiese de llamar vuestra atención sobre tantos y tantos errores y vicios de administración que llevan al país, á paso agigantado, á un abismo, cuyo fondo no se percibe por lo profundo. A la vista están de todos vosotros, que los sentís diariamente y clamáis desde lo más íntimo de vuestros pechos, por su extirpación.

Pensando en la triste suerte de mi patria, pensando en vuestros sufrimientos, he resuelto, de acuerdo con los hombres más importantes del Partido Liberal que he podido consultar, que se continúe la lucha electoral.

Preciso es hacer un último supremo esfuerzo para salvar las instituciones y librar á Honduras de su ruina. Donde quiera veréis á los liberales delante de vosotros desafiando las iras del poder, para escudaros con sus cuerpos. Acudid á los comicios y dad vuestros votos por el candidato de vuestras simpatías. Y si por segunda vez se defraudan vuestras esperanzas, si los agentes del Gobierno os quieren impedir votar libremente, si recurren en fin á la violencia, resistid, recordando que son pocos los agentes voluntarios del despotismo: que sus soldados, son como vosotros ciudadanos y vuestros hermanos. Fraternizad con ellos, y probad con vuestra firmeza que no fácilmente se puede hacer burla de un pueblo que tiene conciencia de sus derechos y sabe defenderlos.

16 de agosto de 1891.

LA SITUACIÓN

Cuando con sorpresa vimos publicado el tantas veces y para distintas fechas anunciado decreto en que se levantaba el estado de sitio, pensamos con razón que podía ser sólo aparente el restablecimiento del imperio de la Constitución, y que continuaría, en realidad, la dictadura cubierta con el manto de la libertad. Muchos engaños oficiales que el pueblo hondureño había sufrido, nos autorizaban para formar tan desfavorable concepto de la sinceridad del Gobierno.

Mas conservábamos la esperanza, aunque remota, de que éste, en tal caso, por humanidad, preferiría prolongar la situación anormal hasta la víspera de la elección, ya que estaba en su mano, á su discreción, fijar la fecha. Días más ó días menos, no habrían de influir notablemente sobre la legalidad de la elección. Engañar al pueblo en este caso, era crearse voluntariamente dificultades. Los hondureños estaban advertidos durante el estado de sitio de que no eran ciudadanos sino esclavos del Poder. Si se les desterraba, si se les apaleaba, encarcelaba ó engrillaba, no se quejaban, porque sabían que sus quejas serían inútiles. La autoridad les contestaba con cierta apariencia de razón "soy omnipotente". Y el ciudadano inclinaba su humillada frente, porque el respeto que este desgraciado pueblo profesa al derecho y hasta á lo que tiene sus apariencias, llega al extremo en que deja de ser una virtud y se convierte en vicio.

No hay duda. El Gobierno cometió un error muy común en los que mandan sin atender más voz que la de sus cortesanos. Pensó y se dijo:

"Tanta humildad del pueblo hondureño, tanta resignación del Partido Liberal, indican que ya soy dueño de la situación Nadie ha conservado un átomo siquiera de energía para hacerme la oposición, porque he logrado infundir el terror.

Volvamos al orden regular, y lograré hacer creer fuera de Honduras, que la candidatura oficial es por todos aclamada, debido á mis prestigios, al entrañable amor que el pueblo me profesa.

Veinte días no más quedan y no bastan para que los ciudadanos vuelvan á la vida".

Funesto error, que al siguiente día se vió obligado á reconocer.

El Gobierno calumnió al pueblo hondureño cuando le creyó cobarde, siendo sólo sufrido. El Partido Liberal, que creyó rendido, comprende su misión de centinela avanzando de las libertades públicas, y se lanza de nuevo á la lucha. Pero ha mejorado su posición. Ya no defiende un ideal político. Defiende la vida de una nación, y ésta le cubre su retaguardia.

El Gobernante, durante algunos días medita, vacila, se detiene. En un momento de lucidez piensa que se abre un abismo á sus plantas, en el cual se hundirá confundido con sus contrarios. Pero llegan à sus oídos los pérfidos consejos de sus aduladores, que le dicen: "Se creerá que cejáis por miedo. Adelante, que nuestro triunfo es seguro. Contad vuestros enemigos".

Han quedado reducidos á escasísimo número. Es imposible que se atrevan á hacer resistencia. Adelante. Y el Gobierno lanza sus huestes armadas contra inermes ciudadanos. "¡Victoria!", gritan los satélites despiadados.

Pero de repente cesa su vocerío. Se estremecen. Es que han oído un pavoroso rumor que semeja al rugido del león. Creían encontrar por adversarios tan sólo á los hombres que desde hace algún tiempo han venido sosteniendo rudos combates contra el despotismo; y se encuentran hoy con la masa de la población, compacta, cerrando con sus cuerpos el paso á la tiranía.

Entre la muchedumbre se encuentra el honrado comerciante, amenazado de próxima quiebra, que grita: "Restableced la tranquilidad pública, para que los negocios vuelvan á su curso natural".

Allí se encuentra el artesano, que carece de trabajo y no puede suministrar á su familia el necesario sustento, y exclama: "Volved al orden, porque el despotismo nos mata".

Se presenta el anciano campesino, con sus ferros de labor á las espaldas, inutilizados por la falta de brazos que los manejen, y dice á grandes voces: "Devolvedme al hermano, al hijo que habéis arrancado del trabajo, haciéndolo soldado del ejército permanente que habéis organizado para oprimir al pueblo, y proporcionaros la impunidad".

Compáctense todas las clases sociales reclamando que cese el trastorno económico que el Gobierno causa con la estancación de la moneda en arcas desconocidas y con a torpe administración del Tesoro público, formado á costa del sudor del pueblo.

Al confuso clamoreo de tanto desgraciado se une la voz de madres desvalidas, de viudas desconsoladas, de inocentes huérfanos, que en la locura de la desesperación, piden se vuelva á sus brazos á seres queridos que les han sido arrebatados por la muerte, el presidio, el destierro, la emigración, y han caído víctima todos de la barbarie de crueles esbirros.

¿Qué sucederá mañana?

Sorprendido el despotismo por esta inesperada inerte resistencia, vuelve á vacilar, se conmueve alguna fibra que ha quedado sensible en su corazón. Piensa por breves momentos que la opulencia de que disfrutan los privilegiados de la fortuna tiene reducido á ese pueblo á tan mísera condición, y dice "basta". Pero vuelve á escuchar la fatídica voz de sus satélites, que no están satisfechos con los mendrugos de la carne del pueblo que se les han arrojado, que quieren roerle hasta los huesos, y le repiten "¡Adelante!".

Se oye la voz de los verdugos que ordena á los soldados lanzarse á la carga contra la desarmada multitud. "Herid —se les dice, sin piedad—, matad, destrozad". Algún jefe se apresta á obedecer. Algún oficial intenta cumplir las órdenes. Algunos soldados bajan la Cabeza é indican servil resignación. Pero la mayoría vacila; y ese momento de vacilación, pierde al despotismo. El ejército reflexiona que es su misión combatir al enemigo, y esa es misión de valientes; pero que no debe deshonrarse convirtiéndose en verdugo de sus propios hermanos. Ven entre la muchedumbre al padre, á la madre, al hijo querido, á quienes van á herir con sus golpes. Comprenden que las necesidades que obligan á la masa social á la resistencia son sus propias necesidades: que sus dolores son los suyos, y las mismas sus aspiraciones. Oyese una voz: la voz del pueblo:

—Soldados, deteneos, dirigid vuestras armas contra el enemigo, que han sido puestas por mí en vuestras manos para defenderme no para combatirme.

El ejército no vacila ya. Los pocos verdugos que en sus filas se cuentan, se aterran. Rehúsa obedecer. Se cruza de brazos y exclama:

—Dejemos al pueblo hacer uso de sus legítimos derechos.

Cuando esto suceda, el despotismo habrá muerto en Honduras y no volverá á hollar su suelo con su inmunda planta. Será hoy, será mañana, será en día más lejano; pero habrá de suceder. Se ha precipitado va la corriente regeneradora, y no hay poder que la detenga.

Volvamos á la situación presente de Honduras.

El Gobierno se ha convencido de que con la dictadura sólo consiguió probar á la faz del pueblo hondureño, de Centro América, del mundo entero, su completo desprestigio. Mucho creyó haber conseguido por la fuerza; pero sólo consiguió abrir los ojos á la luz á poblaciones enteras que antes estaban engañadas. Hoy está convencido de que la experiencia es excelente maestra para los pueblos; que para librarse de las vejaciones han aparentado doblegarse á su voluntad. Ha comprendido que se ha opuesto la astucia contra la fuerza, y que ésta habrá de quedar vencida, no sabiendo contra quién dirigirse. Antes conocía sus enemigos, que se presentaban todos con franqueza en la arena: sabía que eran unos centenares ó unos miles, pero en fin podía contarlos. Hoy ese recuento se le ha hecho imposible. Puede intentar y conseguir el aniquilamiento de aquellos centenares miles que continúan enfrentándose en primera línea; pero halla detrás lo desconocido, lo invisible, que no puede combatir y menos vencer. Eso le exaspera y le hace extraviarse más y más.

Estamos en pleno régimen constitucional; y sin embargo, el ciudadano se considera á toda hora amenazado. Cada cual debe estar preparado para abandonar su hogar, en el momento en que de él le arranque una orden militar. Varios están ya en camino de un mal disimulado destierro. Otros comienzan á llenar las cárceles. ¿Qué seguirá? Sea lo que fuere, nadie ceja, nadie retrocede. Eso lo sabe ya el Gobierno.

Entonces, le preguntamos, ¿por qué no vuelve á la franca dictadura? ¿Es que tiene placer en causar tantas víctimas? ¿Es que se regocija con la vista de la sangre y de las lágrimas? Reconozca el Gobierno que se equivocó: que no había infundido suficientemente el terror en el pueblo hondureño. Decrete de nuevo el estado de sitio, y así logrará prolongar su agonía, economizando víctimas.

Si así no obra ¿qué excusa tendrá? Pretende adornarse todavía con el honroso título de fundador de la República, de defensor de los derechos del pueblo, ¿que reclamó en 28 de marzo? Si, conseguirá que se lo den los hombres que le sirven de esbirros, como viven prodigándoselo sus numerosos cortesanos. Pero el pueblo hondureño sabrá negarlo, á quien, para fundar la libertad de la prensa, encarcela y engrilla periodistas; á quien, para fundar la libertad del sufragio, aprisiona, apalea y destierra ciudadanos disidentes; á quien se jacta de fundar la libertad de asociación, calificando las reuniones, pacíficas y sin armas, de focos de conspiración.

En el número 28 de esta hoja tuvimos la franqueza de presentar al actual Gobernante los dos caminos que podía seguir; el de la gloria, ó el de la infamia. Prefirió el torcido sendero, y debe esperar que, si sigue por él, sus conciudadanos le apliquen al fin de la jornada, en vez del honroso título á que decía aspirar, el de verdugo despiadado de su patria.

26 de agosto de 1891.

CELEO ARIAS: Y SUS DETRACTORES

Para combatir al Partido Liberal que hoy hace la oposición al Gobierno, repiten, hasta la necedad, los periódicos de éste, que ese partido hará volver al país á los tiempos del 72 y del 73; y lanzan groseros insultos á la memoria del notabilísimo hombre público, con cuyo nombre encabezamos estas líneas.

Ante todo debemos decir: que no conocemos en el día un político hondureño que pueda ponerse á la par siquiera de aquél: que si errores cometió en su administración, 10 se le puede imputar ninguno que manche su memoria como hombre honrado; y si hubo en su tiempo arbitrariedades, como las hubo también en la administración Leiva, Arias fué más disculpable, porque sus detractores de hoy, mantuvieron el país en constante intranquilidad, ligándose hasta con acciones vandálicas que ya encontró al tomar el Poder.

Mas, suponiendo que disculpa no tuviesen aquellos actos contra derecho, ¿habrá progresista que se atreva á comparar el más grave de todos con el más pequeño de los atentados cometidos bajo la Administración Bográn? ¿Qué impresión puede causar al pueblo hondureño el hablarle de males de aquella época, si tiene que compararlos con los que sufren en la actualidad? Por esto hemos desdeñado antes de ahora contestas tales necedades.

El principal de los cargos que se hacen al señor Arias consiste en la tolerancia excesiva que tuvo con sus subalternos, cuyos desmanes nunca reprimió. Al hacerlos se olvidan de que por causa de las facciones se encontraba generalmente incomunicado con muchos de los departamentos, y que no había entonces telégrafo; pero principalmente se olvidan, al trasladar ese cargo contra el Partido Liberal de hoy organizado, de que ninguno, absolutamente ninguno de los hombres que figuraron, como jefes militares en primera línea, bajo la Administración Arias, se encuentra hoy en nuestras filas; pues los que permanecen dentro del país, todos absolutamente están al servicio del Gobierno, y muchos de ellos cometiendo las más odiosas tropelías á vista, ciencia y paciencia de su jefe.

Por último, señalamos una gran diferencia entre Arias y todos los Presidentes que han salido con vida del Poder. Sólo él, al caer, cayó con un respetable grupo de hombres leales, que en su mayor parte le permanecieron fieles hasta su muerte, á pesar de que ninguno se había enriquecido á costa de la Hacienda y muchos se empobrecieron. Ese grupo, siempre en la oposición, siguió engrosándose cada día y siempre representó, á las órdenes de su Jefe, la bandera del derecho. La diferencia fue debida á la firmeza de sus convicciones, á su consecuencia política.

Innecesario creemos insistir; sobre todo, cuando de esto mismo trata el remitido que hoy publicamos, firmado por don Pedro H. Bonilla, liberal distinguido, de sinceras convicciones, que por ellas ha sido ya muchas veces víctima del despotismo.

26 de agosto de 1891.

A CADA UNO LO QUE ES SUYO

Habíamos tomado por regla no contestar nunca directamente á ninguno de los periódicos semioficiales, porque no hemos querido descender al terreno en que, excepto "La Opinión," se han colocado. Entre ellos se encuentra "El Centinela" hoja redactada en un principio por don Luis R. Reina, pero que hoy es anónima. De ésta vamos á hacer excepción, porque en sus últimos números, aunque escrita en estilo grosero y vulgar, contiene muy graves acusaciones contra el Partido Liberal, y, según se asegura, es órgano autorizado del Gobierno, que casi podría llamarse auténtico.

Dijo "El Centinela" que el Partido Liberal ha solicitado la intervención armada del Gobierno de El Salvador; pero cuando le contestamos que podían preguntarlo á aquél, creyó sin duda este Gabinete haberse comprometido demasiado, y ya no insistió sobre ese punto. Entonces afirmó que las relaciones y compromisos del Partido eran con los emigrados hondureños; y, á la vez, que los tenía con los conservadores, hoy emigrados de Nicaragua; y por último que su connivencia tenía por objeto derrocar á los Gobiernos de aquellos países y, á la vez, al de Honduras. Dice tener pruebas; y á eso contestamos pidiéndole que las muestre, pues desgraciadamente para nuestro Gobierno nadie le cree bajo su palabra ni dentro ni fuera del país.

Por nuestra parte, vamos á hacer una relación exacta de la conducta del Partido en su política exterior, durante las serias dificultades en que la suya ha colocado al Gobierno en los últimos meses.

Omitiremos hablar de lo que hizo en noviembre, porque es una página que nuestros adversarios querrían borrar de la historia patria, y les es tan doloroso oír hablar de ello, que les tendremos compasión. Tampoco queremos mencionar por ahora otra prueba que don Policarpo Bonilla, cuando todavía no era Jefe del Partido, dió al General Bográn de su amor á la paz de Honduras. Recibió noticias de que ocurría un peligro gravísimo en el exterior, y, olvidando la anterior inconsecuencia del señor Bográn, tuvo con éste una conferencia, á mediados de enero, sobre el particular, ofreciéndole por segunda vez los servicios del Partido que ya eran innecesarios, porque ya había sido arreglada la dificultad. según dijo el señor Bográn. Si éste lo ha olvidado, á una indicación suya nos bastará invocar el testimonio fidedigno de un centroamericano muy notable que aquí se encontraba entonces.

Sobrevino el suceso de Amapala. Al recibir la noticia, el Presidente hizo llegar al Jefe del Partido señor Bonilla, quien sospechó el objeto, pero esperó que se le manifestase. Había Consejo de Ministros. Grande era la ansiedad que sus semblantes demostraban.

Se comunicó á Bonilla la noticia, y uno ó dos minutos después llegó la de que los cuarteles habían sido recuperados. Entretenidos todos con la lectura de los telegramas que comunicaban detalles del suceso, no se acordó el Presidente de indicar á Bonilla lo que de él esperaba, hasta pasadas dos horas. Entonces le dijo estas precisas palabras: "Llamaba á Ud. con dos objetos: el primero declararle que ni yo ni ninguno de los Ministros, cree que Ud. ó el Partido Liberal tengan participación en este suceso, de manera que si alguien lo dice, deben considerarlo desautorizado: el segundo, para preguntarle qué actitud piensa tomar Ud. y su Partido; para lo cual deseo lo consulte con sus principales amigos y me comunique su resolución. La respuesta fué textualmente ésta: "Respecto á lo primero hacen Uds. Bien en pensar así, y nos hacen justicia: respecto á lo segundo, puesto que todo ha concluido, creo innecesaria nuestra resolución".

El Presidente se dió por satisfecho. No obstante, dos días después comenzaron á aparecer boletines oficiales anunciando complicaciones interiores y dejando entender claramente que eran obra del Partido Liberal; y bajo ese criterio, voluntariamente errado, se arrancó de su hogar al Coronel Teodoro Valladares (a) Chiquirín, se le llevó á Amapala cargado de hierros, se le juzgó, y encontrándole inocente, como era natural, se le absolvió, pero obligándole á embarcarse extrañado de su patria.

Desde entonces el Partido Liberal comprendió que se tenía resuelto el golpe de Estado, que aseguraría la imposición del candidato oficial. A pesar de eso, importando al Partido más los intereses de la patria que los suyos propios, y comprendiendo que en perjuicio de aquella no debía aprovechar el error político del Gobierno, su Jefe dirigió una circular á los Comités Liberales de las poblaciones fronterizas á las otras Repúblicas, comunicándoles la impolítica conducta del Gobierno en momentos en que temía hasta una invasión, y excitándolos á hacer todo esfuerzo por mantener al Partido en estricta neutralidad, mientras el Gobierno continuaba en el voluntario error en que aparentaba estar, ya que con ellos les imposibilitaba para ser útiles á su patria; y en toda su correspondencia posterior, que con grandes dificultades hacía llegar á su destino, insistía en aconsejar la misma línea de conducta. Estos documentos han sido notorios en las poblaciones á donde llegaron, y conocidos hasta por personas importantes extrañas al Partido. Una copia de la circular llegó á manos del Presidente Bográn, remitida por algún torpe servidor, creyéndola cuerpo del delito, y por consiguiente le es bien conocida.

A principios de junio el Jefe del Partido, solicitó una entrevista con el señor Presidente con el fin de tratar sobre asuntos de interés público. Fue impulsado á ello por las noticias alarmantes que circularon acerca del peligro de un conflicto con alguna de las Repúblicas vecinas. Comenzó á indicarle el objeto de su visita y el Presidente le explicó todos los antecedentes que hacían parecer cierto el peligro; y algunos otros pormenores extraños al asunto. Como se pasase en ello tiempo considerable, apenas pudo manifestarle el señor Bonilla que creía conveniente se levantase el estado de sitio, para restablecer la tranquilidad, y hacer posible la unidad del pueblo hondureño en defensa del país. Le indicó que el estado de los ánimos en pueblos fronterizos á El Salvador, especialmente en el departamento de Choluteca, era peligroso, en caso de una tentativa revolucionaria; pues las arbitrariedades del Comandante Williams contra los liberales, eran verdaderamente insoportables. Entre otros ejemplos le citó el de Celedonio Mendoza, Presidente del Comité Liberal de Aramecina, pacífico comerciante, á quien Williams mandó capturar, por supuesta complicidad en el suceso de Amapala, el cual fue quitado á la escolta que lo conducía por varios vecinos de Langue; y le hizo presente que con tales procedimientos estaban creando elementos de trastorno, pues como muchos otros perseguidos, Mendoza había pasado la frontera: que desde ese momento quedaban fuera de la acción del Partido, y dispuestos á secundar á quien quiera que les diese la esperanza de volver á su hogar. Tales previsiones se realizaron después; y sin embargo la prensa semioficial, y el General Williams, verdadero culpable del suceso, cuando Mendoza y otras víctimas de la persecución hicieron su intentona en Goascorán, inculparon por ello al Partido Liberal y á su Jefe.

Por el mismo tiempo, el Presidente Bográn tuvo ocasión de saber cuáles eran los oficios del Jefe del Partido Liberal con relación á los emigrados: procurar infundirles paciencia, que en verdad gran caudal de ella necesitan, é inclinarlos á entrar en las miras de la lucha pacífica iniciada por el Partido, asegurándoles que éste se consideraría contrariado en sus legítimos intereses si algo se intentaba contra este Gobierno, antes de terminar la cuestión electoral. Según noticias, que el Presidente conoció, tal indicación no fué bien recibida por aquellos; no obstante lo cual, deben haber comprendido después que el Partido Liberal estaba en lo justo, porque la carta del General Sierra publicada en "El Pueblo" de San Salvador, á que se refiere maliciosamente "El Centinela" y que no reproducimos por no tenerla á mano, lejos de probar que el Partido ha querido estorbar las elecciones, demuestra lo contrario. En ella dice Sierra, si mal no recordamos, que aunque considera la elección una farsa de parte del Gobierno, antes que se definiese, aun pudiendo hacerla, se abstendría de toda tentativa revolucionaria.

El Partido Liberal hondureño estima á los conservadores de Nicaragua, como lo merecen por la sinceridad de sus convicciones y la entereza de su carácter.

Tal vez pueda haber puntos de contacto entre ambos partidos y más de los que á primera vista parecen, porque muchas de las ideas del que hoy es Jefe del conservador de Nicaragua, General don Joaquín Zavala, rivalizan con las del más progresista liberal. Pero aunque tal vez sea sólo por la común denominación, siempre han estado y estarán ligados los intereses de los conservadores nicaragüenses con los de aquellos que llevan el mismo nombre en las otras Repúblicas; y por lo mismo, siempre han sido y serán adversos á las aspiraciones y legítimos intereses del Partido Liberal hondureño. Ningún provecho podía, pues, tener éste en ayudar á aquel partido á derrocar al Gobierno de su país ni en pedir su ayuda; y sobre todo ningún medio tampoco (y éste es buen argumento para quienes no entiendan de achaques de convicciones), siendo claro, por el contra rio, que de buscar apoyo exterior se buscaría en los Gobiernos, que son los que pueden darlo. A este propósito recordamos haber leído unos sueltos en el "Diario Nicaragüense," que en otro lugar reproducimos, los cuales prueban claramente la oposición de los expatriados á toda tentativa de revolución contra este país. Eran, pues, aliados de nuestro Gobierno.

Últimamente, "El Centinela" publica un parte telegráfico, que suponemos no fué depositado para el Gobierno de Honduras, porque no tiene dirección ni firma, en el cual comunican de El Salvador una tentativa de rebelión del General Amaya; indicando que se ha descubierto connivencia con la oposición hondureña y los emigrados de este país. Seguros como estamos de que eso es absolutamente falso por lo que á la oposición toca, nos limitamos á dar un mentís á quien haya dirigido el parte, si él lo afirmó, ó á quien lo haya alterado al publicarlo anónimo, si éste inventó esa aseveración.

Simples reflexiones bastan para demostrar lo infundado de la acusación. Para un proyecto como el del General Amaya, de nada le servirían auxiliares desarmados; y si le habría sido muy útil la alianza secreta de los Gobiernos, para el efecto de que sin obstáculos le reconociesen como Presidente de El Salvador. Además, no puede el de Honduras mostrar una sola carta, un solo telegrama cruzado entre el señor Amaya y algún miembro del Partido Liberal hondureño. En cambio, fué notoria la activa correspondencia telegráfica mantenida entre el General Amaya, que no era Ministro de Relaciones, y el Licenciado Planas, ex-Encargado de Negocios de Honduras en El Salvador, desde que regresó de su comisión; correspondencia que existió hasta la víspera del descubrimiento de la conspiración, sino hasta el mismo día. También era notoria la confianza que á este Gobierno inspiraba la amistad del señor Amaya y su influencia sobre el Gobierno de Ezeta, que serviría, se decía semioficialmente, para mantener entre ambos la más íntima amistad. En vista de todo esto es lógico pensar que el Gobierno ha querido echar sobre la oposición la responsabilidad de sus propios actos, y creído con eso lavarse las manos.

A nadie le cabrá duda de que la política franca y patriótica que ha observado el Partido Liberal excluye las falsías diplomáticas;

mientras que, tomando en cuenta antecedentes bien conocidos en Centro América sobre la política usada por nuestro Gobierno con sus vecinos, que bien debe conocer el actual Presidente de El Salvador, no se excluye la posibilidad de que haya contado con ese cambio de personal, para que cesasen los temores de un conflicto que han venido preocupándole. En este caso debe recordarse aquella regla que tiene presente todo buen juez de instrucción: ¿á quién aprovecha el crimen?

Lo dicho respecto al caso de El Salvador es aplicable al de Nicaragua, pues se consideran aliados aquellos Gobiernos.

Conclusión. Si positivamente resulta que Honduras tiene que soportar la vergüenza de tamaño borrón en su diplomacia, bien podría suceder que diese lugar á un conflicto internacional, á una guerra de ésta con aquellas dos Repúblicas, guerra que el pueblo hondureñas debe evitar, pues no debe aceptar que se agreguen al oprobio los desastres de la lucha en que Honduras estaría sola, ya que nadie querría ayudarle.

Todo hombre honrado, esté ó no esté al lado del Gobierno, debe empeñar sus esfuerzos por evitar que el pueblo, que siempre ha reprobado las dobleces políticas y diplomáticas, sufra las consecuencias de los desaciertos de sus mandatarios. Va en ello la vida y la honra de la Nación.

Tan celosos hemos sido por ésta que jamás hemos querido denunciar hechos que nos han parecido dignos de reprobación, porque afectaban las relaciones exteriores del país. Hoy hacemos excepción, porque se quiere echar sobre el Partido Liberal la responsabilidad de actos que, ni por librarse del despotismo abrumador que sobre el pesa, ha intentado ejecutar, y que más bien ha combatido con sacrificio de la vida de muchos de sus miembros, en beneficio de su más encarnizado enemigo Y sobre todo, porque creemos que es preciso ya descorrer el velo que se ha mantenido ante los ojos del pueblo hondureño, para que ponga término a las dificultades que la repetición de esos hechos le crean á cada instante

Si el Gobierno logra sincerar su conducta, el Partido Liberal será el primero en levantar la voz en su defensa.

Esperamos que el General Bográn no negará ninguno de los hechos que en relación con él dejamos consignados; pero si lo hiciere, el pueblo hondureño juzgará quién de los dos merece más fe, y no tememos su fallo.

30 de agosto de 1891.

LA OPOSICIÓN

Cuando un Gobierno no está acostumbrado á sufrir contradicción en sus actos; cuando, al contrario, sólo escucha la meliflua voz de sus cortesanos que celebran entusiastas la expresión más disparatada que sale de sus labios, ó los cánticos que entona la prensa consagrada á su servicio, por la mayor torpeza ó el mayor crimen que comete, natural es que se vea contrariado, que se exalte, se enfurezca y se desborde, al escuchar la verdad, amarga como es.

Quien á decirla se atreve, sabe ó debe saber que se expone á todos los riesgos consiguientes á una lucha del débil contra el fuerte: que desde el momento en que pronuncian sus labios el primer reproche, debe renunciar á la esperanza de adquirir renombre por el camino de los empleos públicos, y resignarse, no digamos á no obtener ventaja alguna en sus relaciones con el Poder, sino á no obtener justicia, por más que sea clara, ó á verla demorada.

Difícil es, por cierto, que muchos hombres se resuelvan á arrostrar todos los peligros y molestias consiguientes á una actitud digna del buen ciudadano, pero tan mal recompensada. Natural es que se prefiera disfrutar de los favores del poderoso, que dan posición, influencia y riqueza.

Por eso se ve casi siempre, en la clase más elevada de la sociedad, que es la que se acerca al que manda en cada lugar, en su mayoría preferir el camino sembrado de flores, y muy pocos seguir el que está sembrado de abrojos.

En cambio, la masa del pueblo, que es regularmente la que sufre por los caprichos del déspota, si sufre y calla, es por la influencia del temor, casi nunca movida por el vil interés. En el fondo de su conciencia, aunque no se atreva á manifestarlo, todas sus simpatías, todo su afecto, están en favor de aquellos pocos que protestan y sufren con ella, considerándolos como sus defensores naturales.

Pasa mucho en este período embrionario la libertad de los pueblos. A veces se desarrolla lentamente, porque se van aflojando con igual lentitud los resortes de la tiranía. Otras, cuando el despotismo llega á hacerse intolerable, porque tolerarlo sería el suicidio de la Nación, se ve erguir la cabeza á los más tímidos y mirar de frente al poderoso, ante quien poco antes doblaban humildemente la cerviz, y comunicarse el valor, como por contagio, hasta á las clases sociales más desvalidas.

Cuando este período llega, puede decirse bien que se hace una revolución, cuyos frutos forzosamente han de cosecharse. Entonces es ya la tiranía un imposible, y empeñarse en mantenerla una locura.

Aplicando á Honduras nuestras anteriores observaciones, encontramos: que corresponde al Partido Liberal la gloria de haber iniciado y sostenido la oposición legal al Poder Público, antes casi por completo desconocida.

Era costumbre, cuando un Gobierno se desprestigiaba, recurrir al remedio de las facciones que nunca han dado fruto á sus autores, ó al auxilio de las armas de una más de las vecinas Repúblicas, que ha sido el medio eficaz para cambiar de Gobernante.

El Partido Liberal se propuso ser el primero en abolir esos recursos, entrando francamente en lucha contra los abusos del Poder.

En 1887 se hizo un primer ensayo; pero carente entonces del poderoso elemento de la prensa, y luchando con otros obstáculos no despreciables, fácil le fué al Gobierno imponerse y vencerle en mala lid.

Las lecciones de la experiencia de aquel año, ha querido aprovecharlas el Partido en el presente, y lo ha conseguido en gran parte. Comenzó por organizarse regularmente y por unificar sus propósitos, y el resultado hasta hoy excede á sus esperanzas. Grandes crisis han atravesado conservando su integridad, y presentándose compacto al salir de ellas.

En todas partes, la época de elección de Gobernante es la más propicia para que un partido se conquiste el favor de la opinión: porque entonces se ventilan los más caros intereses de la patria, y es fácil despertar el espíritu público.

Ya lo hemos dicho en otras ocasiones. El Partido Liberal inició la lucha sin la esperanza del triunfo. Se había venido observando la conducta del Gobierno, estudiando sus errores de administración, las necesidades sociales y los sufrimientos del pueblo; y se comprendió que era la oportunidad para organizar un cuerpo de resistencia á los abusos del Poder, oponiendo un dique al despotismo y minándolo hasta dar con él en tierra. Se escogió un candidato, porque era necesario, y se empezó á exhibir en toda su desnudez las llagas de la patria.

Naturalmente se contaba con la habilidad de los contrarios. Si el Partido Liberal había percibido una ocasión propicia, como nunca antes se había presentado, debía creerse que también la percibiría el Poder.

En este caso, el medio más fácil de vencer á la oposición, era presentar una conducta intachable en contra posición à la anterior, porque es una verdad indiscutible que el pueblo en general se preocupa mucho del presente y poco del porvenir, olvidando fácilmente lo pasado. Es generoso y fácilmente perdona y se deja engañar.

Mas sucedió lo contrario. En los meses que de este año han transcurrido es cuando más errores y hasta crímenes ha cometido el Gobierno. Ha dado a la oposición argumentos incontestables de actualidad. Se le ha permitido poder decir á los hondureños: "'Os exponéis á continuar sufriendo todas las desgracias que os agobian, si no prestáis vuestra cooperación al partido que tiene resuelto exponerlo todo por librarse y libraros de la pesada carga del despotismo; y este llamamiento ha sido escuchado, dando á la oposición todas las probabilidades del triunfo".

¿Qué ha hecho el Gobierno al ver pronunciada en contra suya la opinión pública? En vez de someterse, ha querido hacer responsables á sus contrarios de las consecuencias de su propia falta. En vez de tratar de defenderse por los mismos medios que la oposición emplea para atacarle -la prensa y la tribuna permite que los mismos defensores de su candidato rehúyan la discusión sobre los actos punibles que se le enrostran, y que al abandonarle, declaren, con toda la fuerza de confesión de parte, que su causa es causa perdida ante la opinión.

Pero como no abandona el campo, recurre al fraude, à la violencia, al soborno, al espionaje y à todo género de abusos para desordenar los trabajos de sus adversarios.

No basta. Entonces de golpe les priva de todo medio de acción: crea la dictadura. Parece que la efervescencia se ha calmado, y que después de varios meses de completo silencio, ya nada tiene que temer. Se termina la dictadura, quizá con sanas intenciones de dejar una libertad que ya se cree infructuosa.

Pero á los primeros pasos se convence el Gobierno de que sólo ha conseguido exhibir descarnado su despotismo, y con toda evidencia su completo desprestigio; porque la oposición se levanta de nuevo tan vigorosa, que hasta los mismos cortesanos se ven obligados á decir á su amo la verdad.

¿Qué hace éste? ¿Se somete? No, que dice *"sería en mengua suya dejarse ganar una elección, cuando no le ha sucedido caso igual a ningún Gobierno de Centro-América; y que ha de triunfar A TODA COSTA, aunque después hubiese de caer por una revolución."*

Y cumpliendo su propósito, ha comenzado á obrar de conformidad. En estos momentos cruzan el país de uno á otro de sus extremos, centenares de liberales, casi todos miembros de los Comités Directivos, despachados en comisiones militares; otros gimen en las cárceles y expían el delito de ser patriotas: otros se hallan todavía relegados lejos de su hogar; y emplea, en general, todos los medios para romper los vínculos de la oposición, para cortar los hilos de sus trabajos, hasta el punto de que casi no hay población que no cuente arrancados de su seno uno ó varios de sus hijos.

Pero el pueblo todavía no se rinde á discreción. Sigue dispuesto á luchar, á pesar de tantas desventajas, porque quiere hacer manifiesta la imposición; y esto desconcierta y enfurece al Gobierno, que no quiere dejar á sus contrarios ni la gloria del triunfo moral, si obtienen una lujosa minoría. Todavía teme; y para asegurar su completa victoria, parece que ha dado instrucciones para que las autoridades, agentes suyos, formen los directorios electorales, nombrados por sus partidarios, impidiendo la entrada á los contrarios; y que se han mandado y se enviarán escoltas militares á las poblaciones donde la oposición predomina, precisamente donde el orden público menos peligra, porque no hay posibilidad de un choque. Ganar los directorios, es para el Gobierno ganar la elección, porque, no teniendo que temer ningún castigo, alteran la votación á su antojo, ó aumentan la cifra en favor de su candidato cuanto las circunstancias lo exigen. Los directorios ganados por la oposición, al contrario, tanto por ser regla del partido la honradez, como porque no podrían hacer fraude impunemente, son exactos en el cómputo de los votos.

El empeño por ganar los directorios por tan reprobados medios, prueba la intención de asestar el último golpe á la oposición, facilitando el fraude y la violencia en el acto de votar; pues faltará á los electores su protector natural, el presidente de la Junta, revestido por la ley de omnímodos poderes para reprimir los abusos.

Hemos querido reseñar el estado de la lucha electoral y sus precedentes, porque, encargados por el Partido Liberal de dirigirla, debemos justificar nuestros procedimientos, y á la vez demostrar la justicia con que el Partido ha hecho la oposición al Gobierno.

No tememos que de buena fe se nos atribuya por único móvil el interés propio por la circunstancia de haber sido honrados con la candidatura liberal, pues si honroso consideramos nuestro puesto, está tan preñado de peligros, hemos sido el blanco de tantos insultos, que nos parece bastante para que un interés más elevado se nos conceda.

Con esta seguridad concluimos declarando: que el Gobierno se ha empeñado en reducir á la oposición á la última extremidad, en cerrarle todos los caminos para la lucha, dando lugar á sospechar que, por más que extraño parezca, ha tenido interés en precipitarla en el camino de las facciones, haciendo retroceder el país á los tiempos que el Partido Liberal se había propuesto hacer olvidar. Ese objeto no lo conseguirá; pero ni el Gobierno, ni el Jefe del Partido Liberal, ni persona alguna, podrán impedir que los precedentes den sus consecuencias, y se produzca en el país la revolución salvadora que necesita para reconquistar su libertad.

2 de septiembre de 1891.

EL PARTIDO LIBERAL

Este partido cuya formal organización se inició hace menos de un año, que ha sido objeto de las burlas é insultos más soeces de parte de la prensa semioficial, acaba de dar una prueba irrecusable de su fuerza en el país, sosteniendo y llevando á término una lucha electoral franca y enérgica contra el pode, cuyo resultado jamás había alcanzado oposición alguna en Honduras y, si acaso, rara vez en Centro América.

Cuando el Gobierno, para sostener su candidato, ha contado con la fuerza pública, con las rentas nacionales y con todos los elementos del poder, que siempre han sido irresistibles, el Partido Liberal ha contado sólo con sus propias fuerzas y con sus escasísimos recursos pecuniarios, y tenido en contra suya todos los elementos del poder público.

Dos caminos se presentaban al partido para la lucha. El uno, prescindir por completo del personal actual Gobierno y combatir sólo la candidatura contraria, demostrando los inconvenientes personales de ella y las ventajas de la propia. Siguiéndolo, habría podido conservar cierto modus vivendi con el poder y dejado abierta la puerta para llegar á un avenimiento, en ocasión oportuna; pero eso habría sido dar al partido carácter personal, poniéndolo al servicio de personales ambiciones y no de los intereses del país.

Por ello sin vacilar optó por el otro camino: prescindir en lo posible de la persona del candidato del Gobierno, y combatirlo sólo por ser oficial. Para ello ha tenido necesidad de declarar la guerra á todos los abusos y arbitrariedades de los que mandan, y de provocar sus iras. Mas al hacerlo así, ha correspondido al programa que se impuso al organizarse, que puede resumirse en estas pocas palabras. "Trabajar por convertir en realidad las instituciones republicanas y hacer imposible el despotismo".

La lucha electoral ha sido un incidente. El partido nació antes de iniciarse y no muere con ella. Su misión es permanente y seguirá cumpliéndola.

Ha tenido la gloria de iniciar una revolución en el país, que tiene que dar sus frutos. Esta ha adelantado tanto, que no hay poder capaz de hacerla retroceder.

Sus mismos iniciadores no podrían ya detenerla, porque les arrollaría. Si el Gobierno sigue siendo ciego y no la percibe, podrá causar el mal de hacerla extraviarse del recto sendero que tiene trazado. Mas mucho bien podría hacer si se encargase de abrirle el camino, en vez de oponerle obstáculos. ¡No más despotismo! gritan los pueblos más viriles; mientras los más tímidos demuestran el mismo anhelo presentando una resistencia pasiva, pero vigorosa.

¿Quiere el Gobierno salvarse y salvar al país? Pues hágase revolucionario, y comience por demostrarlo, entregando á la justicia tantos criminales verdugos de los pueblos, que ya tienen cansada su paciencia. ¿Quiere perderse y perder el país? Pues empéñese en ahogar el ansia de libertad que se ha despertado en el pueblo hondureño; empéñese en imponerle su voluntad como suprema ley.

Nosotros tenemos la satisfacción de haber percibido en tiempo el cambio radical, la verdadera transformación, que estaba para operarse en el estado de nuestra sociedad.

Y no hemos sido egoístas. Varias tentativas hemos hecho para hacerlo comprender al Gobierno, aunque infructuosas. Pocos días después de terminada la corta campaña motivada por la sublevación de Sánchez en noviembre, cuando el Presidente Bográn llamó de nuevo á sus viejos Ministros, le dijimos: "Nos habíamos equivocado al creer que Ud. recogería el fruto de esta bella lección de moralidad, como Ud. mismo la califica, que ha dado el pueblo hondureño, y deseábamos que Ud. lo recogiese; pero ya que Ud. no lo ha hecho, lo recogerá el Partido Liberal."

Y así lo hizo éste. Descansando en su conducta en aquella memorable ocasión, y en muchas otras pruebas semejantes que después ha dado, no ha temido que el Gobierno lo acusase, como lo ha hecho, de "trastornador del orden público," porque con tan gratuita acusación sólo han conseguido exhibirse sus autores. Y ha logrado demostrar que, si la tranquilidad pública ha estado y sigue alterada, es por obra de los agentes del mismo Gobierno que provocan y causan constantes desórdenes. El Partido Liberal ha estado y se conserva dentro de la ley, y esa es su fuerza, la fuerza del contraste. Ha luchado y seguirá luchando por el derecho, y combatirá con la fuerza que éste le da y con las armas que él ponga en sus manos, á todo el que menosprecie la voluntad del único soberano: el pueblo.

En esta lucha podrán caer algunos de sus miembros. No importa, pues no por ello se detendrá el curso de la revolución social y política que presenciamos. Ella triunfará más pronto cuantos más mártires cuente en su seno. Si pudiendo consumarse incruenta, lentamente por inermes ciudadanos, se les obliga à empuñar el arma y á derramar su propia sangre y la de sus adversarios, culpa sería de los hombres obstinados que así la precipitasen. El Partido Liberal protestaría entonces por haberle desnaturalizado su obra.

20 de septiembre de 1891.

LAS ELECCIONES

En los días 6, 7 y 8 del corriente se verificaron las de Presidente de la República para el próximo período constitucional.

Reñida ha sido la lucha; mas por hoy queremos suspender nuestro juicio para declarar si fué leal por ambas partes. Para juzgar tenemos ya bastantes antecedentes ciertos, que ha comenzado á publicar la prensa independiente; pero preferimos esperar, á fin de oír la defensa de nuestros adversarios. Nuestro puesto en el Partido opositor nos obliga á observar esa regla de prudencia, porque si la prensa oficial no defiende eficazmente al Gobierno de tan severos cargos, grave sería la situación.

Por ahora nos limitamos á indicar al Gobierno nuestra pobre y por él nunca escuchada opinión. Hay atentados manifiestamente ciertos. Hay elecciones de muchas poblaciones manifiestamente nulas por causa de esos mismos atentados cometidos por sus agentes.

La mejor justificación del Gobierno, la única más bien dicho, sería ordenar el pronto y eficaz castigo de los empleados abusivos, comenzando por su destitución.

Para proceder así no debe olvidar el fenómeno muy natural que las violencias han debido producir Donde quiera que los ciudadanos han sido obligados á dar su voto contra su voluntad, se sienten humillados; y, más aún, avergonzados, al conocer la heroica resistencia que han hecho con éxito otros pueblos. De aquellos donde por tan malas artes haya obtenido la mayoría para su candidato, es de los que más debe temer la reacción moral que lógicamente tiene que operarse.

Donde el pueblo ha hecho su voluntad, si no se le persigue, hostiliza y molesta, le basta el justo orgullo por su triunfo local para darse por satisfecho.

No hablamos con pasión ni pedimos algo que oportunamente no hayamos pedido con justicia. Para demostrarlo reproducimos á continuación el artículo que publicamos en el número 27 de esta hoja, con fecha 10 de abril; y en él se verá que el Partido Liberal ha procedido como lo deseábamos, quedando al criterio del pueblo resolver si el Gobierno ha obrado como teníamos derecho á esperar.

20 de septiembre de 1891.

SIEMPRE LA VERDAD

Al comenzar á redactar esta hoja ofrecimos á nuestros lectores que jamás presentaríamos á sus ojos una mentira; y creemos haber cumplido fielmente nuestra promesa.

Tal ha sido nuestro respeto por la verdad, que durante la lucha electoral que nuestro partido ha venido sosteniendo, no hemos querido recurrir ni á aquellos ardides que comúnmente se consideran de buena ley, y consisten en aprovechar una manifiesta torpeza ó error del contrario, para presentar como ciertas, acusaciones más graves de difícil comprobación; ó bien, en recargar el colorido para presentar como crímenes tal vez ligeras faltas. Nosotros nos hemos limitado en tales casos á relatar los hechos con las naturales apreciaciones que de ellos se desprenden, dejando á cargo de la opinión pública, deducir las extremas consecuencias.

En ese terreno hemos llevado nuestra escrupulosidad hasta quebrantar las reglas de la política usual. A veces nos ha parecido que nuestro silencio podría tomarse á engaño, y hemos expuesto con entera ingenuidad nuestros proyectos, ó simples propósitos, llegando hasta á dar á nuestros adversarios consejos que hemos creído útiles para ellos á la vez que, para el país, los cuales por lo mismo que no se nos pedían, nunca han sido seguidos. Tal vez por una manera errada de apreciar la situación de parte de ellos, nosotros podíamos sacar provecho y muchas veces lo hemos sacado; pero cuando hemos creído de interés público indicarles su error lo hemos hecho, aunque siempre infructuosamente.

Esto nos hace pensar que es muy cierta la máxima de Mr. de Talleyrand.

"En política y en diplomacia el mejor modo de engañar es decir la verdad", por más que nuestras intenciones han sido siempre rectas y ha aparecido después comprobado. Citaremos algunos ejemplos.

Dijimos desde el principio que el Partido Liberal se proponía concluir con el viejo sistema de cambiarse el gobernante en Honduras por la intervención de las fuerzas de una República vecina; y creemos que nadie pone en duda, que varias ocasiones se han presentado en este año, en que, por torpezas ó desgraciadas combinaciones de este Gobierno, el Partido hubiera podido obtener del uno ó del otro de los vecinos los auxilios necesarios para derrocar el nuestro.

Más de una vez se ha presentado la ocasión al Partido Liberal de apoderarse de un cuartel en alguna población importante para iniciar la lucha á mano armada, lo cual, si bien no podemos demostrarlo, creemos se halla en la conciencia del Gobierno, que no se atreverá á negarlo; y no se ha aprovechado. porque desde el principio declaramos que el Partido se proponía definir pacíficamente la cuestión electoral. Y ese propósito se ha sostenido, no porque haya faltado derecho para quebrantarlo, izando la bandera de la insurrección, bien justificada con innumerables provocaciones del Gobierno, sino porque siempre hemos tenido fe en el éxito de la revolución incruenta que en el país se ha venido operando; porque hemos tenido fe en la regeneración del pueblo hondureño, y hemos creído que con sólo seguir adelante, aunque cruzase sus brazos, sabría imponerse sobre las bayonetas, mientras el Gobierno por su parte no hiciese derramar la primera gota de sangre.

Cuando la dictadura creada por decreto de 6 de mayo hizo imposible la lucha electoral para el Partido de oposición, temimos que su prolongación hiciese desesperar al pueblo hondureño y le inspirase el deseo de librarse de su pesado yugo por la fuerza propia ó aceptando la ayuda de la extraña. Lo manifestamos así al Presidente de la República, como en otra ocasión lo hemos dicho, y le pedimos, aunque sin fruto, la terminación del estado de sitio, sin interés alguno personal ni de partido, que quizás exigían el silencio. Felizmente la fe inquebrantable de la oposición en la bondad de su causa le dió la necesaria calma para soportar aquella tirante é injustificable situación.

Al terminar la dictadura de derecho, publicamos el manifiesto del Jefe del Partido Liberal, en el que se expusieron con la mayor claridad los más severos cargos contra el Gobierno por su conducta política y administrativa; y á pesar de eso, ó quizá por eso mismo, aparentó no haberlo leído. Creíamos, sin embargo, que no era tan espesa la venda que tenía delante de los ojos, para no comprender que ya no era el pueblo hondureño el hato de ovejas que antes se había estado esquilmando: que se verían entre él verdaderos ciudadanos, conscientes de sus derechos, quienes podrían seguir el consejo con que terminaba el manifiesto, de hacerlos valer aun contra la fuerza: creíamos que el Gobierno adoptaría resueltamente alguno de los dos caminos que le quedaban, el de restablecer la dictadura ó el de la completa libertad. Pero nos equivocamos.

Entonces tratamos de hacerle comprender la verdadera situación del país, tal como la veíamos: tratamos de demostrarle que sus agentes le engañaban, al hacerle creer en el éxito completo de las medidas violentas empleadas para ahogar la opinión pública nos propusimos hacerle ver que no tenía enfrente de él tan sólo á los liberales con quienes había venido luchando; pues hallaría detrás de ellos, y escudada por sus cuerpos, á la masa del pueblo, impasible, serena, resignada, pero enérgica: quisimos llamar su atención sobre que no debía contar con su ejército para dominar al pueblo desarmado, porque los soldados, hijos de ese mismo pueblo, no se atreverían á ametrallarlo, aunque se les ordenase. Lo hicimos así, porque no queríamos que al salir de su error, enfurecido por una cruel decepción, se empeñase en el triunfo á viva fuerza, exponiendo al país á las desgracias de una guerra civil. Por eso le pedimos que procediese con franqueza, dando el golpe de estado ó resignándose á su derrota.

No sabemos si el Gobierno creyó ciertas nuestras apreciaciones sobre la situación, ó las consideró como una ilusión fantástica.

En el hecho procedió como si estuviese resuelto á sacrificarlo todo, hasta los más caros intereses de la patria, antes que dejar de consumar la imposición de su candidato. Algo debe haberse apercibido el Gobierno de la verdad de su situación, porque en correspondencia á nuestro franco proceder, redobló las medidas de hostilidad contra el pueblo, y las adoptó tales que debió creer en la extinción completa de todo espíritu de oposición.

Los hechos, sin embargo, han demostrado lo contrario. Muy pocas son las poblaciones donde la imposición no ha encontrado resistencia desesperada: en muchas ha sido impotente para vencerla; y ha quedado comprobado que no era un Partido el que hacía la oposición al Gobierno, sino el pueblo hondureño cansado del despotismo, encabezado y protegido por este Partido. Ha quedado establecido como una verdad, lo que la prensa progresista afirmaba inconsciente: "que el pueblo de Honduras es esencialmente liberal; »

pues ha demostrado que tiene ansia de libertad y no está dispuesto á tolerar más el despotismo en su suelo.

La franqueza con que hemos hablado al Gobierno, la comprobación posterior de la verdad de nuestras afirmaciones, nos dan derecho para que se crea en nuestra sinceridad: nos dan derecho á esperar que el Gobierno vea hoy como nosotros la situación que se ha creado á consecuencia de la tentativa de imposición, sobre cuyo resultado hemos hecho reserva de nuestra última palabra para cuando tengamos mayor acopio de datos.

Hemos indicado, como único medio de mantener la tranquilidad pública en Honduras, la destitución y castigo de todos los verdugos que han martirizado y siguen martirizando á los pueblos; pues no queremos aprovechar la agitación y descontento que en los mismos, por esa causa, se mantiene, aunque de ello reportaríamos buen provecho para satisfacer nuestra ambición. Si en esta vez se cree en nuestra sinceridad, algo de bueno podemos prometernos en favor de las instituciones y podremos contar con probabilidades de paz en Honduras.

Imposible es que una vez más se equivoque el Gobierno. Imposible, creemos, que no comprenda que la tranquilidad pública en el departamento de Choluteca lo puede existir mientras esté gobernado por un Vicente Williams, encarnación típica del militarismo brutal, y mientras se mantengan en sus puestos esbirros suyos tales como Dolores Serrano, Andrés Rodríguez y tantos otros que arrancan maldiciones diarias de boca de sus numerosas víctimas. Imposible creemos que espere la pública tranquilidad, mientras manden en Santa Bárbara los Vidaurreta, Kraft y Martínez; en Comayagua los Bendaña y Alvarado; en La Paz los Colindres, Meja y Velásquez; en El Paraíso los Cayetano Bonilla, Urrutia y Sánchez; en Yoro los Quirós; en Gracias los Villela; en Colón los Martínez y Nuila; y tantos y tantos otros satélites, principales ó secundarios, del despotismo, que pululan en esos y otros departamentos.

Tampoco creemos que espere el Gobierno la tranquilidad pública mientras no se abran las puertas de su patria, después del castigo de sus perseguidores, á más de mil hondureños que han emigrado á la República de Nicaragua, y á un número mayor que ha traspasado la frontera de El Salvador.

Y todavía no puede esperarse que haya paz en Honduras, si no se regulariza la administración y manejo de las rentas públicas, dándoles legítima inversión en el pago de tanto empleado hambriento, y de tanto legitimo acreedor expuesto á la ruina ó la miseria; si no se devuelven al trabajo agrícola tantos brazos inutilizados en los cuarteles por lograr una empresa antipatriótica; si no se demuestra, en fin, que comienza desde hoy, de hecho y no de palabra, el reinado del derecho, y el Gobernante condena el despotismo con tanta energía como el pueblo.

El Partido Liberal se ha organizado por conseguir tales propósitos. Por ello ha venido y seguirá luchado; pero si ve que se realizan, si ve que sus esfuerzos dan su fruto, estará satisfecho de su obra; y podrá olvidar, porque el pueblo olvidará, y perdonar, porque el pueblo perdonará, todas las ofensas, todos los males recibidos, de cuyo castigo se encargarán la justicia y la posteridad.

25 de septiembre de 1891.

EL ÚNICO JUEZ

Cuando por la prensa se empeña una contienda y en una de las partes falta la buena fe, sólo puede ser resuelta por la opinión pública, único juez capaz de decidirla con imparcialidad; y su fallo se conoce por los resultados.

Con motivo de la lucha electoral que acaba de terminar, casi siempre la prensa del Gobierno y la independiente han estado en abierta contradicción.

Cuando ésta ha afirmado, la otra ha negada, con la diferencia de que la una ha presentado comprobantes, siempre que se le ha permitido obtenerlos; y al referir sucesos, lo ha hecho con los mayores detalles, con precisión de fechas, lugares y nombres propios de personas. No obstante la prensa del Gobierno se ha limitado á decir "es falso", cuando no ha callado, prodigando insultos al escritor, pero sin entrar en discusión, orillando las cuestiones y pretendiendo que se les crea bajo su palabra.

Vamos á citar algunos ejemplos.

Se ha inculpado en muchas ocasiones al Gobierno por violación de la Constitución y de las leyes secundarias, refiriéndose á determinadas disposiciones que ha dictado: y cuando ha hecho un simulacro de defensa, se ha limitado á decir: "Son desahogos de la oposición, monomanía presidencial, etc., etc.", pero sin dar una sola razón que justifique al autor del delito.

Se le ha inculpado por dilapidación del Tesoro Nacional citando casos en que se ha cometido, y ha dado la misma respuesta ú otra semejante.

Se le pregunta qué hace de las rentas públicas, demostrando que bastan y sobran para cubrir el presupuesto; y demostrándolo con cita de documentos oficiales que él mismo ha publicado; y repetida la pregunta una, dos, tres y más veces, se queda siempre sin respuesta. Y siguen publicándose los estados que demuestran los ingresos al Tesoro, como para decir al pueblo: "Trabajad y pagad los impuestos, pero no preguntéis qué se hace vuestro dinero, porque no os importa," como lo diría un amo á sus esclavos.

Se le pregunta por qué no se paga á tanto emplea do que hambrea, á tanto contratista arruinado ó próximo á su ruina, y guarda silencio, como diciendo: "Si vosotros no sois empleados ni contratistas, no os importa: si ellos permanecen en sus puestos ó suministran las especies que mantienen las rentas, y no protestan siquiera, nadie tiene derecho de hacerlo en su nombre". Mas se olvida el Gobierno de que esas rentas mañana habrán de desaparecer porque cesará la producción de las especies; se olvida de que el servicio público se resiente, porque los empleados concurren á sus oficinas una ó dos en vez de cuatro ú ocho horas á que están obligados; y en vez de trabajar, charlan para engañar el hambre.

Se olvida de que por la estancación de la moneda en arcas que sólo el Gobierno sabe, el comercio se paraliza, y decaerá día por día la renta aduanera, que es la principal en Honduras. Pero tal vez no lo olvida, sino que lo recuerda demasiado y se hace la egoísta reflexión de Luis XV, cuando se le mostraba en perspectiva la revolución que por causas semejantes había de estallar, reflexión que, traducida al lenguaje vulgar, significa: "el que venga atrás que arree".

Se le ha acusado por arbitrarios encarcelamientos, por palos y tormentos que ninguna ley autoriza, por atentados de todo género contra las personas; y cuando no ha recurrido á su caballo de batalla "se ha obrado así porque se ha descubierto un conato de sedición (que nunca estalla), ó de alterar el orden público (que sólo el Gobierno perturba), guarda silencio, y á lo más, amenaza con la misma suerte al escritor.

Se le ha acusado de amenazas, violencias y de todo género de coacción para imponer su candidato; y devuelve injurias, que ni siquiera tienen referencia con la cuestión, sobre la cual hacen oídos de mercader.

Ha afectado el Gobierno soberano desprecio por la prensa liberal, sin conceder jamás algo que ésta le ha pedido, por justo que haya sido, y ya tuvo ocasión de arrepentirse.

El pueblo ha leído con avidez los escritos de oposición, y su instinto le ha guiado para creer en ellos; porque sus afirmaciones recaen sobre hechos notorios ó que afectan á todos y á cada uno de los hondureños; porque sus apreciaciones han mostrado llagas vivas que á todos lastiman, ó exhibido necesidades que todos sienten; y porque se ha hecho la reflexión de que siendo la parte más débil no puede mentir impunemente, pues ha visto que por la verdad misma ha tenido que sufrir.

En cambio, fuera de los empleados y sus satélites, muy pocos leen los escritos del Gobierno; y de muchos años atrás, el pueblo se ha acostumbrado á presumir que se trata de engañarle y que es mentira cuanto dicen.

¿Se quiere la comprobación? Basta fijarse en el resultado de la lucha electoral. Si el Partido de oposición fuese tal como la prensa contraria lo ha pintado, y su candidato tuviese tantos defectos como le han acumulado, ó mejor dicho, si el pueblo hondureño lo hubiera creído, imposible habría sido que hubiese obtenido más de un centenar de votos; y sin embargo, se han visto obligados sus adversarios, á pesar de todo, á publicar que obtuvo quince mil; y algo más tal vez confiesen después. En cambio, y no obstante que el señor Leiva tiene méritos propios indisputables, si el pueblo hondureño hubiese creído que era el modelo de perfección que presentaba la prensa del Gobierno, algo sobrenatural: si antes bien por el hecho de afirmarlo ésta no hubiese desconfiado más, no habría necesitado el Gobierno emplear los medios de que se ha valido para hacer aparecer en su favor más de treinta y cuatro mil votos; debería haber obtenido por verdadera espontaneidad y no por espontaneidad progresista, la unanimidad.

¿Cómo se explica esto? Por la convicción, quizás exagerada, que tiene el pueblo de que cuanto hace el Gobierno es malo, cuanto dice es falso, cuanto pide injusto, cuanto da indebido, cuanto promete engaño. Y esa convicción le ha hecho recaer quizás en otra exageración, de que todo lo contrario debe pensar de quien le haga la oposición. Tan firme es nuestra creencia à este respecto, que aseguramos, sin temor de equivocarnos, que si el General Bográn se hubiese dignado descender de su alto puesto (algo difícil) para encabezar la oposición, y hubiera logrado hacer creer en sus propósitos de enmienda del actual sistema de gobierno que el mismo ha introducido, por odio à ese sistema, el pueblo habría hecho lo mismo que hizo en favor del candidato liberal. Demostramos con esto nuestro convencimiento tantas veces repetido, de que el origen de la oposición al Gobierno no existe en persona alguna, sino en la conducta de aquél; y esto creemos no lo negarán nuestros adversarios, aunque sea porque no redunda en prestigio para nuestra persona.

En estos antecedentes hemos descansado para pretender, en nuestro editorial del número 36 de esta hoja, que creemos haber dicho siempre la verdad. Y como los ejemplos que citamos para comprobar nuestro aserto no fueran del agrado del anónimo "Centinela," que en su número 2I, empleando el viejo sistema á que nos hemos referido, de negar por negar, agregando la sátira, la burla y la injuria, pretende se crea, porque lo dice, que cuanto afirmamos es falso.

De los puntos que trata vamos á tomar uno para rebatirlo en pocas palabras. Nos atribuye que en nuestro escrito pretendimos haber contado con el apoyo de alguno de los Gobiernos vecinos; y hacernos ese cargo, prueba mucha ligereza y muy mala memoria. Dijimos que, aprovechando las torpezas (que las ha cometido nuestro Gobierno y las hemos apuntado en otras ocasiones), ó desgraciadas combinaciones (y á ellas nos hemos referido varias veces, y especialmente en el editorial del número 33), hubiera el Partido Liberal podido obtener auxilios de algún otro Gobierno (del ofendido, por ejemplo, demostrándole la verdad de la ofensa), para derrocar el nuestro. Mas no decimos que lo hayamos obtenido ni aun solicitado de alguno, y en eso consiste la mala memoria de nuestros adversarios, pues en el número 32 negamos esa acusación que el Gobierno nos hizo y aun lo excitamos para que lo inquiriese oficialmente.

No nos ocupamos de los demás puntos del artículo de "El Centinela" á que nos referimos, porque tienen menos importancia, y porque, aunque según sospecha general que hemos indicado en otra vez, sea órgano auténtico del Gobierno, tan auténtico como "La Gaceta" ó "La República," sino más, el hecho de esconderse su autor, quien quiera que sea, tras el anónimo, agrega el desprecio á la desconfianza con que el pueblo ve los escritos oficiales.

En consecuencia, estamos tranquilos esperando el fallo de la opinión pública, juez imparcial, que hará brillar la justicia de la causa del Partido Liberal, si no hoy, mañana, después de algunos meses ó de algunos años. Entonces aparecerá también clara la verdad de todas nuestras afirmaciones.

2 de octubre de 1891.

SIEMPRE LA MALA FE

"El Centinela" en su número 23 publica una carta nuestra, de seguro mal habida, pues aquel á quien la dirigimos no la recibió, de la cual toma argumento para titular su editorial "Siempre la mentira," pretendiendo que lo que en dicha correspondencia afirmamos es falso y hasta calumnioso. Vamos á analizar los varios puntos de que trata la carta, la cual dice en pocas palabras lo mismo que ha dicho "El Club Liberal,"' sin que se hayan dignado discutir siquiera las graves acusaciones que contiene el editorial del número 13.

I.—La elección se ganó en esta capital por sobre las bayonetas. Así fué, pues había dos filas de soldados y una de policías á la entrada y á la salida del lugar donde se recibían los votos hasta la distancia de media cuadra á cada lado, con bayoneta calada, y rechazando al pueblo de las cercanías, para que no ejerciese su influencia sobre los electores á quienes la fuerza armada intimidaba. Dudamos que se atrevan á negarlo, habiendo, como hay, millares de testigos, la población entera.

II.—El Directorio lo hizo el Gobernador su antojo. Lo hizo aquí, como se intentó hacer en todas partes y se logró en el mayor número por los agentes del Gobierno.

Hacerlo á su antojo fué hacerlo recibiendo para formarlo sólo el voto de los electores que ya trajo de su oficina anotados en lista, y convenidos para elegir á determinadas personas; y rechazando el voto de todos los electores liberales allí presentes, que representaban doble número, á pesar de las protestas de los representantes del Partido Liberal, á las cuales contestó que así debía ser porque él mandaba. No creemos que el señor Gobernador se dé por ofendido por este cargo, porque al obrar como obró, á la faz de todo un pueblo, debemos creer que pensó, aunque erradamente, obrar bien, quizá porque consideró de su deber la obediencia, aun en aquel caso, á órdenes superiores. Hay también millares de testigos sobre este hecho y no creemos sea el que nieguen.

III.—El Directorio as impuesto les sirvió para hacer varios fraudes. Esos fraudes se han denunciado por la prensa independiente. Si alguien mandó á votar soldados de alta, vestidos de paisanos (digan si no es un fraude), fué confiado en que el

Directorio les pertenecía y no los rechazaría, como no los rechazó, á pesar de las protestas de los liberales. Si votaron menores de edad ó duplicaron su voto varios ciudadanos en favor del señor Leiva (digan si no es fraude), fué por la misma causa, pues, aunque el pueblo denunciaba en altas voces la inhabilidad, no se le atendía.

Ante una de esas denuncias, el Presidente de la Mesa dijo á los representantes liberales: que el voto se recibía, y después usasen del derecho que tuvieran.

IV. —A pesar de todo eso perdieron vergonzosamente. Tampoco creemos que lo nieguen, pues los números que en la carta constan, 1.088 votos contra 564, son exactos; y es tanta la diferencia, que después de tantos esfuerzos ilegales, la derrota del Partido Oficial fué una verdadera vergüenza.

¿Dónde está, pues, la falsedad? ¿Dónde la calumnia?

Bien hicieron en no concretar su acusación contra nosotros, y en eso consiste su mala fe, pues alguien pudiera equivocarse creyendo que el triunfo mismo de los liberales no fué cierto.

Concluimos protestando: que no nos gusta lastimar personalidades, y por eso no contestamos lo referente á la honorabilidad de las personas que intervinieron en la formación del Directorio, la cual no hemos tocado directamente ni en la carta publicada, de carácter privado, que no debía ser conocida del público. Mas en todo caso, queremos hacer justicia cabal, como ya la han hecho otras publicaciones liberales, al Licenciado don Leandro Valladares, cuya conducta fué absolutamente correcta.

2 de octubre de 1891.

ERROR ECONÓMICO

El dos del presente fuimos sorprendidos con la noticia de que pronto se pagarían los sueldos que se adeudan á los empleados de esta capital.

Como tantas otras veces se había divulgado la misma noticia, resultando falso, la recibimos con absoluta o desconfianza; sobre todo, sabiendo que en las arcas públicas no había un centavo, según declaraciones de los principales empleados de Hacienda.

Cuando supimos que la feliz nueva tenía todas las apariencias de la verdad, pensamos que probablemente se habrían estado acumulando fondos en una caja de reserva, en previsión de alguna guerra exterior, ó de algún trastorno interior con motivo de las elecciones; y que, al desaparecer tales peligros, ese dinero acumula do se iba à repartir entre los pacientes empleados, que tanto tiempo y tan humildemente han sabido esperar.

Mas al informarnos mejor, supimos lo siguiente: "El Presidente de la República convocó para dicho día dos, á la una de la tarde, en su despacho, á los empleados principales de esta ciudad. Reunidos les manifestó su buen deseo de pagarles íntegramente lo que se les adeuda por sueldos; pero que, no habiendo moneda efectiva, por haber fracasado varias negociaciones iniciadas con el fin de obtenerla, ponía á su disposición lo único que había: $ 50.000 en acciones del Banco de Honduras, á la par, y $ 200.000 en Billetes del Tesoro, al 50 p. lo cual creía bastante para pagarles, porque calculaba el monto de sus créditos en $ 150.000. Preguntóles en seguida si aceptaban ó no el pago en esa forma. Parece que los empleados contestaron por unanimidad afirmativamente; y quedó prometida la cancelación para un próximo día".

No queremos reproducir ahora todos los argumentos que hemos hecho para demostrar la posibilidad en que ha estado el Gobierno de llenar el presupuesto; pues queremos concretarnos al estudio de la forma de pago que se ha encontrado. No queremos que se atribuya, como es costumbre, nuestra crítica á espíritu de oposición; y para alejar todo pretexto á ese respecto y obligar á la prensa oficial á entrar en discusión, vamos á examinar la materia tan sólo á la luz de vulgares reglas económicas, y bajo el aspecto del más claro interés público.

Damos por cierto que no hay dinero para pagar los empleados, y que hay necesidad de recurrir á la emisión de papeles de crédito. Hacemos á un lado las acciones de Banco, prometidas á el par, porque bajo nuestro supuesto no presentan dificultad; y nos ocuparemos de los Billetes del Tesoro.

Al hacerlo, prescindiremos de la cuestión sobre si tiene ó no facultad el Gobierno para emitirlos, en vista de la ley del Congreso que creó los Vales al portador, á los cuales sustituyó el Poder Ejecutivo los Billetes del Tesoro, para unificar, en lo posible, el papel que representase la deuda nacional interior.

Este, con su oferta de tales documentos, en realidad duplica la deuda, pues para pagar $ 100.000 emitirá $200.000; y con tan claro perjuicio para la Hacienda Pública, no favorece en manera alguna al adquirente, como vamos á demostrarlo.

Los Billetes del Tesoro se han estado cotizando en el mercado, al 38 p. θ. No sabemos que cantidad hay en circulación, pero suponemos que no excederá de $100.000, porque no habiéndose pagado sueldos durante más de un año con esa clase de papel, no puede haber habido más legitima emisión que la de $ 120.000, valor del cupón número 12, más algunos $ 20.000 de existencia del año anterior; debiendo estar amortizados, por lo menos $ 40.000 en los dos meses transcurridos.

Tenemos, pues, que el empleado recibiría sólo el 38 p. θ de sus sueldos, si el papel que se le entrega siguiera cotizándose á ese tipo; pero como se va á triplicar la cantidad en circulación, bajará aquel en relación a inversa. De manera que si con $ 100.000, que calculamos están circulando, el tipo es 38, a la circular $300.000, deberían cotizarse al 13 p. θ. La especulación, si hay quien se atreva á hacerla, puede elevar este tipo, pero no creemos que exceda del 20 p. θ. Justifica nuestra creencia el hecho de que, al sólo anuncio de una nueva emisión, nadie quiere pagarlos hoy á más del 30 p. θ. Si la emisión fuera sólo de $ 100.000, creemos que se sostendría esta cotización, porque la suma total que entraría á circular, no sería superior á la necesidad de esa clase de papel durante el año económico en curso; y á medida que fuese concentrándose en manos del comercio, seguiría subiendo hasta llegar muy pronto probablemente al 40 p. θ, tipo que regía hace pocos meses, con tendencia constante al alza. Mas esto sucedería con la precisa condición de que los otros $ 100.000, y cuanto más papel pueda haber de esa clase en cartera, se incinerasen, con absoluta prohibición, debidamente garantizada, de hacer nuevas emisiones, á fin de infundir confianza y alentar la especulación libre, que fomentase la competencia.

Desde luego observamos que ninguna confianza es posible inspirar, mientras no se vea que en adelante se paga en efectivo, puntualmente, al fin de cada mes á todos los acreedores del Estado; ó lo que es igual, mientras no se introduzca el orden, la pureza y la economía en la recaudación é inversión de las rentas públicas; porque siguiendo el anterior sistema, ya se sabe que al fin habrán de cancelarse las cuentas como hoy con Billetes del Tesoro.

Además, nos ocurre preguntar cómo se piensa pagar á los contratistas y á los demás empleados de la República; puesto que se asegura no hay más acciones de Banco que las indicadas, ni más Billetes del Tesoro que los prometidos. Si para cancelar esas cuentas se ha de recurrir al papel de crédito, llámese Billete del Tesoro, ó désele cualquier otro nombre, el resultado siempre sería la depreciación del papel que se piensa entregar á los empleados de la capital.

Quizá se nos diga que tomando las precauciones que indicamos, también los $ 200.000 ofrecidos podrían permitir que el papel llegase á tener alto tipo de cotización; pero aparte de que por el momento se inundaría el mercado y produciría casi el pánico esa enorme cifra emitida de golpe, el hecho sólo de cometer tan grave error económico, sin necesidad, bastaría para infundir la desconfianza en un Gobierno que así procede; pues quien no repara en doblar la carga del Estado menos puede reparar en el cumplimiento de sus compromisos.

Por tales razones, nosotros creemos que el Gobierno rectificará su error; y que, si él no lo hace, los empleados por patriotismo, que en verdad no hará daño á sus intereses, deben rehusar el pago doble, y limitarse á exigir la incineración del papel que sobre, y la seguridad de que no se emitirá más, en ninguna forma que perjudique el precio de cotización del que reciban.

9 de octubre de 1891.

EL MANIFIESTO DEL COMITE PROGRESISTA

(De EL BIEN PÚBLICO números 39, 40, 42 y 43)

El Comité Central Directivo del Partido Progresista, para disimular grandes abusos cometidos en su nombre por los funcionarios públicos, verdadera alma del Partido, su única fuente de vida, su solo medio de acción, abusos que, si no ha ordenado, ha tolerado cuando menos, resultando de los que no autor, cómplice, ha dirigido á los hondureños un manifiesto, que no debemos dejar pasar en silencio, porque es preciso hacer notar todas las falsedades que contiene, ocultas por lenguaje engañador.

Para conseguir mejor nuestro objeto, escribiremos una serie de artículos sobre los más salientes puntos de que trata aquel documento, á saber:

I. El programa del Partido, y si se le ha dado cumplimiento siquiera en parte.

II. Quién designó el candidato del Partido Progresista, y cómo se ha hecho la propaganda en su favor, en relación con los medios de propaganda que ha empleado en favor de su candidato el Partido Liberal.

III. Si conviene al País que se ponga término á la lucha de los partidos.

IV. El ideal á que aspira el Partido Progresista, como efecto de su influencia en la Nación, y el que anhela ver realizado el Partido Liberal.

I

El Programa del Partido Progresista

Antes de entrar en materia debemos analizar lo que es en verdad ese Partido, y si merece, ya que no el nombre de tal, siquiera el de una agrupación política.

¿Cuál es su historia ? No la tiene, porque ha renegado del nombre de conservador, con el cual podría haberse apropiado las tradiciones que le han conquistado gloria ú oprobio bajo esa denominación, con la cual es bien conocida, una agrupación política que ha luchado en Centro-América desde su independencia, siendo unas veces vencedora, otras vencidas.

¿Cuál es su origen? La voluntad del actual gobernante, impuesta á los Representantes del pueblo, para que se proclamasen á sí mismos Jefes departamentales y lo proclamasen á él Jefe Supremo, llamándose entonces "Partido Nacional", nombre que, al convencerse de su impropiedad y ridiculez, le fué cambiado por el que hoy tiene.

¿Cuál ha sido su fin? Que sirviese de apoyo al actual gobernante para mantenerse en el poder, paliando un tanto el militarismo que lo sostiene; para continuar su política personal, sea favorable ó adversa á los intereses públicos; y para disimular la imposición oficial del candidato que, con acierto ó erradamente, creyó el mismo gobernante el mejor para cubrirle las espaldas y servir sus personales intereses y los de aquellos que bien le han servido á él.

¿Cuáles son los hombres que lo han formado? Los empleados del Gobierno y sus allegados, y aquellas personas que han tenido intereses ligados con ellos; unos pocos hombres de buena fe que en este momento va se sienten cruelmente decepcionados; y como auxiliares, ó comparsas, todos los hondureños tímidos, que, á pesar de las señales de los tiempos, continuaron creyendo en la omnipotencia del Gobierno y en la nulidad de la soberanía del pueblo.

¿Cuál será su duración? La que tengan los intereses personales que ligan á la mayor parte de sus miembros. Que pierda el actual gobernante la influencia que espera tener sobre el sucesor que se ha designado; que pierdan sus empleos quienes hoy los tienen; que los empleados de hoy rompan sus relaciones personales con sus allegados, ó cesen los intereses de negocio que los ligan; que se deje de cumplir las promesas con que han halagado á sus agentes electorales; ó que el pueblo acabe de convencerse de que no es el que manda omnipotente, y ese Partido estará disuelto.

No puede ser una agrupación política, esa reunión ocasional de hombres á quienes no liga ningún vínculo sólido, que no tiene ningún fin común, ni defienden intereses permanentes, pues no pueden serlo sino los intereses generales del país. Una agrupación así, no puede tener programa, porque ha de ser hollado, día por día, hora por hora, según lo exija la voluntad ó el capricho del hombre que la ha formado, ó la satisfacción de los intereses personales que defiende. Si un programa publica, sólo podrá compararse á los cartelones que los saltimbanquis fijan á la puerta de sus improvisados teatros, anunciando suertes sorprendentes y siempre nunca vistas, para atraer á los incautos, que al entrar se encuentran con una grosera vulgaridad.

En ese caso se encuentra el programa del llamado Partido Progresista, y nos proponemos demostrar que tenemos razón, demostrando que no ha sido cumplido en ninguno de sus pocos artículos.

Artículo I—. Observancia de la Constitución. –De aquí no deberíamos pasar. Jamás en Honduras había sido tan constantemente violada, y de manera tan grave, la Carta Fundamental, como después de la organización del llamado Partido Progresista, que dijo ser su observancia su principal propósito.

La Constitución garantiza la seguridad individual; y multitud de hondureños han gemido en las cárceles, muchos cargados de hierros, sin formación de causa ó formada por Juez incompetente; otros han sido arrancados de su hogar y desterrados de él por meses y meses, y lo están aún, por una simple orden militar; otros han sido cruelmente martirizados á palos, por arrancarles falsas declaraciones, ó por castigo no impuesto por la ley, hasta morir en el tormento, á pesar de que éste está abolido para siempre en nuestra Carta.

La Constitución garantiza la libertad de la prensa; y no atreviéndose el Gobierno á atacarla de frente, decreta el estado de sitio, sin presentarse ninguno de los casos previstos en aquel Código, para dictar tan perniciosa medida; y con ese decreto logra callar los periódicos independientes durante cien días, evitando las censuras por su extraviada administración, é impidiendo la propaganda de otra candidatura que no sea la oficial.

La Constitución garantiza la libertad del sufragio; y nunca el ciudadano hondureño ha estado tan cohibido como en esta ocasión para dar su voto, como lo probaremos en el artículo II, que sobre el manifiesto progresista nos proponemos escribir.

La Constitución tiene tasadas sus facultades al Poder Ejecutivo, y le impone el respeto á las leyes; y sin embargo, los funcionarios públicos, principalmente los militares, se han creído omnipotentes y han obrado como señores absolutos del pueblo hondureño, no acordándose de la ley, sino en cuanto ha podido servir de instrumento de opresión.

La Constitución previene que el Tesoro Nacional se invierta en conformidad con la ley de Presupuesto; y las rentas de Honduras, habrán servido para todo, menos para cubrir los gastos á que están destinadas, siendo aquella ley tan inútil, que el último Congreso la emitió, hoy no existe, y el Gobierno se pasa cómodamente sin ella.

Y á todo esto llamará sin duda el Partido Progresista observancia de la Constitución, pues no conocemos ninguna protesta suya contra tales abusos.

No sabemos para cuándo se reserva cumplir el deber que se impuso en el comentario á este artículo I de su programa, al decir: *"El partido compuesto de ciudadanos libres, respetará y apoyará el poder público, en tanto que ese poder se ejerza por la ley. Cuando su ejercicio esté fuera de la ley, el Partido protestará enérgicamente contra él".*

Nosotros no lo inculpamos por la omisión, porque nunca creímos que cumpliese ese deber. Mal podría haberlo hecho, cuando el Comité Central está formado, en su mayoría, por Ministros del Despacho, Director General de Rentas, militares en servicio, etc., y los departamentales y locales, por los Gobernadores, Comandantes, Jefes de distrito, etc.; y sería humanamente imposible que ellos mismos protestasen contra actos de que son autores ó cómplices.

Articulo II—. Alternabilidad presidencial. Hasta hoy se va cumpliendo aparentemente esta parte del programa, porque el candidato que el Gobierno ha presentado se llama Ponciano Leiva, y el actual Presidente Luis Bográn; pero si los cálculos visibles de los miembros del actual Gobierno no salen errados, habrá probablemente sólo un cambio en el nombre, porque continuará el mismo sistema de Administración, y se tendrán todos los inconvenientes de una reelección, sin ninguna de las ventajas de la alternabilidad. Omitimos por ahora otras consideraciones, porque hemos prometido reservar nuestro juicio definitivo sobre el resultado de la elección, para más tarde.

Artículo III—. Instrucción popular. Escuela normal. Escuela de Artes y Oficios. En su comentario se reconoce que la instrucción del pueblo es la base de su adelanto en todo sentido; y sin embargo la Universidad y Colegios Nacionales se encuentran cerrados con pretexto de la viruela, pero en verdad, porque la falta de pagos de los profesores tenía esos establecimientos en completa desorganización.

La escuela normal, que es en verdad absolutamente necesaria, nunca ha pasado de ser una ilusión, una promesa, como tantas otras en el vacío.

La Escuela de Artes y Oficios se sostiene, pero habiéndose desperdiciado las enormes sumas que importa la traída y sostenimiento de maestros españoles, por no haberse utilizado sus servicios, á pesar de reconocérseles, en general, verdaderas aptitudes, el gasto que impende dicha escuela es poco menos que inútil; porque ningún conocimiento nuevo se introduce al país, Y los alumnos, que tanto cuestan, no habrán de aprender más que lo que antes aprendían en los talleres particulares.

Artículo IV—. Elección popular de vicepresidente. No siendo de aplicación actual, no ha sido ni cumplido ni violado este artículo del programa.

Artículo V—. Reducción del servicio militar obligatorio de 21 a 30 años. En el comentario á este artículo se procedió con más franqueza. Se indicó como una reforma á la Constitución que el partido procuraría, porque ésta fija el servicio de 18 á 40 años. Se olvidaron, no obstante, de que el Gobierno, á nuestro juicio con algún derecho, cambió esos términos y lo estableció por una ley de los 21 á los 35 años. Ha podido, pues, por otra ley llenar su aspiración á este respecto; pero como en verdad no lo han querido, dejan entender que esa disposición se consideraría inconstitucional, por más que dándole el carácter de una ampliación de garantías, está expresamente permitido en la Carta Fundamental.

Mas ya se hubiese consignado como una reforma á la Constitución ó á la ley, en el hecho ese artículo habría corrido la misma suerte que los demás del programa. Bien comprobado queda con la multitud de acuerdos que registra la "Gaceta Oficial' confiriendo grados militares á personas exentas legalmente del servicio, por impedimento ó por haber cumplido la edad; con la denegación de la admisión de la renuncia de tales despachos; y con las altas á menores de edad requerida por la ley. Así es que ha debido entenderse literalmente al contrario de lo que está escrito; y que por lo mismo el Partido Progresista se ha propuesto convertir á Honduras en un verdadero campamento militar, lo que ha conseguido, pues no es otra cosa en este momento.

Artículo VI—. Unión Centro-Americana por los medios pacíficos.

No se ha presentado al Partido Progresista ocasión de demostrar si habría sido consecuente á este respecto

Artículo VII—. Mantenimiento de la paz. No intervención en los asuntos interiores de otras naciones. Arbitraje para dirimir toda controversia internacional.

La paz no es el silencio, la inmovilidad, la muerte. La paz que eso produzca arruina desde sus cimientos á una Nación. Paz por el terror, paz que engendra el despotismo, es peor que la anarquía; porque no tiene término probable, ni deja esperanza de mejora, sino pasando previamente el país por las convulsiones de una revolución, y tal vez por la anarquía misma. Sin embargo, á pesar de que el Partido Liberal no ha quemado un cartucho ni hecho sino grandes esfuerzos por el mantenimiento del orden, los progresistas le acusan de bochinchero, solamente porque combate los abusos del Poder y ha aconsejado la resistencia pasiva. Se asustan del movimiento del pueblo hondureño, porque saben que éste al despertar de dilatado letargo, no ha de favorecer sus miras é intereses; y en consecuencia, el Gobierno mantiene la alarma y la intranquilidad en el país desde hace más de cinco meses. ¿Será ésta la paz que anhelan los progresistas? Debemos creerlo, porque es la única que pueden dar: la paz armada, para que pueda el ejército dominar al pueblo.

Si ha cumplido nuestro Gobierno el deber de no intervención, es cuestión que toca resolver con mejor acierto á los vecinos.

Como no se ha presentado ninguna contienda internacional, no sabemos si el Partido Progresista habría recurrido al medio civilizado del arbitraje para resolverla.

En conclusión.~-Hemos pasado revista al programa del Partido Progresista, para descubrir si en algo está cumplido; y cuando no encontramos su completa violación cien y más veces repetida, hallamos la negación del mismo. Y sentimos no poder citar un solo ejemplo en que la influencia de ese partido haya hecho desistir al Gobierno de un paso extraviado, ó le haya inclinado á hacer una justa reparación. El pueblo hondureño es nuestro testigo, y á su testimonio apelamos.

16 de octubre de 1891.

II

Origen de la candidatura Progresista.
—Medios de propaganda de ambos partidos

En principios de 1890, al disolverse el Congreso, reunido extraordinariamente en Santa Bárbara, el Presidente Bográn propuso á los Diputados la organización de un partido que se llamaría Nacional y en el cual serían Jefes, en su respectivo departamento, cada uno de los Diputados. Sin discusión fué aceptada la idea, cuyo alcance sólo penetraron aquellos Representantes que tenían participación directa en el poder, por razón de su empleo, ó participación en sus ventajas, por razón de negocios, que era el mayor número; y unos pocos acogieron la idea de buena fe, porque realmente creyeron en la posibilidad de formar una agrupación viable, de manera que si pecaron fué por candidez.

Proclamados á sí mismos Jefes los Diputados, fueron excitados para elegir un Jefe supremo del partido, idea que también fué acogida por aclamación; y del mismo modo, como era de esperarse, fué designado tal el Presidente Bográn.

Se acordó en seguida reunir una convención del futuro partido, el 3o de enero del corriente año.

Algunos de los Jefes así designados, tomaron en serio su papel y procuraron hacer prosélitos. Los que tenían poder, como Gobernadores ó Comandantes, consiguieron muchos adeptos, que consignaron en actas cubiertas con numerosas firmas. Los demás escollaron desde el principio de sus trabajos, y se abstuvieron de seguir la propaganda, por temor á humillantes repulsas.

Así se encontraban las cosas, cuando se reunió la convención acordada en principios del último febrero. No había reglamento alguno, y fué la opinión de los más sensatos comenzar por dictarlo. Contra el parecer de muchos, prevaleció esa opinión, y se acordó formarlo; y en él se habría salvado la dificultad, que ya había aparecido, sobre si debían tener asiento en la convención todos los miembros del partido, ó sólo los Jefes, disponiendo lo uno ó lo otro, según lo resolviese la mayoría de los que estaban convocados. Pero resultó que los que deseaban que prevaleciese la candidatura del señor Leiva se contaron y comprendieron que formando parte de aquélla todos los miembros del partido que se hallaban en esta capital, predominarían los que optaban por la candidatura del Doctor don Manuel Gamero. Ante ese conflicto, que estimaron como un peligro, se convocó á determinadas personas, diciéndoles que para tratar del proyectado reglamento; y ya reunidas, se dijo que era urgente designar el candidato, y que se iba á proceder á recibir votación. Hubo quien protestara; pero inútilmente porque se había calculado de antemano tener mayoría. Se recibió la votación, y naturalmente salió electo candidato el señor Leiva.

Con tal motivo declararon separarse del partido varios de los concurrentes, algunos de ellos de los proclamados Jefes.

Fué de lamentarse que los partidarios de la candidatura Gamero, al ver que no había prevalecido en el Partido Nacional, no se hayan atrevido á lanzarla como de oposición, y que la mayor parte de ellos se hayan adherido con posterioridad á la del señor Leiva, y muy pocos hayan quedado neutralizados, negándose á tomar participación alguna en la lucha electoral.

Nos olvidábamos de advertir que, aunque el Presidente Bográn votó por el señor Gamero, como soldado disciplinado, declaró que aceptaba la resolución de la mayoría, porque de antemano se había comprometido á ello.

Mas no sirvió, en aquel momento, ese ejemplo de sumisión para estimular á los disidentes, que siguieron creyendo que la candidatura Leiva tenía su origen en un fraude.

Hecho esto, la Convención dictó su programa y su reglamento. Cambió al partido el nombre de Nacional por el de Progresista: abolió la Jefatura Suprema y nombró los miembros del Comité Central Progresista, para que tomase la suprema dirección de la campaña electoral. En seguida se nombraron los Comités departamentales y locales, teniendo cuidado de que figurasen en ellos las autoridades militares, políticas, fiscales y judiciales. Se hizo, pues, del partido lo que siempre se pensó que sería: un nuevo órgano de respiración del Gobierno, nuevo al menos por el nombre; por lo cual la prensa independiente, dentro y fuera del país, lo ha llamado, con razón, Partido Oficial, y á su candidato, candidato oficial.

Hecho esto el Partido Progresista descansó, dejando encomendada la lucha electoral al Gobierno y sus agentes, ó mejor dicho, encargándose éste de valerse de todos sus recursos para hacer imposible el triunfo de la oposición; no siendo, como dice el manifiesto, la propaganda un medio á que hayan concedido importancia; porque no puede llamarse tal la imposición de la autoridad al ciudadano, para que abdique sus opiniones, y sufrague por quien se le manda y no por quien quiera.

El Partido Oficial se ha servido de todos los elementos oficiales para lograr el triunfo de su candidato. No sería extraño, aunque fuese indebido, porque se vea aún en países de los más adelantados, si sólo se hubiese hecho uso de tales elementos, pero no abuso.

Frecuente es que los Gobiernos, pretextando gastos de otro género, inviertan los fondos nacionales en conquistar prosélitos, ó en comisiones para trabajos electorales, ú otras erogaciones semejantes. A nadie causa extrañeza que el correo y el telégrafo nacionales sirvan gratis los intereses del partido del Gobierno. Tampoco causa asombro que las autoridades, aprovechando el poco ó mucho prestigio que su posición les da, recomienden á cierto candidato, y hasta que halaguen al elector con el favor del Gobierno, si votan como le indica, y le amenacen con perderlo, en caso contrario, con tal que ni la promesa ni la amenaza lleguen al descaro de asegurar, para cumplirlos, la violación de la ley. Si sólo esto, que ya es grandísima ventaja para el Partido Oficial, se hiciese en Honduras, no tendríamos por qué avergonzarnos, porque, con más ó menos franqueza, se practica en general, donde quiera que existe el derecho de sufragio.

Mas invertir el Tesoro público en gastos electorales cuando el empleado se ha convertido en mendigo por falta de paga, y hasta el soldado recibe escaso su haber, es infame. Monopolizar gratis el correo y el telégrafo, y negarlo ó hacerlo inútil para el partido contrario que paga, ó violar su correspondencia y aprovechar sus secretos, es criminal. Emplear los funcionarios públicos su autoridad para imponer su candidato, privando de su libertad al ciudadano, con amenaza de hacerle sufrir, de varios modos, el peso del despotismo, es salvaje.

Para desdicha del pueblo hondureño, en la última lucha electoral, éstos son los medios de que se ha valido el Partido Progresista. Cuando la autoridad ha amenazado en vano, el hecho ha seguido á la amenaza.

Ni la libertad, ni aun la vida han sido sagradas. El palo ha funcionado con harta frecuencia, y no se ha retrocedido en el propósito de inspirar terror ante ningún medio por inicuo que haya sido. No nos detendremos á hacer enumeración de violencias cometidas, porque bastante ha clamado contra ellas la prensa independiente, sin ser nunca desmentida.

Fuera de estos medios ¿de cuáles otros se ha valido el Partido Progresista? ¿La prensa? Tuvo un periódico que se llamó órgano suyo, "La Opinión", que desarrolló muy bellas teorías; pero que por lo mesurado y decoroso que fué, jamás satisfizo las exigencias de los oficiales. No discutió candidaturas, y se limitó á publicar actas de proclamación en favor del señor Leiva, cubiertas por firmas suplantadas ó arrancadas por la fuerza, como lo demostró el resultado final de la lucha. Otros periódicos, como el "Eco Popular" y "El Combate" en esta capital, se limitaron á prodigar elogios á su candidato y á colmar de injurias, al contrario; pero no han defendido al Gobierno, es decir, al Partido Progresista, de los cargos que se le han dirigido, porque han renegado de él, asegurando no ser órganos suyos, sino de un tercer partido; llamado Liberal Radical, compuesto de unos cuarenta cincuenta jóvenes de esta ciudad y la de Comayagua. Las demás publicaciones, como "El Centinela", "La Democracia", "La Época", "La Idea", "La Prensa Libre", "El Faro", "El Independiente", "El Pueblo", aunque progresistas y costeados por el Estado, han imitado á "El Combate" y "El Eco". Bien se ha conocido que ese partido daba á su prensa ninguna importancia ó muy secundaria, cuando ninguno de sus principales hombres ha dado su nombre para ponerlo al frente de alguno de esos periódicos. Bien se conoce por ello que la utilizaron sólo para salvar apariencias, y que no podían pretender hacer creer al pueblo su buena fe, desmentida por los hechos.

El Partido Liberal no ha tenido más recursos pecuniarios, que los que ha suministrado el bolsillo de sus miembros. Después del estado de sitio, no ha tenido más medios de comunicación que los correos particulares, cuando no han sido detenidos. Y no ha empleado otros medios de propaganda, que la prensa y la tribuna. Indudablemente más de una vez se ha excedido al emplearlos, pero no es vituperable porque no le hayan dado motivo suficiente sus adversarios, sino porque habría sido preferible que se hubiese distinguido, en absoluto, por el contraste que con ellos formase. No queremos decir por esto que califiquemos de exceso las enérgicas inculpaciones que se han dirigido á los funcionarios públicos, porque si éstos las consideran insultos, lo hacen sin razón. No concebimos cómo pudiera decirse ladrón al que roba, prevaricador al que vende la justicia, déspota al que abusa de la autoridad, asesino al que mata sin riesgo propio, cobarde al que martiriza á una víctima indefensa, de manera que los autores de tales hechos no se sintiesen lastimados.

Sin embargo, cualquier extravío que la prensa liberal haya tenido, está compensado con el legítimo orgullo que cabe á este partido, de haber hecho aquí lo que en ninguna otra parte se ha visto: respetar al candidato contrario, en lo general; y ocuparse de él sólo por accidente ó para rectificar la verdad histórica. Otra vez lo hemos dicho: habría sido más ventajoso para el Partido Liberal, fingir que creía en la neutralidad del Gobierno, respetar á éste, y combatir sólo la candidatura progresista; pero á más de que se habría cometido una "injusticia," habría sido conceder principal importancia, para los fines del partido á la cuestión electoral, cuando ésta ha sido un accidente. El partido se ha organizado antes de iniciarse la lucha y con el fin de defender las instituciones republicanas de los rudos ataques que el poder les dirige, ó más bien, con el de hacerlas verdaderas, y evitar que sirvan de pantalla para los mayores abusos.

No queremos ocuparnos de contestar alusiones del manifiesto, desfavorables al Partido Liberal, que con razón se han hecho encubiertas, porque bien saben sus autores que los dos partidos están ya juzgados por el pueblo, y no pueden, con vanas palabras, engañarlo. Desmentiremos, sí, afirmaciones que contienen manifiesta falsedad.

Dice que la prudencia del Partido Progresista, ha impedido conflictos entre los ciudadanos. No es por cierto prueba de prudencia mandar la fuerza armada á los comicios, á intimidar á los electores, que con perfecto derecho y descansando en la ley que prohíbe su presencia en ellos, han podido repelerla y obligarla á encerrarse en sus cuarteles, de donde no debió moverse. Prudencia ha habido en el Partido Liberal que ha soportado en silencio tan insolente provocación, como otras muchas que se le prodigaron; y donde ha podido, en lucha tan desigual, ha conseguido el triunfo.

Que la libertad del sufragio es una realidad entre nosotros, sólo pueden decirlo por sarcasmo; y basta leer la relación de lo ocurrido en cada departamento, en cada pueblo, que se está publicando en "El Club Liberal", para comprender que al abuso se agrega la burla.

Pero hubieran dicho verdad afirmando que será en adelante una realidad, porque la pasada lucha electoral ha enseñado al pueblo hondureño á conocer su fuerza y á convencerse de que nada pueden contra sus legítimos derechos unos pocos que han resuelto convertir el poder en su exclusivo patrimonio.

Que el Partido Progresista está en el firme propósito de llevar á su debido cumplimiento cada uno de los principios que forman su programa, es otra falsedad, en la cual no creen ni sus autores; pues ya hemos demostrado en el primero de estos artículos, que ni en la parte más insignificante ha sido cumplido, á pesar de solemnes promesas, por lo cual, las que contiene este documento, valdrán siempre menos que las que el Presidente de la República hizo en su manifiesto de 28 de marzo y fueron violadas.

III

Si conviene al país que se ponga término á la lucha de los partidos

Desde que fundamos esta hoja hemos venido sosteniendo la conveniencia de que existan en el país partidos políticos. Cuando emprendimos esa tarea, los órganos del Gobierno se empeñaron en convencernos de que era nuestro propósito antipatriótico, pues más convenía al país mantener la unidad y que todos los hombres obrasen en común en favor del engrandecimiento de la patria; pero no hizo impresión en el pueblo hondureño tal doctrina, porque bien se convenció de que no se sostenía de buena fe, y de que, bajo la capa de patrióticos móviles, se ocultaba el propósito verdadero de prolongar el despotismo en Honduras.

Convencidos nuestros adversarios de que fué inútil su empeño, pues á despecho suyo se organizó con vida propia el Partido Liberal, y ha venido luchando enérgicamente contra los abusos del Poder, en el Manifiesto Progresista reconocen que existe otro partido, por más que con su nunca desmentida mezquindad, no quieran llamarle Partido Liberal, sino partido contrario al Progresista. Y se ha conseguido algo más, pues ya confiesan que no pretenden condenar su existencia, ni su aspiración á ejercer el Poder Público. Sólo sí parece que quieren condenar los móviles, los medios y las vías con que trata de satisfacer tal aspiración; aunque después de enumerar teóricamente todos los extravíos que puede tener un partido en países incipientes como el nuestro, con motivo de la transición del poder, se concluye por reconocer que la conducta del Partido Liberal en la pasada lucha electoral ha sido correcta.

Mas no queremos dejar pasar sin observación, algunas apreciaciones sobre el estado social y político de nuestro país.

Dicen que aquí no se posee la noción legítima de la democracia y se la confunde con la demagogia. No creemos que se refieran al Partido Liberal, porque ninguna demostración anárquica se le puede señalar, y sí en cambio muchas pruebas de amor al orden, hasta con exceso, pues hasta hoy ha querido tomar por tal hasta el abusivo ejercicio de la autoridad, que es fuente ó encarnación del desorden. Tal afirmación es aplicable con verdadera propiedad al Partido Progresista, pues toda demostración de verdadero republicanismo la considera demagógica, por considerar sinónimo de orden público la absoluta pasiva sumisión á la voluntad del que manda. Denunciar los robos del empleado que maneja caudales públicos; censurar la arbitrariedad, la violación de las leyes; pedir el castigo de los culpables de tales crímenes, son á sus ojos manifestaciones de espíritu anárquico, porque ellos creen que el ladrón, el tirano, el criminal en cualquier sentido, tiene derecho para que ante ellos incline su frente y se postre á sus plantas el hombre honrado.

Dicen que aquí se confunde la libertad social con la del hombre primitivo; y tienen razón; pero no son los liberales sino los progresistas, quienes hacen tal confusión. Los primeros han venido luchando por que la ley se aplique siempre y rectamente para que sea escudo protector del desvalido contra el poderoso, ó lo que es igual, la libertad dentro del derecho; y los otros quieren conceder sólo la libertad salvaje, que permite al más fuerte dominar al débil, y hacerle sufrir el peso de su omnipotente voluntad. Justifican esto con la falta de educación política y social, sin tomar en cuenta que con ese manto quieren cubrir la tiranía de hombres ignorantes y vulgares, convertidos de repente en notabilidades, por la gracia de nuestras revueltas intestinas, que hoy tanto condenan á pesar de que todo se lo deben á ellas; hombres que valen tanto, á lo más, como el menos instruido de los ciudadanos á quienes quieren dominar, y que tienen, de seguro, más mala educación.

Dicen que en Honduras son raras las virtudes cívicas, y se sacrifican las instituciones é intereses comunes en beneficio de personales aspiraciones; y tienen razón, si juzgan por sí mismos. Hombres que en su empeño de conservar el poder, creen legítimo tiranizar á un pueblo, no deteniéndose ni ante el crimen; que en su inmoderado deseo de riqueza, creen legítimo apoderarse del dinero de la nación, fruto del trabajo honrado de tantos infelices, á quienes reducen á la miseria; hombres para quienes la idea de patria no tiene valor alguno, sino cuando está representada por sus propios personales intereses, cuando se halla bajo su dominio, hacen bien en declarar que no hay en Honduras virtud cívica, porque sólo así pueden justificar su Gobierno, que la desconoce por completo.

Dicen que en Honduras para satisfacer personales aspiraciones ó sostener las libertades públicas, se desprestigia y anula el principio de autoridad. Parece que con esto se quiere inculpar al partido de oposición, pero es sin justicia. Este partido no ha hecho sino denunciar abusos cometidos; y al hacerlo, ha tenido naturalmente que llamar ladrón, tirano, criminal, en fin, á todo el que lo merece. Tales denuncias producen lógicamente el desprestigio de la autoridad, pero no del principio de ella, que más bien se fortalece, sino de quien la ejerce abusivamente; y no deben quejarse sino de sí mismos, si dan lugar a ser objeto del odio, del desprecio, de la execración del pueblo. Ningún hombre honrado se considerará lastimado por tales denuncias; y por el contrario mayor será el respeto que infunda y la estimación á que se haga acreedor al ponérsele en parangón con los picaros. Sucede una cosa original con nuestros déspotas.

Son pobres, casi mendigos, cuando reciben el empleo, conviértense en poco tiempo en capitalistas, y pretenden que se les llame honrados. Matan, encarcelan ó apalean, y pretenden que sus mismas víctimas les queden agradecidas y los llamen modelo de gobernantes, verdaderos liberales, hombres inmaculados. Venden la justicia al mejor postor, y quieren que se les llame probos. Violan en general, todas las leyes, naturales y escritas, y exigen que se les llame padres del pueblo, beneméritos de la Patria. Y se enfurecen porque se les censura tan infame conducta, que, obedeciendo sólo al deseo de conservar el poder en sus manos con todas sus ventajas, quieren hacerla aparecer como una gran prueba de patriotismo. Empeño inútil, porque ya el pueblo aprendió á conocer á sus verdaderos enemigos, y nunca podrá ya confundir á sus verdugos con sus defensores.

De todas sus proposiciones deducen que toda transición personal del Gobierno es en Honduras muy difícil, casi siempre trae muy serias inquietudes, aunque haya antecedentes, principios y fines ya reconocidos y generalmente aceptados, de política, de administración, de orden, de paz y de progreso. Siendo falsas las premisas, bajo cierto punto de vista, tienen que serlo las consecuencias en igual sentido. Ciertamente la transición del Gobierno ocasiona a quienes lo ejercen serias inquietudes, porque, empeñados en conservarlo de hecho en sus manos, aunque de nombre pase á otras, todo medio les parece poco, inseguro, para conseguir su objeto. Y no porque haya los antecedentes de que hablan, sino precisamente porque su falta notoria les infunde desconfianza.

Antecedentes de política, sólo los hay: en la interior, falta absoluta de respeto á la Constitución y á las leyes; y en lo exterior, el engaño, la falsía, que à cada rato ocasionan serios conflictos. De administración, sólo hay los antecedentes de la completa bancarrota de la nación, ocasionada por el robo y el derroche, y la miseria pública y privada, que son su consecuencia. De orden y de paz, sólo se ven la constante alarma en la sociedad, temiendo á cada paso ser víctima de un capricho brutal del que manda, y la permanente intranquilidad por el temor de que los hijos del país perseguidos, ó los Gobiernos vecinos ofendidos ó engañados, ocasionen una revuelta intestina ó un conflicto exterior; lo que no es en verdad sino el perpetuo estado de desorden y guerra. En cuanto al progreso, en compensación de los adelantos hechos, encontramos secas muchas de sus fuentes; porque la torpeza en hacer monstruosas concesiones, para impulsar las industrias, casi siempre á personas de ningún poder financiero, o cuando no simples aventureros, ha causado el descrédito de esas mismas concesiones, y la ruina de las industrias mismas que se trata de proteger.

Hemos entrado á combatir estas apreciaciones, para demostrar que lejos de terminar la lucha de los partidos, conviene al país que ésta sea permanente, porque sólo así podrá irse regularizando el ejercicio del poder; y porque, mientras haya quienes hipócritamente proclamen el respeto á nuestras instituciones republicano - democráticas, pero las menosprecien prácticamente, no puede existir vinculo fraternal entre ellos y sus adversarios.

Tanto más deberá ser así, cuanto que habría sustancial diferencia de principios, de ideas, de antecedentes y de tendencias: la situación no será la misma para las dos agrupaciones, ni idénticas sus necesidades, ni podrán marchar en armonía en pos del bien común, porque para ellos será el personal, y porque de su parte, en vez de abnegación, patriotismo y espíritu nacional, habrá bastardos intereses que los ofuscan y extravían, como puede y debe suponerse en ciudadanos que no han brillado como honrados y sensatos.

13 de noviembre de 1891.

138

EL PRÓXIMO CONGRESO

"La República" trata de demostrar que es legal la reunión del Congreso en Comayagua, aduciendo argumentos verdaderamente especiosos.

Dice que el artículo 37 de la Constitución señala la capital de la República como lugar de reunión del Congreso para sus sesiones ordinarias; pero que esa prescripción no rige para las extraordinarias, porque "éstas salen de las reglas comunes y prescritas para aquéllas en orden al lugar y tiempo."

En verdad, esa distinción no está escrita en el artículo constitucional, pero quizá sea bastante que lo suponga así el Ministro, Redactor del periódico, para que su sola voluntad introduzca esa reforma en la Carta. Bien comprendemos que, en cuanto al tiempo, por el hecho de llamarse extraordinarias las sesiones, no pueden comenzarse del primero al quince de enero como las ordinarias; pero de ello no se sigue que también el lugar deba ó pueda ser diferente, como no lo son las demás prescripciones generales. Además, las próximas sesiones del Congreso son positivamente ordinarias, porque hay fecha fija en que él debe reunirse, fecha que el Poder Ejecutivo no puede alterar, ni queda tampoco á su voluntad convocarlo ó no.

Lo más original es que, de la paradoja que combatimos deduce el señor Ministro que el Presidente de la República, por ser el Jefe Supremo de la Nación (¿superior al Congreso?), por tener á su cargo la administración general del país (no encontramos la relación con el asunto): y en virtud del poder discrecional (¡hola!) de que está investido, puede señalar el lugar de reunión del Congreso extraordinario.

No queremos insistir sobre lo poco que importa para la cuestión el tener á su cargo el Presidente la administración general del país; pero no dejaremos pasar lo del poder discrecional, porque esto es atentatorio, criminal. Esa palabra envuelve la proclamación del absolutismo, que si se ha estado practicando, ha sido con embozo. ¿Quién ha investido al Presidente de poder discrecional? ¿Será la Constitución? No, porque se habría nulificado á sí misma. Es su soberana voluntad, sin duda. Pero cabe preguntar si consentirá el

Congreso, ó si éste consiente, porque es posible, si consentirá el pueblo en estar colocado á discreción de un hombre.

Declara el señor Ministro que es un absurdo el deber verificarse las sesiones extraordinarias en el mismo lugar que las ordinarias, absurdo que rechaza el SIMPLE buen sentido del señor Ministro, sin duda; porque nosotros, y como nosotros cualquier hombre, por rudo que sea, comprendemos por el contrario que es lo natural que se verifiquen en el mismo lugar, principalmente tratándose de declarar la elección de Presidente, quien tiene la obligación de residir en ese lugar, la capital de la República; pero que si así no estuviese prescrito, no se desconcertaría el universo (que sería la consecuencia de la realización de un absurdo) porque el Congreso se reuniese, como se ha reunido ya dos veces para el mismo fin y en la misma fecha en la capital.

Por último se acoge el señor Ministro al derecho consuetudinario, alegando que el actual Gobierno ha convocado ya otra vez el Congreso á Santa Bárbara; pero fuera de que un abuso, si éste lo es, nunca hace ley, basta la pretensión de poder discrecional, para que ese precedente nada valga, hoy que el pueblo hondureño está demostrando que quiere ser gobernado por la ley escrita y no por la voluntad de uno solo; hoy que es verdadera imprudencia hacer alardes de dictador, salvo que el señor Ministro no lo haya comprendido todavía.

Cita también, como ejemplo, la reunión de otros Congresos fuera de la capital, bajo otras administraciones; y repetiríamos que los abusos no hacen ley, si no fuera que el señor Ministro no se tomó el trabajo de leer las disposiciones constitucionales que entonces regían. Cuando se reunió en Cedros, convocado por don Juan Lindo, regía la Constitución de 1839, cuyo artículo 23, ni algún otro, no prescribe el lugar de las sesiones. Cuando lo convocaron el General Cabañas y el señor Castellanos, para Intibucá y Santa Rosa, respectivamente, regía la Constitución de 1848, cuyo artículo 20, ni algún otro, no contenía aquella prescripción. En cuanto á la convocatoria hecha por el General Medina para la ciudad de Gracias, no debe causar extrañeza, pues fué el mismo, que violando la Constitución de 1865, hizo reformarla tan sólo para poder reelegirse, y con menos dificultad pudo violar el artículo 21 de la misma, que prevenía terminantemente y sin distinción (como hoy) la reunión en la capital; " pudiendo trasladarse á otra parte, cuando el Congreso, ya instalado, por causas graves lo acordase."

Resulta, pues, que al invocar en su apoyo, el señor Ministro los precedentes, sólo ha logrado demostrar que el actual Gobierno está imitando al único que se atrevió á violar abiertamente la Carta Fundamental. Y es de notarse le el citado artículo 21 de la Constitución de 1865, debe entenderse reformado en sentido restrictivo por el articulo 37 de la de 1880 que hoy rige; pues se suprimió el inciso que permitía la traslación del Congreso à otra parte después de instalado en la capital.

Nosotros hemos reconocido siempre grande habilidad política en el General Bográn; y por eso nos confundimos al buscar la causa por que se ha empeñado en la reunión del Congreso fuera de la capital, á pesar de las graves consecuencias que eso puede traer al país.

Si como anteriormente en Santa Bárbara, sólo se tratara de hacer pasar más fácilmente la aprobación de alguna de sus disposiciones, sería menor nuestra extrañeza. Pero se trata de hacer el nuevo Presidente, y nosotros vemos el peligro de dejar la puerta franca para su desconocimiento más tarde, por inconstitucional. Verdad es que eso no lo teme el Partido Liberal, pues le sobran á éste motivos que alegar contra la elección para considerar ese como secundario; pero cualquiera á quien aquellos falten podrá apelar á él en ocasión oportuna. No percibimos, por ahora, el interés que pudiera tener el General Bográn en dejar falseada la elección; y, por lo mismo, debemos buscarle otra explicación.

Hay quien piense que el Presidente Bográn quiere sustraer al Congreso de la influencia de la opinión pública, que es casi unánimemente adversa en la capital á la candidatura Leiva, al apreciar las reclamaciones de la oposición contra los abusos cometidos para imponer la candidatura oficial; y, sobre todo, librarlo de las censuras de la prensa liberal, va que en Comayagua, por falta de imprenta independiente, no podrá debatir las cuestiones.

Hay quien piense que se propone hacer pasar más fácilmente la aprobación de la memoria de Hacienda, y ciertos puntos negros que quedaron pendientes en el Congreso ordinario; y otros dicen que, principalmente, se trata de hacer aprobar una monstruosa contrata sobre construcción de ferrocarril interoceánico, en que está interesado Mr. W. S. Valentine, favorito suyo. Pero nosotros rechazamos estas últimas conjeturas, porque el Congreso ha sido convocado expresamente sólo para tratar de la elección presidencial; y según el artículo 37 de la Constitución, no podrá tratar de ningún otro á menos que con su lógica acomodaticia, pretenda el Gobierno que ha cumplido con esa prescripción constitucional, por haber agregado en el decreto de convocatoria, " y para tratar de otros asuntos que el Poder Ejecutivo le someta," lo cual equivaldría á convertirlo en Congreso ordinario, con la ventaja de tenerlo el Gobierno sujeto á su exclusiva voluntad.

No nos satisface ninguna de las tres hipótesis, aun que decimos " Puede ser,' porque no creemos que el Gobierno se haya equivocado al juzgar al pueblo de Comayagua, y le considere menos altivo, enérgico y patriota que el de Tegucigalpa; y que haya escogido aquella ciudad, por creer que sus hijos van á soportar, pacientemente, que se remache el yugo al pueblo hondureño ante su vista. Si siempre Comayagua se ha distinguido por su espíritu levantado; si el liberalismo la ha tenido por único refugio en épocas de terrible prueba, cuando ha estado proscrito en el resto de Honduras; si ha venido lidiando siempre á la vanguardia, en las batallas que se han librado por las conquistas del derecho, no creemos que hoy que el pueblo hondureño entero da pruebas claras de no querer más despotismo, se hiciese cómplice, por lo menos, guardando una actitud pasiva, con proyectos liberticidas, ó que envuelvan la ruina de la Nación. El Gobierno debe haber pensado en todo esto, y por eso nos quedamos tan á oscuras, como antes estábamos, sobre los motivos de la peligrosa resolución de que nos ocupamos. Seguiremos, sin embargo, investigando; y esperamos que al fin descubriremos la incógnita.

23 de octubre de 1891.

EXPLICACIÓN

En un suelto publicado en " La Democracia" de Comayagua, reproducido en "El Combate" de esta ciudad, se nos hace la inculpación de haber sido detractores del Doctor don Marco Aurelio Soto, á pesar de haber servido empleos públicos bajo su administración.

Suponemos que ese cargo se nos hace por el hecho de haber formado parte del Comité que investigó la conducta administrativa del señor Soto, en conformidad con un decreto del Congreso; y para que se pueda apreciar debidamente nuestra manera de proceder á ese respecto, insertamos, á continuación, las notas que dirigimos al Gobierno; no haciendo lo mismo con las que recibimos, porque se nos han traspapelado, y al pedir copia simple de ellas al Oficial Mayor del Ministerio de Gobernación, nos ha contestado que necesitaba consultar si permitía sacarlas. No creemos demás manifestar: que al encontrar la conciliación de que habla la última nota y entrar al ejercicio del cargo, lo desempeñamos á conciencia; tanto, que tal vez por eso mismo se dejó de publicar el resultado de los trabajos del Comité, pues aparecían complicados en negociaciones oscuras los nombres de altos personajes de la actual administración. Desearíamos, en verdad, ahora más que nunca, que aquel informe viese la luz pública, pues serviría de pauta para la investigación que habrá de hacerse, tarde ó temprano, de la conducta del General Bográn.

Tegucigalpa: 6 de octubre de 1885.
Señor Secretario de Estado en el Despacho de Gobernación.
—Presente.

Me he impuesto del decreto emitido el 2 del corriente que Ud. se ha servido comunicarme con fecha 3, en el cual el Gobierno ha tenido á bien designarme como miembro del Comité creado por el decreto del Congreso Nacional el 5 de marzo del presente año, para investigar sobre los delitos de concusión, dilapidación y fraude que se atribuyen al ex Presidente Doctor don Marco Aurelio Soto.

Los fundamentos en que según el expresado decreto descansa la elección de los miembros del Comité, son para mi muy honrosos; pero desgraciadamente, no creyéndome llamado á desempeñar debidamente ese encargo, me veo en la precisa necesidad de no aceptarlo, por las razones que paso á exponer:

Bajo la administración del Doctor Soto, y comprendiendo más de la mitad del periodo que duró, ó sea, desde el mes de agosto de 1879 hasta el de diciembre de 1882, ejercí el cargo de Contador 2.° de la Oficina General de Cuentas.

Conforme á la ley, aquel empleo depende inmediatamente del Gobierno, y sus funciones se relacionan con los actos en que el ex - Presidente Soto pudo cometer los delitos sobre que va á recaer la investigación. Posible es que haya yo dejado de cumplir con mi deber en el ejercicio de mi empleo, y hasta puede suceder, que de buena ó mala fe, haya quien me juzgue cómplice de tales hechos y participante del lucro que haya podido reportar su autor.

En este caso, juzgándome interesado en el asunto, podría creerse que al ejercer la comisión que ahora se me confiere, procurase yo desviar la investigación de aquellos puntos que pudieran afectarme, olvidándose si de la energía y honorabilidad de los demás miembros del Comité.

Reconozco que el Gobierno actual, al hacerme el nombramiento, ha demostrado que no abriga duda sobre mi irresponsabilidad, aun moral, acerca de los hechos que se trata de esclarecer. Agradezco esa prueba de estimación y de confianza; pero insisto en creer que no puedo ser Juez de tales hechos. Antes bien, desearía ver fiscalizada mi conducta oficial en aquella época, porque siempre he esperado tener que dar cuenta de ella, á lo cual estoy dispuesto; y quedaría muy satisfecho si, con pleno conocimiento de causa, se me declararse irresponsable.

Tales son las razones que me asisten para no aceptar el nombramiento, las cuales espero se servirá el señor Ministro elevar al conocimiento del Gobierno, no dudando que sabrá estimarlas, como justas, para eximirme de ocupar el puesto que me ha asignado.

Con placer me ofrezco de Ud. muy seguro servidor.

P. Bonilla.

Tegucigalpa: 17 de octubre de 1885.
Señor Secretario de Estado en el Despacho de Gobernación.
—Presente.

He recibido el estimable oficio de Ud. fecha 15 del corriente, en que se sirve participarme que el señor Presidente desea se instale el "Comité de Investigación" de que he sido nombrado Vocal, á la mayor brevedad posible; y en que Ud. se sirve excitarme para que, de acuerdo con mis colegas, indique el día en que podemos tener nuestra primera reunión.

Anteriormente he expuesto al señor Ministro los motivos que me asisten para no poder desempeñar dicho cargo, los cuales, por desgracia, el Gobierno ha creído no deber considerar como causas suficientes de excusa. Mas por la naturaleza misma de esas causas, que no depende de mí, ni aun con la mejor voluntad allanar, me veo obligado, bien á mi pesar por las molestias que causo al señor Ministro, á insistir en mi súplica de que se me exima de prestar mis servicios endicho Comité, tomando en consideración las ampliaciones que me propongo hacer sobre las causales anteriormente alegadas y otras nuevas que expondré.

La naturaleza y funciones del empleo que desempeñé bajo la administración del Doctor Soto, me colocan en el caso de poder asegurar que la mayor parte de los actos de aquella administración en el ramo de Hacienda, que pudieran ser objeto de censura ó dar lugar á responsabilidad, han pasado por la oficina en que yo servía y los documentos en que constan llevan mi firma al pie, porque según la ley debía tomar razón de ellos.

¿Cumplí con mi deber al autorizar con mi firma tales documentos? Sólo puede decidirse al fiscalizar cada uno de esos actos, al hacer un estudio detenido de cada uno de esos documentos; y si yo fuese corresponsable, de seguro, se me habría colocado en una posición harto difícil: ó bien faltando á mi deber declararía inocente lo que fuese punible, ó necesitaría de una abnegación de que el hombre es incapaz, para deducir una responsabilidad contra mí mismo, al deducirla contra el Gobernante bajo cuya administración servía y á cuyas órdenes daba curso.

No se entiende por lo dicho, sin embargo, que yo reconozca

complicidad de mi parte en lo malo que el Doctor Soto haya ejecutado, pues precisamente cuanto deseo es tener la ocasión de demostrar lo contrario; y como en el presente caso no tendría campo para defenderme, porque todavía no se me ha hecho ningún cargo, no creo que sea la oportunidad que espero.

Anteriormente me abstuve de alegar, como causa de excusa, la falta de tiempo para ocuparme de negocios públicos por exigírmelo todo mi profesión y la administración de una compañía comercial que está á mi cargo; y no lo hice (aunque me ha servido en otra ocasión para dimitir un destino con que el Gobierno tuvo á bien honrarme), porque en verdad la causa, principal es la que entonces expuse y ahora he ampliado. No obstante, como esta nueva causa es legal, espero que el Gobierno la tomará también en consideración; y, por el mérito de ambas, me dará por separado del puesto á que me ha hecho la honra de llamarme.

En conclusión, me permitiré manifestar al señor Ministro, por conocer la sociedad en que vivo, que no es remoto que mi renuncia se atribuya á temor del Doctor Soto ó á otro móvil ruin y mezquino; pero no temo aunque se haga esa suposición, porque con notoriedad y de preferencia ante amigos del señor Soto, he hecho apreciaciones muy severas sobre su conducta administrativa, especialmente en el Ramo de Hacienda.

Pero también, si hago esta declaración es porque creo estar al abrigo de que se la atribuya á servilismo de mi parte para con el actual Gobierno.

Con protestas de mi respeto, me ofrezco de Ud. muy atento y seguro servidor. —P. Bonilla.

Tegucigalpa:20 de septiembre de 1887.
Señor Secretario de Estado en Despacho de Gobernación.
—Presente.

Muy señor mío:

He recibido la atenta comunicación de Ud., fecha 10 del presente, en la cual se sirve excitar, por mi medio, á los miembros del Comité de Investigación sobre la conducta administrativa del ex Presidente Soto, para que continúen los trabajos, á virtud de haber sido prorrogado por cuatro meses el término para dar fin á la comisión, por acuerdo supremo de 19 del presente que también se sirve trascribirme.

Yo tenía entendido que cesé en el cargo desde que, á fines del año anterior, venció la última prórroga acordada. Además, cuando después de haber rehusado por varias veces aceptar esta comisión, tomé posesión del destino, manifesté á mis compañeros, después en privado al señor Presidente de la República, y, por último, en el Congreso, que había tratado de conciliar mi deber de ser útil al País con la delicadeza que me prohibía ejercer este destino: que esa conciliación la había encontrado cooperando á la investigación de los actos del señor Soto hasta el último de julio de 1879, fecha en que comencé á ejercer el destino de Contador 2.° de la Oficina General de Cuentas; pero que después de esa fecha no me es posible continuar porque, por razón de mi oficio, tuve necesidad de intervenir en la mayor parte de los actos que se trata de juzgar, y como ya otra vez lo he manifestado al Gobierno, estoy en el caso de ser á mi vez juzgado por esos actos.

Por tal motivo, tengo la pena de manifestar al señor Ministro, que no me es posible continuar funcionando en el expresado Comité, y de suplicarle se sirva dar cuenta con lo expuesto al señor Presidente, para que pueda nombrar en mi lugar otro ciudadano que con mayores aptitudes que yo, de seguro, no tendrá los mismos inconvenientes. No obstante, si el Comité en el curso de la investigación encuentra algunos actos sobre los cuales necesite de mis explicaciones, y yo me creo en el caso de darlas para sincerar mi conducta, tendré mucha satisfacción en ayudar al Comité en el esclarecimiento de la verdad.

Tengo el placer de ofrecerme del señor Ministro muy seguro servidor. —P. Bonilla.

23 de octubre de 1891.

EL MENSAJE PRESIDENCIAL

Hemos tenido ocasión de ver el que va á presentar el actual Presidente de la República, General Bográn, al próximo Congreso; y vamos á ocuparnos de analizarlo.

ELECCION DE PRESIDENTE

Trata, ante todo, de la elección del nuevo Gobernante que el Congreso tiene que declarar, asegurando que ha sido practicada en perfecto orden y completa libertad. Es lo primero, cierto, á pesar de muchas ocasiones de trastorno que presentaron las autoridades, y hasta de provocaciones no embozadas que á la oposición hicieron los agentes del Gobierno. En cuanto á la libertad, nadie es mejor juez de ella que los pueblos mismos, y la conciencia de éstos pronunció su fallo desde el momento en que se practicó la elección. Ahora el Congreso va á fallar á su vez, previa la investigación que habrá de ordenar, si procede rectamente, sobre las restricciones que á la libertad se hayan impuesto, y que la prensa libre está denunciando.

En el mismo párrafo habla el mensaje del gran beneficio de la alternabilidad en el ejercicio del Poder, que ahora va á recogerse; y al demostrarlo, emite una apreciación que no comprendemos claramente quizá, y por eso la consideramos errónea. Dice que "para llegar al feliz resultado de la alternabilidad, hay que luchar seguramente con las pretensiones indebidas de los partidos; pero ésta es condición del sistema democrático, y en esta virtud, no cabe sino afrontar con firmeza los inconvenientes y extravíos del propio sistema".

En verdad, no concebimos que para impedir la alternabilidad pueda haber otro obstáculo que la desmesurada ambición del Gobernante, que quiere imponerse sobre la voluntad nacional para conservar el poder en sus manos. Los partidos políticos, si lo son verdaderamente tales, más bien son el principal obstáculo para las reelecciones, porque moderan la ambición de su caudillo, por la ambición de otros de sus miembros, que sólo con la alternabilidad tienen esperanza de llegar al Poder; y principalmente, porque el hombre que está ejerciéndolo presenta más lados vulnerables ante la opinión pública que otro hombre nuevo de su partido; y de ello se aprovecha más fácilmente el de la oposición. Hablamos refiriéndonos al caso en que la Constitución permite la reelección; porque si para ella se necesita un golpe de Estado, franco ó encubierto, llega á ser casi imposible, si la rechaza un partido organizado, que adquiere la ventaja de convertirse en defensor de las instituciones, y el derecho perfecto de llegar á la insurrección.

Quizás en el mensaje se habla de partidos nominales, que, como el Progresista en Honduras, dependen en absoluto del Gobernante que los ha creado. Realmente creemos que con relación á ellos, grandes deben ser las luchas que tiene que librar el que ejerce el Poder, cuando inconvenientes de política interior y exterior se lo impiden, para no ceder á las sugestiones de golpe de Estado que deben hacerle continuamente, por hábito de adulación, los que no tienen más vínculo entre sí que su dependencia del hombre que el tal partido ha formado.

Nos conformamos con esta interpretación, porque no podemos creer que haya sido la intención del señor Presidente Bográn, calumniar al Partido Liberal, suponiendo que haya tratado alguna vez siquiera de inducirlo á usurpar el Poder, que por la Constitución no podía ya conservar.

En verdad este solo párrafo debió tener el mensaje de que nos ocupamos, pues sólo para declarar la elección presidencial ha sido convocado el Congreso; pero pide, además, que se traten otras materias; y protestando de la inconstitucionalidad de cualquier resolución que por ellas se dicte, vamos á ocuparnos de examinar separadamente esos asuntos.

PRESUPUESTO

En otra ocasión hemos indicado que, si esta ley no se emitió por el último Congreso ordinario, fué por culpa del Gobierno, que consintió, ó mejor dicho, provocó su disolución antes de darla. Si la cree necesaria (que no lo parece, pues se ha pasado sin ella tres meses) pudo haberlo dicho en el decreto de convocatoria ó en un decreto posterior, al notar la omisión. No parece sino que se tiene placer en contrariar lo dispuesto por las leyes

REVISION DE LOS ACTOS DEL GOBIERNO

El mensaje se refiere sólo á "aquellos actos de su Gobierno durante los últimos meses, y de que hablará el Ministerio de Gobernación". No se refiere á la Memoria de Hacienda, que comprendía el penúltimo bienio, y que quedó sin aprobar; por lo que suponemos que quedará reservada para el Congreso ordinario, y esto es correcto. Pero entonces menos puede referirse á los actos todos de administración en el bienio corriente, porque no podría solicitarse aprobación de ellos, estando pendiente lo anterior, ni serán presentados por los Ministerios del respectivo ramo, sino por el de Gobernación, lo cual no permite la Ley Fundamental.

¿Cuáles serán esos actos? Tememos penetrar en esa oscuridad, y nos detenemos hasta que haya luz, pero anticipamos nuestro juicio de que, si sería inconstitucional toda resolución del Congreso sobre ellos, por falta de convocatoria expresa, con mayor razón lo será no sometiéndolos el Presidente mismo sino un Ministro, y siendo atribución exclusiva del Congreso ordinario conocer "del estado de la administración pública y del uso que el Poder Ejecutivo haya hecho de las facultades delegadas de que le da cuenta el Presidente en su " mensaje," conforme al número II, artículo 72 de la Constitución.

LEY DE IMPRENTA

No vemos el grave interés nacional que pudiera haber motivado la convocatoria del Congreso á sesiones extraordinarias, para emitir la Ley de Imprenta; cuando con la mala ley vigente se ha pasado en la época en que más necesaria habría sido por la agitación de la lucha electoral y los muchos abusos que hubo necesidad de denunciar con motivo de ella.

Nos explicaríamos que el señor Presidente considerase de urgencia esa nueva ley, si se propusiese obtener la mayor amplitud para la libertad de la prensa, la mayor garantía para los escritores, que por causa de tantas otras malas leyes, y principalmente, por los abusos del poder, están expuestos á tantos riesgos. Pero tal como él indica desearla, sería empeorar la situación, sometiendo á los

Tribunales comunes y á la penalidad común, delitos que por su naturaleza y circunstancias sólo pueden ser juzgados rectamente por la opinión pública, representada por el Jurado, y penados y con castigos especiales, como se practica donde quiera y que la libre emisión del pensamiento es una verdad.

Mayor extrañeza nos causa que el Presidente Bográn proponga esa reforma (pues aunque sea sólo un simulacro de Jurado, la ley vigente lo establece para los delitos de imprenta) cuando, hasta contra el parecer de sus propios amigos, se ha empeñado varias veces en hacer pasar la institución del Jurado para toda clase de delitos. Más natural sería que por vía de ensayo, siquiera, lo propusiese para los de imprenta, ya que para ellos existe en muchos países, que la rechazan para los demás.

Por más que esta sugestión venga de tan alto, no creemos que el Congreso, si se cree con facultades para legislar, se atreva á secundarla; porque se fijará en que el pueblo hondureño ha venido luchando enérgicamente por avanzar en la práctica de sus instituciones, no por retroceder; porque no querrá aumentar, en vez de disminuir, los graves motivos de queja que ya tiene contra el sistema de administración actual; porque comprenderá que vale más dejar á un partido de oposición libertad, suficientemente garantizada, para usar por arma la pluma en vez del rifle.

No hacemos estas objeciones porque temamos la acción de los Tribunales de Justicia para el partido de oposición que hoy representamos. Completa certeza tenemos de que muy lejos estarán, como ahora lo están, los funcionarios públicos, cuyos abusos ataca, de recurrir á los Tribunales, ante los cuales se justificarían de seguro los graves cargos que se les hacen. Bien lo saben ellos, pues se les ha retado á defenderse, y han guardado silencio. Queremos, sí, que no se dé una ley que se contamine por el despecho y el rencor que naturalmente ha producido en el ánimo de esos funcionarios (muchos de ellos que estarán en el Congreso) la verdad de las inculpaciones y la impotencia para sincerarse de ellas.

LEY SOBRE EL DERECHO DE REUNION

Tampoco encontramos la urgencia de una ley sobre esta materia, pues, aunque no sería malo emitirla, se ha pasado bien sin ella con sólo las disposiciones que contienen el Código Penal y el de Policía. Puede decirse que hasta en el presente año se han ensayado en Honduras las asociaciones y reuniones de carácter político, porque hasta ahora se ha conquistado el derecho de ocuparse el pueblo de los asuntos públicos, sin que se atreva el Gobierno á considerarlo abiertamente como un crimen.

Y á pesar de ser una práctica enteramente nueva, nadie puede quejarse de que en esas reuniones se haya cometido el más pequeño desorden; lo que prueba que es éste un pueblo excepcionalmente apto para la práctica de las instituciones libres, más que pese á quienes quisieran perpetuar en él el despotismo. Creemos, pues, que esa ley debe ser emitida con la necesaria calma, para que no nulifique al nacer una libertad tan preciosa para el pueblo.

Si el señor Presidente Bográn fuese verdaderamente un gobernante republicano, amante de las instituciones, querría despedirse del Poder dejando al país dotado de buenas leyes, y sobre todo, de leyes que garantizasen debidamente los derechos del ciudadano, é hiciesen más difícil el ser burlados. Podría hacerlo, aunque fuese por egoísmo. Habiéndose él personalmente aprovechado de las malas que tenemos, sin perjuicio propio haría el bien de la nación, y aun á sí mismo; ya que mañana, reducido á la condición de simple ciudadano (?), puede necesitar de esas mismas buenas leyes para proteger sus propios derechos, quizá contra un adversario político que haya llegado al Poder.

De verdadera urgencia es poner término á los abusos y arbitrariedades de los funcionarios públicos contra las personas y derechos de los ciudadanos, emitiéndose una buena ley que facilite á los Tribunales de Justicia el darles protección. Esa ley se estaba discutiendo ya en tercer debate, y se había aprobado hasta el sexto de los artículos del proyecto, cuando se suspendió la discusión por obra de los amigos del Gobierno. Grave interés nacional reclama su emisión, porque sólo esa ley puede poner término á la intranquilidad pública, al trastorno del orden, que diariamente ocasionan los empleados abusivos, evitando gravísimas consecuencias que al país acarrearán.

También creemos sería honroso para el Presidente, y justificable por ser una necesidad imperiosa, la emisión de una buena ley electoral, que impidiese para en adelante nulificar el derecho del sufragio, por tantos medios como hoy tiene el Gobierno á su alcance. Así podría evitarse, para referirnos á casos concretos bien comprobados, los robos de las elecciones de Diputados, como los cometidos en el año pasado en varios departamentos, y en el corriente en el de Yoro; robos escandalosos, que sólo ha podido tolerar un pueblo pacífico y manso como ha sido el hondureño; pero que quizá no esté dispuesto á tolerarlos más en adelante.

Y por último, habría cumplido el Presidente una promesa, que debiera considerar sagrada, por las circunstancias en que fué hecha, si pidiese al Congreso que se terminase el debate iniciado en las pasadas sesiones sobre el proyecto de ley de abolición de la pena de muerte; teniendo presente que va á dejar de ser Gobernante, y que mañana no será ya él quien la aplique sino tal vez quien pueda sufrirla. No se olvide de que cuando el General Delgado fué fusilado, la prensa oficial trató de excusar al Gobierno diciendo: "que el ex-Presidente Soto había causado su muerte por la bárbara ley militar que había dejado."[10]

Muchas más reformas útiles, de verdadera urgencia, podía el señor Presidente haber propuesto á nuestra legislación, si realmente estuviese animado de espíritu republicano; pero desgraciadamente parece que ni á última hora ha querido dar una prueba de verdadero amor al pueblo que ha tenido bajo su planta durante ocho años. No ha querido ni en el último momento ofrecer al pueblo el olivo de la paz, simbolizado por positivos beneficios tales como los que dejamos apuntados, siquiera para conseguir, ya que no el perdón, el olvido de los males que le haya causado; principalmente si algún día, más ó menos lejano, se ve obligado a conformarse con la oscuridad, como su mayor bien apetecible, al verse abandonado en la desgracia por la corte de aduladores que hoy le rodea y lame sus

---

[10] Más tarde, cuando Bográn tuvo que huir á Guatemala, bajo el Gobierno Vásquez, debe haber recordado estas profecías.

plantas, que tal vez sean entonces sus encarnizados perseguidores, y reducido sólo al cariño de su esposa é hijos que es el único que no ha de faltarle.

30 de octubre de 1891.

CIRCULAR

Dirigida por el Jefe del Partido Liberal
a los Comités departamentales

(De EL BIEN PÚBLICO, número 42)
Tegucigalpa:30 septiembre de 1891

Señor Secretario del Comité Liberal de……..

Aun no puedo comunicar á ese Comité cuál ha sido el verdadero resultado de la elección de Presidente de la República, porque no he recibido de todas las poblaciones el informe que se había pedido de antemano, ni la relación de los sucesos ocurridos antes de la elección ó durante ella, para poder apreciar su validez ó nulidad.

Verdad es que se han publicado oficialmente algunos cuadros de la votación; pero por varios errores en ellos descubiertos, no merecen fe, y es preciso que el partido procure su rectificación numérica, á la vez que la denuncia de todo medio reprobado de que se haya servido la autoridad para triunfar: amenazas, soborno, violencia ó fraude, recogiendo los comprobantes que se puedan obtener. Para ese efecto, los Subcomités ó agentes del partido en los pueblos, harán una relación detallada de los sucesos en la localidad, y del resultado numérico verdadero de la votación comparado con el que se haya hecho aparecer, indicando las personas que puedan servir de testigos, que sean las más conocidas y mejor reputadas, entre las que conozcan los hechos, con expresión de su edad, profesión y vecindario. Esta relación se hará por duplicado, mandando un tanto al Jefe del partido y otro al Comité departamental.

El Comité departamental hará una relación de lo ocurrido, extractando lo más importante de las relaciones de los pueblos que considere absolutamente cierto, la cual firmarán sus miembros y la remitirán al Tefe del partido. Ojalá puedan recibirse dentro de veinte días.

Además, cualquier miembro del Comité, solicitará en el Juzgado de Letras, informaciones ad perpétuam sobre los principales hechos de amenaza, violencia ó cualquier clase de coacción ó fraudes cometidas, indicando, como testigos, los apuntados en cada pueblo para ese efecto; cuyos comprobantes, si se obtienen, deberán remitirse al Jefe, antes de reunirse el Congreso.

Se hará esto, aunque serán desechadas, según precedentes de los Tribunales.

También se deberán denunciar de los pueblos ante el Comité departamental, y éste comunicará los hechos ciertos al Jefe, sobre abusos ó arbitrariedades que sigan cometiendo las autoridades.

Demostradas como están ya las ventajas de la organización del Partido Liberal y la efectividad de la unión fraternal que ha proclamado, interesa que se inscriban en el registro del partido, en cada población, todas las personas que en la pasada elección han votado por su candidato y permanezcan firmes, y todas las que hayan rectificado sinceramente su opinión y quieran adherirse á él, y las que por temor ó engaño haya dado voto contrario, si están resueltas á mantener con firmeza sus opiniones. Para ese fin, se reorganizarán las Juntas Directivas, y se organizarán donde no lo hayan estado; dando cuenta del resultado al Jefe, cuando ya se considere completa ó hecha en su mayor parte la inscripción en el departamento ó sección. Así, se logrará hacer efectivos los derechos del ciudadano, defenderse mejor contra los abusos de la autoridad y hacer eficaces las garantías; y si la patria lo exige, se podrá más fácilmente hacer un esfuerzo simultáneo para defender su integridad, su autonomía su libertad.

Estando próximas las elecciones municipales, conviene que el partido se esfuerce en todas partes por que las nuevas Municipalidades estén formadas por liberales de los más honrados, influyentes y enérgicos, para que pueda así demostrar en los gobiernos locales, el respeto á la ley y á las instituciones; y proteger á los ciudadanos contra otras autoridades locales abusivas, en la esfera de sus atribuciones. Para conseguir más fácilmente el triunfo en esas elecciones, conviene trabajar privadamente y no dejar comprender el propósito de la lucha, sino en el momento mismo ó poco antes, para que los contrarios no se aperciban y no empleen sus medios de costumbre para triunfar. Debe procurarse que los candidatos sean todos paisanos, si es posible.

Espera contestación su afectísimo. —P. Bonilla.

LOS ESPAÑOLES EN HONDURAS

Mucho tiempo hace que hemos deseado protestar, en nombre del pueblo hondureño, contra la conducta observada por el Gobierno con los profesores contratados en España, á quienes se ha dejado de pagar los sueldos que se les adeudan según contrata, dejándolos reducidos á la miseria.

Llegamos hasta á pensar en abrir una suscrición que estábamos seguros se habría llenado en cantidad suficiente por los hondureños de ambos partidos, celosos por la honra de la patria, para facilitarles los medios de regresar á sus hogares.

Nos hemos detenido por consideración á ellos mismos, temiendo que el Gobierno quisiese tomar nuestra intervención, como pretexto para demorarles más el pago, alegando que se habían mezclado en la política del país. Mas ahora que la mayor parte de esos profesores se han marchado, queremos exhibir, en toda su fealdad y torpeza, la conducta del Gobierno.

Desde en diciembre del año pasado esos profesores, por la falta de pago de uno ó dos meses de sueldo, pidieron la rescisión de sus contratas, y se les negó.

Entonces con un par de miles de pesos, se les habría liquidado. Han insistido después en lo mismo, varias veces, y últimamente han intervenido la cancillería española é italiana en favor de sus respectivos connacionales, y ha llegado el Gobierno, según lo hemos oído á los mismos profesores, hasta afirmar que están pagados, desmintiendo su queja.

Por último hemos visto publicados varios acuerdos en "La Gaceta" oficial, reconociéndoles y mandánles pagar varios miles de pesos; de manera que hacemos el fundado cálculo de que por el torpe capricho (ó lo que sea) del Gobierno, el Estado habrá necesitado $25.000 para cubrir sueldos de personas que, aunque en lo general aptas para desempeñar sus cátedras, no han prestado al país ningún servicio, porque la Universidad y Colegio han estado cerrados durante la mayor parte del tiempo en que esa suma se ha devengado.

¿Cómo explicará el Gobierno esa conducta? Pagar por antojo diez veces más de lo que al principio pudo pagar: obligar á extranjeros que trajo al país á permanecer en él contra su voluntad por falta de recursos para marcharse; y exhibir á Honduras en el exterior, como una nación informal, porque n0 cumple sus compromisos; á eso nosotros no le encontramos disculpa.

Sin embargo, confiamos en que esos extranjeros, que si tienen queja de nuestro Gobierno, no tienen ninguna del pueblo hondureño, si son caballeros, dirán donde quiera la verdad, y en vez de inculpar, compadecerán á un país, al cual una mala administración conduce rápidamente á su ruina.

6 de noviembre de 1891.

GRAN ESCÁNDALO

Se nos escribe de Comayagua que á la llegada del Diputado por este departamento, Licenciado don Dionisio Gutiérrez, vinieron á encontrarle más de sesenta personas á algunas leguas de distancia. Al desmontarse en casa de Gutiérrez, dos ayudantes notificaron á los amigos que le habían acompañado, la orden del señor Presidente de la República, de ir todos á la Comandancia del departamento, donde estuvieron detenidos.

Después, de fuente oficial, hemos sabido que quedarán presos solamente doce, y que se alega el pretexto de haber estado complicados en un proyecto revolucionario que dicen haber descubierto en Copán, y del cual hace días se viene hablando.

Por supuesto entendemos que nuestros lectores habrán comprendido ya que los sesenta ciudadanos arrestados son liberales, y habrán adivinado que el Gobierno se ha propuesto amedrentar al pueblo de Comayagua, con ese golpe de mano, para que no concurra á la galería á apoyar con su presencia y muestras de aprobación, las opiniones de los Diputados liberales, como el señor Gutiérrez; y quizá se hayan propuesto hasta aislarle en una población extraña, fulminando contra él una especie de excomunión. ¿Cuándo se convencerán nuestros adversarios de que pasaron ya los tiempos del terror? No creemos que haya en Comayagua un ciudadano digno de ese nombre, que no proteste contra tan mezquino proceder, que no se muestre indignado por tal escándalo.

6 de noviembre de 1891.

¿A DÓNDE VAN?

Tal es la pregunta que los ciudadanos honrados. De cualquier color político, se dirigen unos á otros, alarmados por la extraña conducta de los hombres del Gobierno. Las persecuciones contra los liberales, arrecian cada día á tal punto, que ninguno puede vivir tranquilo, temiendo recibir de repente una orden de prisión ó de destierro, dada dictatorialmente; ó bien verse envuelto en un proceso por conspiración, por alguna farsa inventada por sus enemigos. Parece como que tuviera interés el Gobierno en provocar un conflicto por lo desesperado de la situación á que está reduciendo á los pueblos. Pero si esto es así, ¿cuál es su objeto?

Hay quien crea que, por un motivo ó por otro, el señor Leiva no aceptará la presidencia; y que, en previsión de ese caso, el General Bográn, por vía de precaución, prepara el terreno para hacer que aparezca alterado el orden público en momento oportuno, y quedarse con el Poder. Mas otros creen, y son los más juiciosos, que sólo se propone mantener la intranquilidad en el país, y por ende el imperio del militarismo, para que el nuevo Presidente tenga forzosamente que apoyarse en él, y dominarlo con facilidad, mandando él de hecho bajo el nombre del señor Leiva, cuya elección hará declarar.

Nada de esto está probado; pero es indudable que tanto aparato militar, como en campaña y frente al enemigo, tantas prisiones y destierros, tantas persecuciones de todo género, tienen un fin non sancto; pues en vez de perfumar el sillón presidencial que ha de ocupar el sucesor, se lo están cubriendo de abrojos, lo cual no puede ser con intenciones benévolas para él.

La prensa gobiernista habla constantemente de conspiraciones, de proyectos de asalto de cuartel, por el Partido Liberal, desde hace mucho tiempo, y hoy más que nunca; lo cual, si se desease mantener la paz, sería una verdadera torpeza, porque se acostumbra al pueblo á la idea de la revolución armada, como único medio de lograr su redención, inutilizando los esfuerzos del Partido, para infundir la virtud de la paciencia á los oprimidos.

El Partido Liberal, ya lo sabe el Gobierno, es solidario en todo el país; y mientras no se demuestre inconsecuencia de alguno de sus miembros, la injuria que abusivamente se le hace, la toma por su cuenta. Ha probado en distintas ocasiones que quiere la paz, y ahora más que nunca, pues se le hostiliza cuando menos derecho se tiene y permanece tranquilo. No provocará una lucha armada, porque no quiere responder de la sangre que se derramase; pero si se le provoca, si se inicia contra él la guerra, se defenderá, pues no debe rendirse á discreción y dejar perecer, con su calda, las libertades que tiene conquistadas. Podrán apoderarse de sus jefes é inutilizarlos; pero no lo habrán logrado todo. Muchos son los hombres que se han formado en la escuela de la libertad, y cualquiera de ellos podrá sustituir á los que caigan.

Protestamos contra una conducta tan injustificada de parte del Gobierno, y contra sus consecuencias, que pueden llevar al país á la anarquía; y la denunciamos ante el pueblo hondureño y ante el mundo civilizado, como hija de bastardas ambiciones, pues no de otro modo puede explicarse.

6 de noviembre de 1891.

FERROCARRIL: DE SAN LORENZO A TEGUCIGALPA

Cedemos con gusto el lugar preferente de este semanario, para publicar datos referentes á empresa tan importante para los departamentos orientales de la República, como es el ferrocarril destinado á poner en comunicación la capital con el mar Pacífico por los puertos de San Lorenzo y Amapala.

Como es bien sabido, esta empresa la ha tomado por su cuenta la "Compañía General de Minas y Trabajos Públicos de Honduras", constituida en París con capital francés. Esta compañía, cuya organización se debe principalmente á la iniciativa y esfuerzos de los señores Francisco Gaubert y Pablo Mendieta, posee ya diferentes concesiones mineras en el país, principalmente la llamada San Martín, en donde se encuentran establecidos los trabajos de una manera formal y con todos los adelantos de la maquinaria moderna. El Ingeniero señor Palliés, tan conocido como generalmente apreciado entre nosotros por su inteligencia y honradez, es el Director de tal empresa, lo mismo que de la de Villanueva, recientemente organizada, y de otras varias en diferentes puntos del país.

Según nuestros informes, los directores miembros del Consejo Administrativo de la Compañía á que venimos refiriéndonos, en París, son todos casi todos ingenieros constructores en Francia, ricos y bien reputados en aquel país. Estos se han fijado en las condiciones de Honduras, lo han estudiado ya bastante y han comprendido los innumerables veneros de riqueza que pueden desarrollarse mediante la ejecución de una serie de trabajos que han comenzado á llevar á cabo.

El principal de ellos, y como si dijéramos el motor de todos, es una vía de comunicación cómoda y expedita entre el Pacífico y la capital; á este efecto se solicitó oportunamente del Gobierno y del Congreso, que se reunió aquí á principios de este año, la concesión para construir una vía férrea que partiendo de Tegucigalpa á terminar en San Lorenzo, cerca de Amapala. El 9 de marzo del corriente año se firmó el decreto respectivo, y ya el 6 de junio dos ingenieros de la Compañía, M. M. Francisco Deshoulieres y Pedro Boucher llegaron á nuestros puertos para proceder inmediatamente á efectuar los estudios y trazado de toda la línea.

Al dirigirse la Compañía á nuestro Gobierno, le manifestaba que habían encomendado los trabajos indicados al señor Deshoulieres como Director, debido á que él había construido ya en Francia, por cuenta del Gobierno, y también por la de varias compañías, multitud de líneas férreas, lo cual era una garantía para la de Honduras, debiendo observar nosotros de paso que las líneas francesas combinan la seguridad en el transporte con la elegancia material y comodidad para el viajero.

En los primeros días de julio los trabajos y estudios se comenzaron sobre el terreno en San Lorenzo. El personal lo componía el Director señor Deshoulieres, dos jefes de operarios, un capitán y veinte peones. Se creyó al principio que serían suficientes cien días más ó menos para terminar las operaciones del trazo provisional; pero las lluvias, casi continuas desde fines de septiembre, han retardado forzosamente el reconocimiento del terreno, que hoy está ya concluido. Si se tiene en cuenta las dificultades que debe haber salvado la comisión de estudios, á través de un país cubierto de bosques, se comprenderá fácilmente que han terminado su obra en poco tiempo. En efecto, sobre cuarenta leguas, próximamente, se ha medido y nivelado el terreno en más de ciento treinta varas de anchura de uno á otro extremo, y ha sido preciso descuajar como 8.000 acres de bosques. He aquí ahora las notas que nos ha suministrado el mismo señor Deshoulieres, referentes al trazo provisional de la línea.

Compañía General
de Minas y Trabajos Públicos de Honduras
Ferrocarril de San Lorenzo á Tegucigalpa

ESTADO SUMARIAMENTE DESCRIPTIVO DEL TRAZO

La línea de operaciones, que servirá de base al estudio definitivo, está demarcada en todo el trayecto de San Lorenzo á Tegucigalpa.

Ella parte de San Lorenzo, cuyas profundidades han sido

debidamente apreciadas, y sigue sensiblemente la carretera de Tegucigalpa hasta el río de Moramulca.

De allí continúa sobre la orilla izquierda del río hasta Pespire, a donde llega después de haber atravesado "El Río Chiquito".

Rodeando la población, toma el lado derecho de la carretera, que se extiende á una distancia de dos mil varas, más ó menos, para volver de nuevo al valle propiamente dicho de Moramulca, cuyas sinuosidades sigue un poco más allá del paso real, pasando entre San Antonio de Flores y el río, atravesando una vez más la carretera, antes de llegar al paso real, y diversos afluentes del Moramulca, de los cuales el más importante es la quebrada de la mina Dala.

Adelante, en donde el valle se extiende, la línea sigue en proyecciones rectas hasta el lugar del Coyolar, después de haber atravesado la quebrada de Los Amates.

A partir de ese punto, ha sido necesario comenzar á elevarla; la línea está proyectada en la montaña de San Isidro, y después sigue sobre la orilla izquierda, rodeando el valle del Caulote para llegar á la cima. Este pasaje necesitará un túnel de, más ó menos, cien varas de largo, establecido enteramente en roca calcárea.

En la pendiente opuesta del túnel hasta el lugar denominado "Suní" se mantiene la línea, más ó menos nivelada, al pie de la montaña, cuyo rumbo es E. S. E. O., y allí atraviesa muchas quebraditas que se precipitan en el río "La Piñuela".

La última de esas quebraditas afluentes, es la denominada "Suní", que la línea salva abajo de las fuertes paredes de roca que la naturaleza ha puesto allí como sostén de la montaña, y cuyo nombre es reconocido como "La Peña", la línea sigue rodeando la superficie más baja de esa localidad, que se extiende de allí hasta "La Piñuela" al pie del gran cerro de "La Peña Colorada" ó "Montaña de Tucupis".

Llega á una altura de mil varas sobre el nivel del mar, y, habiendo atravesado "La Piñuela" al Oeste de "La Media Luna" sigue su curso ascendente por las faldas de dos valles secundarios, llegando á la gran planicie de "La Ceibita", la cual divide en dos partes, siguiendo una dirección de Este á Oeste y pasando sobre la quebrada "Lisia", muy cerca de su origen, y á partir de ese lugar está proyectada sobre los "contreforts" denominados "El Mal Paso", tomando desde ese punto la línea un rumbo directamente al Norte, dejando la grande y curiosa "Peña Colorada" á la izquierda, y atravesando cuatro ríos muy encajonados y anchos; el primero se denomina "El Cacao", y los tres restantes son llamados, por la gente del país, " El Mal Paso".

La línea atraviesa, de Sur a Norte, la soberbia planicie de "'Tucupis", pasando "Capulines" y dejando á "Tucupis" á la derecha: llega al " Bassín" del río de Choluteca, á ciento veinte varas sobre el nivel de Armenia y sobre los lados de la montaña, desciende siguiendo todas las escabrosidades de un terreno calcáreo desnudado por las lluvias: atraviesa el camino de Sabanagrande y el pequeño valle que se dirige á San Pedro, y de allí, sube á Barajana, por el portillo del "Zopilote", llegando á la derecha de San Buenaventura: rodea á este pueblo y sigue su curso en el valle en que está situado un lugar encantador, denominado "El Sauce", y en seguida, tocando el Cerro de Hule, pasa cerca de Las Anonas, por el portillo del "Horno", baja por el lado Norte de la montaña, atraviesa un inmenso valle, en donde tiene su origen el río de Jacaleapa, pasa la hacienda del Padre, vuelve á caer en una cañada que sigue igualmente la carretera de Tegucigalpa, pasando para la otra falda, á una elevación de cuarenta varas.

Rodeando las sinuosidades del terreno, en cuya base se encuentra el caserío y puente de Los Jutes, llega á la superficie más baja del terreno demarcado en forma de círculo y como una especie de "Receivoir" trabajado por la naturaleza, en cuyo lugar está situado el caserío de "Santa Rosa;" la línea sube de nuevo una pequeña cuesta para bajar paralelamente al camino de Jacaleapa hasta el río, en donde toma la orilla izquierda hasta mil varas, más 6 menos, en el lugar en donde desemboca en el "Río Grande".

En seguida la línea atraviesa el Río Grande y se mantiene sobre su lado izquierdo hasta el punto en donde éste se recuesta en la carretera, para describir de allí un medio círculo á la derecha.

La línea se separa del río para seguir sobre la carretera, ochocientas varas próximamente, lo atraviesa, se inclina á la izquierda, pasando sobre el río Guacerique, allí donde está más estrecho, y por una ligera pendiente llega á los terrenos despoblados de la Villa de Concepción, y de allí podrá llegar á los terrenos inmediatos al parque de "Bográn", en los cuales se establecerá la última estación; ó bien del "Apeadero", proyectado para la aldea de "Jacaleapa" y sus alrededores, se vendría á la capital por la parte plana del terreno, á un lado del "Guanacast".

Establecido así el ferrocarril de San Lorenzo a Tegucigalpa, al cual será anexo un servicio de "lanchas-vapores" que hagan el tráfico á la isla de Amapala, atenderá al desenvolvimiento de siete distritos importantes, fuera de la capital.

Según los cálculos hechos en Francia, por peritos inteligentes en la materia, se estima que los habitantes de una zona de dos leguas de cada lado de una vía férrea, pueden producir un movimiento abundante de pasajes; y aplicando esos cálculos á las condiciones especiales de este país, de conformidad con el censo general de la República, se demuestra que más de veinte mil personas podrán aprovecharse de sus múltiples ventajas.

No es sino el estudio definitivo, del cual vamos á ocuparnos con verdadero empeño, el que dará únicamente la medida exacta del trayecto.

La Compañía de Minas y Trabajos Públicos de Honduras, se reserva el estudio de otro pasaje por San Martín, Orocuina y el Platanar, como lo indica la línea marcada en el plano con tinta roja.

Tegucigalpa: noviembre de 1891.
El Ingeniero Director de los Estudios,

M. M. DESHOULIERES.

(Traducido del Francés).

El Director de estudios nos ha asegurado que piensa acompañar al informe que presentará en París, un plano anotado, indicando todos los relieves del terreno á fin de fijar en él la línea definitiva con todos los trazos necesarios, puentes sobre los ríos y caminos, parajes á nivel, túneles, estaciones, paradas, vías de escape, plataformas, etc. También acompañará un proyecto para la limpia y profundidad del puerto de San Lorenzo, estableciendo en él aparatos de carga y de descarga, de tal manera que estas operaciones se lleven á cabo directamente con los buques de vapor que atraquen en los muelles.

Después de ser aprobados por la Compañía concesionaria el informe y demás proyectos enumerados, aprobación que tardará dos meses para declararse, redactará un plan completo de ejecución, enviando en seguida el personal necesario para trazar sobre el terreno el proyecto definitivo y para comenzar los trabajos de ejecución, de acuerdo con el Gobierno, que debe dar terminados en el espacio de dos años.

Antes de terminar, llamaremos la atención de nuestros lectores hacia el hecho de que la Cámara de Comercio de Honduras acogió desde el principio con entusiasmo el proyecto del ferrocarril en cuestión, sirviendo de intermediario entre el Gobierno y los representantes legales de los concesionarios, y haciendo que estos últimos adoptaran en algunas de sus condiciones cambios favorables para el país, y que ponen, en todo caso, á salvo sus intereses.

13 de noviembre de 1891.

EL 8 DE NOVIEMBRE

Vamos á ocuparnos principalmente del 8 de noviembre de 1890, fecha memorable en la historia de Honduras, porque es el punto de partida para la redención del pueblo hondureño, y á la vez para la ruina futura del despotismo, por el completo desprestigio de los hombres que lo ejercen.

Esa fecha simboliza "la más bella lección de moralidad política" de parte de los adversarios del Gobierno, y la más infame ingratitud de parte de éste para con un pueblo generoso, que, olvidando sus sufrimientos y los vicios de su gobernante, le defendió, le restituyó al Poder, sin interés alguno personal, tomando en cuenta sólo el principio de autoridad, que quiso salvar, y creyendo obligar con su abnegación á su tirano á volver sobre sus pasos, á rectificar sus errores, á consagrarse al bien de su país.

Al principio así lo comprendió el General Bográn, y humildemente confesó el mea culpa con promesa de enmienda; pero cuando el peligro desapareció tomaron otro curso sus ideas.

Comprendió que era posible y, más aún, probable, que no podría perpetuarse en el Poder; que tendría que renunciar á sus dulzuras, para conformarse con una oscura vida privada. Un hombre de miras elevadas, de sentimientos patrióticos, de nobles aspiraciones á legítima gloria, habría comprendido también (como se lo indicó la prensa liberal) que se le presentaba una ocasión propicia para lavar todas sus manchas. Mas él siguió opuesto camino. Se dijo: " Por si acaso no podemos seguir mandando, aprovechemos el año que nos queda para redondear nuestra fortuna, para dar libre vuelo á nuestras pasiones, para disfrutar del placer embriagador de mandar á discreción; si personalmente no continuamos en el Poder, lo dejaremos como en depósito á la orden en alguna hechura nuestra, que si no nos lo devuelve en seguida, lo hará forzosamente al terminar su período, quedando en el intermedio gobernando de veras, sin parecerlo." Así dijo, y manos á la obra.

Desde aquel momento, ningún empleado, ni contratista, ni acreedor de cualquier clase, volvió á recibir un centavo; las rentas produciendo, produciendo, pero el dinero desapareciendo, sin saberse hasta hoy, de fijo, su paradero. Desde aquel momento se comenzó á conspirar en palacio contra la libertad del pueblo, el cual creía haberla conquistado á costa de su sangre; y se hizo principal objeto de esa conspiración al Partido Liberal, que se estaba organizando para constituirse en su defensor. Desde aquel momento comenzó á pensar en el mejor heredero del Poder que podría instituir (si se veía obligado á perderlo) para asegurarse la continuación indirecta en el mando: pensó primero en su cuñado, pero comprendió que tendría tantos inconvenientes como su propia reelección, y desistió; acordándose entonces de don Ponciano Leiva, á quien en el año de 86 ofreció engañosamente hacerle su sucesor, se decidió por él (pronto sabremos si erró ó no en sus fundados cálculos) y comenzó su imposición por los medios que harto conoce el pueblo hondureño; y para conseguir esto y el logro de sus demás propósitos, ningún freno ha puesto á su voluntad ni á la de sus súbditos, ejecutores de ella.

Hasta allí para nosotros no ha sido un misterio la conducta del Gobierno. Hemos sabido á dónde se dirigía. Pero pasó la elección; anunció la prensa oficial el triunfo de su candidato; y últimamente anuncia que ha sido declarado electo Presidente por el Congreso.

Natural habría sido que, observando una conducta absolutamente correcta, hubiese tratado de hacerse perdonar los medios que empleó para triunfar, y de preparar una situación tranquila para el nuevo gobernante; pero no ha sido así, habiéndose, por el contrario, venido aumentando la tirantez de la situación, por el ensañamiento del Poder contra los ciudadanos que quieren conservar su independencia. Ya hemos tratado de esto, y tenemos que conformarnos con simples conjeturas, porque para juzgar al progresismo y á su veleidoso Jefe, fallan todas las reglas de la lógica.

La prensa liberal ha venido denunciando los nuevos abusos cometidos. Ahora vamos á ocuparnos con algún detenimiento, de un suceso ocurrido en esta capital en el primer aniversario de la fecha que encabeza este artículo.

El domingo último, al terminar la retreta en la plaza de Morazán, se encontraba un joven, que está padeciendo de enfermedad mental, con unos amigos suyos recostados sobre la baranda, hablando con calor, pero sobre materia inocente. Llegó un agente de policía, y les previno retirarse. El joven, al hacerlo, dijo á sus compañeros: "Vamos, porque son capaces de apalearnos." Sin más motivo, el polizonte llamó á otros, y todos juntos se lanzaron contra el joven á que nos referimos, y detrás de ellos el General don Roque J. Muñoz; quisieron aquéllos apoderarse de él violentamente, y maltratándolo, como lo acostumbran, con cuyo motivo el joven, cuyo estado ya indicamos, hizo un llamamiento en alta voz al pueblo, á los liberales, á sus amigos, para que lo defendiesen. Estos, dotados de sentimientos generosos para con el débil, como un año antes lo probaron en la misma fecha, acudieron á su llamamiento, y se empeñaron en evitar al amigo los ultrajes que sufría. Quizá alguno fué imprudente, porque entre un centenar de personas que de momento acudieron, mal podría exigirse madura reflexión. Más seguros estamos de que de parte de los agentes de la autoridad, inclusive el General Muñoz, hubo no sólo imprudencia, sino torpeza, arbitrariedad, y hasta podría creerse propósito preconcebido de provocar un desorden y tal vez un conflicto muy serio y de graves consecuencias para el pueblo, porque estaba completamente desarmado, y habría podido ser acuchillado, arcabuceado impunemente.

Por buena suerte, el Gobernador departamental, que observaba lo ocurrido desde su tienda, muy inmediata al lugar del suceso, por su propia buena voluntad y por súplicas de varios amigos que se hallaban con él, entre ellos los Coroneles don César Bonilla y don Rafael López, acompañado de éstos se acercó al grupo, dió orden á los policías de dejar tranquilo al joven perseguido; y ayudado por aquéllos exhortó al pueblo á retirarse, y para que llevase á su casa al dicho joven. Así lo hicieron inmediatamente, y por el camino dieron vivas al Partido Liberal, al Lic. Bonilla y al mismo Gobernador Estrada, comprendiendo el pueblo, con su natural buen sentido, que la prudencia de este funcionario le había salvado de una catástrofe, que valientes Generales, con tuertes escoltas, vinieron poco después á realizar, felizmente cuando ya nadie había en la plaza.

A juicio de personas sensatas como las mencionadas, y de otras que con ellas se encontraban, y como los Coroneles Rafael Alvarado Guerrero y Fausto Dávila, que se hallaban en una de las bancas de la plaza, y no se movieron porque no le dieron importancia al suceso, éste debió quedar desde aquel momento olvidado, porque, si culpa hubo, fué mayor la de la autoridad; hoy, por cierto, ninguna de esas personas ha sido interrogada.

No obstante, parece que el Gobierno tenía su conciencia intranquila, especialmente en aquella fecha, y concediendo al pueblo para ello derecho perfecto, temía que lo usara al recordar la negra ingratitud con que ha sido correspondida su heroica conducta en igual fecha del año anterior; ó bien ha querido aprovechar esa ocasión, al convencerse de que no había peligro, para representar una de las farsas que acostumbra contra sus adversarios.

Es el hecho, que al día siguiente redujeron á prisión á varios jóvenes, encerrando á unos en la Policía, para sacarlos imponiéndoles arbitrariamente una multa de diez pesos á cada uno. Cinco de ellos fueron llevados al cuartel del palacio, donde han estado incomunicados. Se levantó por el Comandante de Armas un simulacro de proceso, absolutamente nulo, porque carece de jurisdicción; y al tomar declaración á los reos, han dirigido la investigación de tal manera, que parece quieren darle el sesgo de un plan preconcebido por los Jefes del partido. Aun no los conocen.

Si alguna vez resolvieran atacar á mano armada al Gobierno, no se esconderían: irían á la cabeza, corriendo tanto riesgo como sus amigos; pues si lo hicieron para defender un enemigo, con mayor razón lo harían para defender su propia causa. No son del gremio de los cobardes, que provocan un conflicto y huyen al primer asomo de peligro. Si así fueran, lejos de merecer la confianza de su partido, le inspirarían desprecio, como tantos de sus adversarios.

¿Quieren encontrar responsabilidad en los Tefes? Pues en vez de maltratar á los más débiles, vayan directamente contra aquéllos, como tantas veces se lo hemos pedido. Eso será menos deshonroso para el Gobierno, y librará á los Jefes liberales del sufrimiento, de la indignación que les causa el ver caer en las garras de sus opresores á hombres generosos, á quienes el patriotismo lleva hasta hacer el sacrificio de su vida, sin esperar medro ni recompensa alguna personal.

Los cinco presos que juzgaba el Comandante han sido despachados á Comayagua, sin duda para recrear la vista del General Bográn. No gozará mucho al verlos, sin embargo, si algo tiene de vergüenza, porque se encontrará con que cuatro de ellos le son bien conocidos, por haberlos visto de los primeros acudir á salvarle (aunque hoy le pese) de las garras de Sánchez; porque se distinguieron por su actividad, su entusiasmo y su valor, hasta el punto de que á uno de ellos, á José María Alcántara, le llamaba en aquellos días el General Bográn " mi granadero." Al año completo les ha dado su recompensa: les entregó la medalla de oro que prometió á sus valientes defensores, cuyo diploma es la orden de prisión contra ellos dada.

El General Bográn, antes de salir de esta capital, no se atrevió á desafiar al pueblo como ahora lo hace. ¿No comprenderán los dos hombres que ha dejado aquí como ejecutores de su voluntad, que quiere servirse de ellos como de ciegos instrumentos para sus venganzas? Nosotros les decimos: "Abrid los ojos: si no teméis que la historia os llame verdugos, porque no os importa temed la venganza del pueblo, porque podrá tardar pero es segura, y os alcanzará á vosotros y á vuestros cómplices."

Hombres del Gobierno: recordad que la paciencia de los pueblos tiene límite, y con vuestra conducta desatentada estáis haciendo que toque á ese límite la del pueblo hondureño: deteneos, si algún sentimiento patriótico se alberga en un rincón de vuestro pecho.

13 de noviembre de 1891.

SIEMPRE EN TURBIO

Bajo este epígrafe publica "El Herald" de New York, fecha 19 de octubre, lo siguiente:

"Las Repúblicas de Centro América están pasando un tiempo difícil otra vez. En efecto, parece que están siempre próximas á un conflicto. Costa Rica encuentra difícil vivir pacíficamente en compañía de Nicaragua; mientras El Salvador y Guatemala están dándose el lujo de hacer creer que fortalecen las relaciones, siendo que pueden ir al campo de batalla á cualquier momento. Nicaragua y Honduras no están en los mejores términos, y cualquier provocación podría originar un conflicto. Todos estos Estados son simplemente pigmeos en lo concerniente á tamaño; pero son sangre caliente y caminan con la mecha en las espaldas.

La particularidad de las repúblicas de Centro América es que no son repúblicas. Su población, que en su mayor parte se compone de indios, no está educada, y son por lo tanto gobernados por amos. Los de dentro forcejando por conservar dichos amos, y los de fuera por arrojarlos. En consecuencia, hay siempre algo oscuro en el horizonte, y las rebeliones para fines políticos las hacen con la misma facilidad que nosotros los del Norte abrimos un ostión ó preparamos un guiso. Seis meses sin revolución ó sin la perspectiva de una; pondrían las cosas bien tristes en Centro América. Estará todo bien por ahora, pero hay mucho que hacer antes que esos Gobiernos puedan establecer algo que parezca seguro. Ellos necesitan un buen sistema de escuela, sin el cual un pueblo es simplemente populacho ó canalla. No existe opinión digna de tal nombre en un país donde las escuelas no están á fácil alcance de todos los habitantes. A los centroamericanos debe enseñárseles á leer y á pensar. Entonces prescindirán del puñal del asesino y de su afición al pillaje, y construirán un edificio social y político que soporte la acción del tiempo. Hasta que la casa de escuela no se construya, estas revoluciones pisarán los talones de todos ellos y mantendrán el populacho en constante fermentación".

Encontramos varios errores de apreciación en las anteriores líneas, grave injusticia cometida contra los pueblos centroamericanos, y queremos rectificarlos.

Dice el periódico neoyorkino, con razón, que estos países están gobernados por amos; pero no amos que tengan derecho de serlo, sino usurpadores de la ilimitada autoridad que se arrogan. En vista de esto, los hijos de la gran República, en vez de alentar á esos amos para ejercer su despotismo, debieran alentar á los pueblos para sacudirlo y entrar en la práctica de las verdaderas instituciones republicanas.

Concretando nuestra defensa á Honduras, sentamos la siguiente proposición: "Hace quince años que ningún serio trastorno del orden público ha ocurrido por culpa del pueblo: si la tranquilidad pública en todo el país se ha alterado muchas veces, ha sido por culpa del Gobierno".

Durante la administración Soto, sólo una vez se levantó una facción acaudillada por el indígena Calixto Vásquez, la cual fué ocasionada por las persecuciones de que fueron objeto injustamente, por exceso de rigor y hasta crueldad, varios pueblos de su raza. Y aquella facción fué sofocada al nacer, antes, siquiera, de ser conocida la insurrección en todo el país.

Durante la administración Bográn, ha reinado, en general, la paz aparente, pero en verdad hemos vivido en estado de guerra. Mas ninguna culpa ha tenido el pueblo hondureño.

En 1885 se levantaron ejércitos y se decretó el estado de sitio en toda la República; es decir, se colocó á los hondureños fuera de la ley, sin que ninguno hubiese dado señales de pretender alterar el orden. Tales disposiciones fueron originadas en la adhesión al decreto en que el General Barrios, de Guatemala, se proclamó á sí mismo Jefe de la República de Centro América, para cuya adhesión, de tan trascendentales consecuencias para el país, no se consultó la opinión pública, sino que se le mostró como un hecho consumado. No fué, pues, el pueblo, sino el Gobierno, el autor de aquella situación anormal, de aquella alteración de la tranquilidad pública, causada principalmente por alharaca y cobardía de los Jefes de la Nación, pues ningún soldado hondureño llegó á quemar un cartucho.

En el mismo año se supo la noticia de que el General Menéndez había encabezado la revolución que derrocó la administración Zaldívar en El Salvador. Nuestro Gobierno mandó fuerzas á la frontera; y ocurrió el caso singular de que, mientras el General

Leiva, encargado de la Presidencia, simpatizaba con la revolución y le ofrecía auxilios à Menéndez, Bográn los ofrecía á Figueroa, que ejercía el poder en El Salvador, si bien á ninguno fueron dados, no pasando, como siempre, de meras promesas. Pero eso fué bastante para volver á decretar el estado de sitio y mantener al país en alarma durante algunos meses, aunque tampoco esta vez se quemó un solo cartucho.

En principios de 1886 se anunció una expedición despachada por el señor Soto, ex-Presidente de Honduras, en el vapor "City of México", cuyo término es bien conocido en los Estados Unidos, por haber capturado aquella embarcación uno de sus buques de guerra. Pues durante largo tiempo el país soportó otro estado de sitio, y sin embargo, un tiro no llegó á dispararse, ni jamás el buque enemigo arribó á nuestras playas. Y nótese que en este caso sólo la costa Norte podía estar amenazada, porque aquella embarcación navegaba en el Atlántico; á pesar de lo cual, el Gobierno hizo cundir la alarma, el desorden, la intranquilidad en toda la República, hasta en su costa del Pacífico.

En el mismo año de 1886, apareció en la frontera de Nicaragua una facción acaudillada por el desgraciado General Emilio Delgado, y compuesta por todo de unos veintiocho enemigos: se internaron en el país y llegaron hasta el valle de Comayagua, sin que sus filas se hayan engrosado con un solo soldado más. Pues el Gobierno, para combatir esos 28 hombres, puso en conmoción á todo el país, levantando un ejército de 4.000 plazas, y decretando, por ser á su juicio esencial, otro estado de sitio en todo Honduras.

En 1887 el General don Tosé María Barahona atacó y tomó el puerto de La Unión, República de El Salvador; y nuestro Gobierno, que, teniendo conocimiento del proyecto, pudo evitar su consumación, al ver que resultaba aislado y tendría un seguro fracaso, quiso ganar méritos con el de la República vecina, mandando al Comandante de Amapala, atacar á Barahona, como lo hizo, y lo venció. Pero eso fué bastante para decretar estado de sitio de uno á otro de los confines de la Nación, levantando crecido ejército.

Pasan relativamente tranquilos los años de 1888 y 1889; pero llega el de 1890. Poco antes del 22 de junio, fecha en que perdió el

Gobierno y la vida el General Menéndez, se notó aquí movimiento de tropas, con pretexto, que á nadie engañó, de un proyecto de invasión de emigrados por la frontera de Nicaragua, comprendiéndose la verdad, al saberse el indicado suceso de El Salvador. Nuestro Gobierno quedó en armas, pero al parecer sin intención de intervenir en la contienda salvadoreña. Mas, iniciada la guerra entre Guatemala y El Salvador, nuestros ejércitos se mueven sobre la frontera del segundo de estos países, y al fin, sin motivo ostensible, nos encontramos en actitud de guerra y en el quinto estado de sitio decretado, si bien, como siempre, tuvimos la buena suerte de que no se derramase una gota de sangre hondureña, exceptuando la de las personas que por cuenta propia acompañaron al General Rivas en su expedición al Salvador, de tan trágico resultado para él.

Pocos meses después, el General Longinos Sánchez, favorito del General Bográn durante siete años, acostumbrado al poder absoluto, comprendió que había decaído en el favor de su amo, y resolvió alzarse con el Poder, aprovechando los elementos que había puesto el Gobierno en sus manos: ejército, armas y pertrechos. Habría consumado su atentado si este pueblo, á quien calumnia el periodista norteamericano, no hubiese salvado al Presidente de la República de manos del jefe rebelado, y después peleado con ardor por restablecerlo en el Poder. Con este motivo se decretó también el estado de sitio, y fué el sexto; pero como entonces el Presidente no se hallaba bajo la influencia de los hombres de siempre, sino de otros, celosos defensores del imperio de la Constitución, y á pesar de que en esa vez muchas fueron las víctimas, porque hubo combates, sólo duró ocho días la situación anormal, y todo volvió a quedar como antes, por desgracia en toda la extensión del sentido de estas frases.

Por último, unos pocos individuos sorprenden la guarnición del puerto de Amapala, matando á su Comandante, el General Bardales, en mayo del presente año. El pueblo amapalino (siempre el pueblo calumniado como bochinchero por la prensa americana) recobró los cuarteles. Casi al mismo tiempo supo el Gobierno las dos noticias; sabiendo, por consiguiente, que todo estaba terminado y no había peligro alguno para la paz de Honduras; pero como estaba pendiente la lucha electoral, el Gobierno aprovechó la ocasión para impedir los trabajos de la oposición é imponer la candidatura de su gusto, decretando el séptimo estado de sitio, el menos justificado de todos y el que más ha durado, pues duró cien días en el departamento de la capital, y más en los otros, en relación con la distancia.

Ahora preguntamos: ¿Qué juicio merece para el pueblo norteamericano un gobernante que en sus ocho años de mando hace sufrir al país siete estados de sitio, en general injustificables, que significan siete períodos, durante los cuales el ciudadano se halla fuera de la ley y á merced de sus mandarines? ¿Qué juicio le merece el pueblo hondureño que pacientemente ha soportado, por su amor á la paz, no sólo eso, sino también la conculcación de todas sus leyes, derechos y libertades, el saqueo el derroche de su Tesoro, el hundimiento de su crédito interior y exterior, la usurpación más descarada del Poder Público?

Si todos los antecedentes que dejamos expuestos son tomados en consideración, habrá quien se atreva á calificar al pueblo hondureño de demasiado sufrido, de falto de virilidad y virtudes republicanas; habrá quien le llame pueblo esclavizado; pero nadie dirá de él que es bochinchero. Dirán todos que en Honduras no hay más bochincheros, trastornadores del orden y la tranquilidad pública, que su Presidente y sus cómplices, que día por día, hora por hora, minuto por minuto, pisotean la Constitución y provocan al pueblo á una lucha desigual, pero que al fin será aceptada para rescatar la honra de la Nación.

Demostrado queda que, si mal concepto tiene formado de nuestro país en el exterior, culpa es de su Gobierno y no de su pueblo. Ojalá que la prensa de los Estados Unidos llegue á convencerse de esta verdad, para que, en vez de condenar, aliente la revolución salvadora que ha de colocar al pueblo hondureño en plena posesión de sus derechos y en pleno goce de las instituciones republicanas que ha adoptado. Ese será proceder digno de un pueblo que va á la vanguardia de los pueblos libres, y no el hacerse cómplices de nuestros déspotas, que con razón llaman nuestros amos.

21 de noviembre de 1891.

LAS LEYES DE BOGRÁN

En el año 624 antes de Jesucristo, un arconte y legislador de Atenas, dió á aquel pueblo leyes tan rigorosas, tan crueles, que de ellas dijo el orador Démades estar escritas con sangre. Tuvo su autor la siniestra gloria de darles su nombre; y hasta nuestros días son conocidas con el de leyes de Dracón.

Sin duda alguna, el General Bográn está envidioso de la gloria de aquel hombre de la antigüedad, y quiere conquistarla para si hoy en Honduras.

Por eso anunció en su Mensaje al actual Congreso que le presentaría varios proyectos de ley, que, según lo hemos dicho en otra ocasión, no tienden más que á coartar las libertades públicas, á juzgar por la ligera indicación que hace el Presidente en aquel documento sobre sus propósitos. No sabemos que tales proyectos se hayan publicado para ser juzgados por la opinión pública, ni conocemos ya emitida por la Legislatura más que la ley referente al derecho de reunión, que es, tal cual la imaginamos, un parto monstruoso de hombres sin fe, sin conciencia, sin patriotismo. Reservamos nuestro juicio crítico sobre esta obra del despotismo para cuando conozcamos las otras que están elaborándose. Por ahora nos limitaremos á indicar de una manera general los vicios que traerán consigo esas leyes, como quiera que sean, y las consecuencias que puede tener su emisión.

Hemos indicado en otra vez, que el actual Congreso sólo podía ocuparse de declarar la elección presidencial único asunto para el cual había sido convocado expresamente, y que, por lo mismo, sería inconstitucional cualquiera otra disposición que dictase; y lo hemos demostrado copiando el artículo del Código Fundamental que así lo previene de una manera clara, terminante. Con este vicio de origen, si las leyes que el Presidente propuso fuesen encaminadas á garantizar debidamente los derechos y libertades del pueblo, si de ellas hubiese de resultar una ampliación y no una restricción de sus garantías, fácil sería que se olvidase el vicio de su origen. Pero tal como aparece la ya emitida y como se anuncian las otras, no debe pensar el Gobierno que el pueblo pueda tolerarlas. El Partido Liberal, que ha soportado todos los sinsabores, todos los gravámenes, y corrido todos los peligros consiguientes á la desigual lucha que acaba de sostener contra el Poder, habría podido muy bien perdonar que sus adversarios obtuviesen el triunfo por la violencia y el fraude. Su Jefe no ha creído deber consentir en una lucha armada para hacer valer el derecho del sufragio, porque podría atribuirse su decisión tan sólo al deseo de satisfacer su personal ambición, y no cree que por tal causa deba derramarse la sangre. Ha creído más prudente, más patriótico, que el Partido guardase una actitud de expectación, para que el desarrollo de los sucesos diese luz suficiente, y poder juzgar si el nuevo Gobierno sería capaz de satisfacer sus legítimas aspiraciones, si llevaría á la práctica la moral, el orden, la regularidad en todo sentido en la Administración pública. Logrado esto, nada importaría el nombre del Gobernante, y podría contar con el apoyo de la opinión pública, que tan imperiosamente reclama una completa revolución en el Gobierno de la Nación.

Mas, las muchas violencias cometidas arbitraria y escandalosamente por el Poder contra los opositores después de la elección, y la pretensión actual de entronizar el despotismo legal con la emisión de las leyes de que nos ocupamos, vienen demostrando que hay un marcado interés en mantener la intranquilidad pública, que lo hay también en aniquilar la oposición y en hacer imposible todo avenimiento entre ella y el nuevo Gobernante, aunque fuese para continuar una existencia independiente.

Y aparece algo más grave. Si el General Bográn pensase en alejarse del mando como lo exige á gritos la opinión pública, si no creyese trabajar en su propio personal beneficio, en vez de proponer, al salir, leyes cuya gravedad y trascendencia no se le ocultan, porque definen la política de un gobernante, habría dejado al nuevo en libertad de acción para seguir la que mejor le conviniese, sin encarrilarlo en la represión y persecuciones. Y si éste estuviese dispuesto á desligarse de los errores, vicios y crímenes, y de la política de su antecesor, habría protestado contra ellos y contra la emisión de esas leyes, al menos desde el momento en que fué declarada su elección, aunque eso le hubiera expuesto á no recibir el mando de manos del que pronto será ex-Presidente, siquiera en el nombre, sino de manos del pueblo, que entonces no habría vacilado en elevarlo, aun á costa de su sangre, porque habría sido completamente digno de ello.

Por desgracia tenemos que lamentar que no ha sido así: que el señor Leiva ha desdeñado dirigir una palabra de concordia y de aliento á los oprimidos; y que se aleja toda esperanza de mejora y de que termine la horrible situación en que el país se halla sumido; fomentando, por el contrario, el natural temor de que todo siga empeorando, de día en día, al seguir el camino de desorganización actual, porque, pudiendo temer el desarrollo de una tempestad, si no aprovecha el tiempo para conjurarla, debe creerse que tiene resuelto provocarla para procurar vencerla, importando poco los destrozos que ocasione.

Por nuestra parte declaramos: que, si podemos transigir en lo que á nuestra persona se refiere directa ó indirectamente, nos consideraríamos criminales si, pudiendo evitarlo, consintiésemos en el remache de las cadenas del pueblo hondureño, frustrándose el fruto de la penosa labor que tantos sacrificios, lágrimas y hasta vidas cuesta á la agrupación de hombres generosos que tenemos la honra de dirigir.

Nuestra libertad, nuestros intereses, nuestra vida, estarán á disposición de ella, para la defensa de los derechos del pueblo, en cualquier terreno en que sea necesario.

Muchas pruebas, como ninguno de los hombres que están en el Poder, ha dado el Jefe del Partido Liberal y sus principales colaboradores de su amor á la paz. Notorios son al Gobierno y al pueblo hondureño los esfuerzos que han hecho y hacen por conservarla, á pesar del torpe empeño de sus contrarios por hacerlos aparecer como conspiradores vulgares; empeño que ha dado por consecuencia colocarlos en una difícil posición para con sus propios partidarios, pues se ha hecho comprender á los oprimidos que á juicio de los jefes liberales ha llegado el momento en que el pueblo necesita recurrir a las armas, como su única esperanza de salvación. Y tal convicción así infundida al pueblo, se corrobora día por día con nuevas vejaciones y violaciones de ley escandalosas.

Todavía sería posible, quizá, soportar algún tiempo tan tirante situación; pero no olvide el Gobierno que tiene enemigos, que, por razón de la distancia, se hallan fuera de la disciplina del Partido Liberal, y por motivos especiales ansían volver á la patria que tantos años hace les obligó el Gobierno á abandonar. Por eso tantas veces hemos pedido la observancia de una conducta tal, que hiciese esperar á los desterrados un pronto regreso á su abandonado hogar, bajo un nuevo Gobierno, tolerante y benévolo.

Nada de esto se presenta en perspectiva. Si, como dicen nuestros contrarios, el actual Presidente va á trasmitir el Poder, todo indica que quiere hacerlo sólo en el nombre, por dejar al sucesor metido en tal carril que, para salir de él, necesitaría romper lanzas desde la entrada contra su funesto progenitor; y como la mejor señal de ello, pedir desde su primer Mensaje á la Legislatura actualmente reunida, la derogación de las leyes que está emitiendo, que deberán ser llamadas *bogranianas*, así como las del archonte de Atenas se llaman *draconianas*.

Y tal vez sería preciso que desde antes de tomar posesión demostrase, ó por lo menos indicase, su propósito de gobernar sin consideración de ningún género á la persona del antecesor que lo ha elevado al Poder, por ser el único medio de satisfacer la opinión pública; debiendo estar seguro de que, para proceder así, puede contar con el apoyo de todo un pueblo que pide á gritos libertad. No vemos otro camino para conservar la paz en Honduras. Pedimos lo que es justo, pedimos el reconocimiento y garantía de las libertades públicas y de todos los sagrados derechos del pueblo. Concederlo es un deber. Negarlo es un crimen. No se nos inculpe si al cometerse ese crimen trabajaremos por su castigo.

27 de noviembre de 1891.

COMENTARIOS

Al decreto No. 16, en que se establecen las medidas que pueden dictarse contra los que trastornen el orden público[11]

[11] Por falta de tiempo á causa de haberse suspendido la publicación de "El Bien Público", no vieron la luz en dicho periódico las otras leyes que el Doctor Bonilla llamó "Bogranianas", y para mejor inteligencia y justificación de los escritos que á ellos se refieren los publicamos á continuación: Decreto número 3, en que se reglamenta el derecho de reunión—.El Presidente de la República de Honduras, á sus habitantes, sabed: que el Congreso Nacional ha ordenado lo siguiente:-Decreto número 3.-El Congreso Nacional. —Considerando: que el derecho de reunirse, pacíficamente y sin armas, que la Carta Constitucional otorga á los ciudadanos, no está reglamentado por ley orgánica alguna; y que es conveniente emitir una disposición que tienda á garantizar el ejercicio de tal derecho, y á mantener al mismo tiempo el orden público, DECRETA: Artículo I°. —Los hondureños tienen el derecho de reunirse, pacíficamente y sin armas, para tratar de todo asunto de interés público y privado, en todos aquellos lugares que expresamente no prohíba la ley. —Art 2. No tienen obligación los hondureños de pedir permiso á la autoridad para ejercer el derecho a que se refiere el artículo anterior; pero si la reunión tuviese por objeto asuntos de carácter público, tienen los que la inicien la precisa obligación de dar aviso escrito, por lo menos diez horas antes de verificarse, á la primera autoridad de policía local, expresando el día, hora, lugar y objeto de la reunión. Por la falta de estos requisitos, la policía tiene perfecto derecho para disolver la reunión; y en el caso de que esta se verifique, estará siempre atenta para conservar el orden. Se entiende por reuniones públicas, para los efectos de esta ley, las que consten de más 20 personas en las cabeceras departamentales y de 10 en los pueblos. —Art 3. - Las calles públicas, los parques, y frentes de cuarteles, presidios y hospitales, son lugares prohibidos para las reuniones de que se trata. Solo con permiso del Gobernador, en las cabeceras departamentales, y de los Alcaldes, en los pueblos, se permitirán en dichos lugares tales reuniones, pudiendo ser disueltas por la autoridad siempre que embaracen el libre tránsito. Se prohíbe absolutamente que puedan verificarse á una cuadra de los cuarteles. —Art. 4.0 - No están sujetas á las prescripciones de esta ley- I.° Las procesiones de los cultos: —2.° Las reuniones religiosas que se verifiquen en los templos y cementerios; y-3.° Las de las asociaciones y establecimientos autorizados con arreglo á los estatutos, aprobados por la autoridad. —Art. 5.° —Las autoridades que concedan permiso para que puedan efectuarse dichas reuniones, ordenarán á los funcionarios 6 agentes de la policía, el efectivo cumplimiento de la ley de la materia, pudiendo, además, darles aquellas instrucciones que el caso demanda y que se encaminen al mantenimiento del orden—.Dado en Comayagua, á los 16 días del mes de noviembre de 1891. —Jesús Bendaña, D. P. —Luis A. Castillo, D. S. Guadalupe Milla—. Al Poder Ejecutivo—.Por tanto: ejecútese. —Comayagua, noviembre 20 de 1891. —Luis Bográn. —El Secretario de Estado en el Despacho de Gobernación, C. Gómez. —Y por disposición del señor Presidente, publíquese y cúmplase. —Gómez.

El Presidente de la República de Honduras, á sus habitantes, sabed: que el Congreso Nacional ha ordenado lo siguiente:

Decreto número 4, en que se reglamenta la libertad de la prensa. El Presidente de la República de Honduras, á sus habitantes, sabed: que el Congreso Nacional ha ordenado lo siguiente: Decreto número 4. —El Congreso Nacional. Considerando—: que la Carta Constitutiva consagra entre las garantías de derecho público hondureño la libertad de la prensa. Y que al paso que es de reconocida conveniencia pública el afianzamiento de tan precioso derecho, es también necesaria la represión de los extravíos y abusos de los que hacen publicaciones por medio de la misma prensa. DECRETA: Artículo 1. —Todos los habitantes de la República, sean hondureños o extranjeros, tienen el derecho de publicar sus ideas por la prensa, sin previa censura. Art. 2.^{0} La ley no reconoce delitos especiales de Imprenta. Art. 3^{o-}Todo delito privado ó público cometido por medio de la prensa, se juzgará y castigará conforme á las leyes penales vigentes. -Art. 4.°-Se permite la impresión de anónimos debiendo llevar el original de tales escritos la firma de persona responsable y conocida en quien puedan hacerse efectivas las penas de la ley, en caso de delincuencia. —Art. 5.0-Cuando el original de las publicaciones anónimas no aparezca suscrito por alguna persona de la clase indicada, se tendrá como autor responsable del escrito al Director inmediato de la imprenta, y si fueren varios, á todos ellos. Es obligación de los Directores poner al pie de las expresadas publicaciones su nombre y el de la tipografía en que se editen. —Art.6. —Cuando en los periódicos y demás publicaciones n10 aparezcan suscritas por personas de las calidades dichas los artículos, remitidos ú otras manifestaciones que se hagan, regirá la misma disposición del artículo anterior en orden á tener como autores de estos escritos á los que dirigen inmediatamente la imprenta. Art. 7.° —Todo Director inmediato de imprenta está obligado á exhibir el original de las publicaciones anónimas al primer requerimiento del Juez que por acusación 6 denuncia de parte,6 del representante del Ministerio Público, según la naturaleza del caso, conozca de la causa á que han dado mérito las mismas publicaciones. La negativa de exhibición del original hace responsable del delito al Director de la imprenta —Art. 8.0— Queda derogadas todas las leyes relativas á la publicación de las ideas por medio de la prensa, con excepción de las disposiciones que se hallan consignadas en el Código de Policía. —Dado en Comayagua, á los 20 días del mes de noviembre de 1891. —Jesús Bendaña, D. P—.Luis A. Castillo, D. S. —Guadalupe Milla, D. S. —Al Poder Ejecutivo. —Por tanto: ejecútese. — Comayagua, noviembre 25 de 1891. —Luis Bográn. —El Secretario de Estado en el despacho de Gobernación, C. Gómez—.Y por disposición del señor Presidente, publíquese y cúmplase. — Gómez.

DECRETO N.º 16

El Congreso Nacional, en el deber de garantir á la sociedad
contra los que maquinen para alterar el orden y la paz pública,

Este considerando debía hacer suponer que el Congreso dictaría
una ley que tendiese á impedir las extralimitaciones del Poder
Ejecutivo, único que en Honduras produce el desorden por sus
arbitrariedades, y puede causar el trastorno de la paz pública, porque
mantiene en el pueblo el deseo de sacudir el pesado yugo que le
oprime.

El Presidente de la República de Honduras, á sus habitantes,
sabed: que el Congreso Nacional ha ordenado lo siguiente:

DECRETO N.º 16

El Congreso Nacional, en el deber de garantir á la sociedad
contra los que maquinen para alterar el orden y la paz pública,

Este considerando debía hacer suponer que el Congreso dictaría
una ley que tendiese á impedir las extralimitaciones del Poder
Ejecutivo, único que en Honduras produce el desorden por sus
arbitrariedades, y puede causar el trastorno de la paz pública, porque
mantiene en el pueblo el deseo de sacudir el pesado yugo que le
oprime.

DECRETA:

Artículo I.^{0} —En caso de haber datos fundados que produzcan la
convicción moral de que se maquina contra el orden público para
promover trastorno, rebelión ó destrucción de la autoridad
establecida, el Poder Ejecutivo podrá usar contra las personas
indiciadas de tales delitos, según la naturaleza del caso, de las
facultades que á continuación se expresan:

Dejar dependiente de la convicción del Poder Ejecutivo la
libertad del ciudadano, la tranquilidad del hogar, por sospechas de
conato de trastorno del orden público, es preestablecer que será

delincuente todo aquel que no se esclavice en absoluto á la voluntad del que manda, que no se someta á sus caprichos ó no le rinda culto y adoración como á un ser divino; pues es bien sabido que el Gobernante cree tan identificada su persona con la Nación, que todo lo que á ésta pertenece lo considera suyo propio, y toda ofensa que recibe, aunque en el fondo sea un acto de justicia, la considera como delito de lesa patria.

Aparte de estas consideraciones, tiene este preámbulo de la ley el vicio de inconstitucionalidad, porque, según nuestro Código Fundamental, á nadie se puede condenar sin ser oído, ni sacar de sus jueces naturales; y la facultad de juzgar y hacer ejecutar lo juzgado corresponde exclusivamente á los Tribunales de Justicia.

1.ª Sujetarlas á la vigilancia de la autoridad que se designe, y exigirles que se presenten á ésta, siempre que se crea conveniente:

No necesita más un hombre que se estima en algo para sacudir sus sandalias y salir á buscar otra tierra donde se respete un tanto la dignidad humana; pues si duro sería tener que exhibirse ante una autoridad ilustrada, es insoportable tener que presentarse ante un militar brutal, como tantos tenemos para desdicha nuestra, cada vez que á éste su gana le dé.

2.ª Trasladarlas de uno á otro departamento, señalándose el lugar en que deben residir.

El movimiento de traslación, tan en boga en este año, á pesar de no haber ley que lo autorizase, es atentatorio á la libre locomoción, á la seguridad del hogar, garantías irrestringibles que reconoce nuestra Constitución, y encierra la pena de relegación, que sólo puede imponer la autoridad judicial. Causa, además, graves é irreparables perjuicios á los intereses del ciudadano, pues se le obliga á abandonar sus negocios y á multiplicar sus gastos, si felizmente tiene recursos para ello.

3.ª Imponerles arraigo en el lugar de su domicilio, ó en cualquiera otro donde se encuentren; y

Podemos decir lo mismo que respecto á lo dispuesto en el número

2.º de este artículo.

4.ª Exigirles fianza de su buena conducta, en el caso de que convenga aceptar esta garantía, en la cantidad que el Ejecutivo determine.

La fianza de buena conducta es también depresiva de la dignidad del ciudadano, porque, á capricho de la autoridad, se le obliga á confesar tácitamente que su conducta es mala, ó ha cometido ó pensado cometer delito, siendo inocente, puesto que no se le juzga. Además se presta hasta al robo de parte de empleados desvergonzados que, para apropiarse el valor de la fianza, de cuyo entero á nadie dan cuenta, pueden hostilizar á la víctima hasta el grado de hacerla desesperar y faltar ó aparecer faltando á su promesa.

Art. 2.°—Lo dispuesto en este decreto se cumplirá sin perjuicio de someter á las personas indiciadas al respectivo procedimiento judicial, si para ello hubiere lugar.

Esta salvedad equivale á decir: "Cuando un ciudadano sea inocente, pero al Gobierno se le antoje molestarlo, vejarlo ó arruinarlo, ya por vengar ofensas personales, ó por otro móvil igualmente ruin, podrá usar de las facultades que le confiere esta ley. Cuando sea culpable, entonces será juzgado en forma debida". Es decir, que queda mejor garantizado el criminal que el inocente.

Dado en Tegucigalpa, á 12 de febrero de mil ochocientos ochenta y cinco. -M. Vijil, D. P.-Alberto Uclés, D. S.-Máximo Gálvez, D. S.

Al Poder Ejecutivo.-Por tanto: ejecútese.-Tegucigalpa, 13 de febrero de 1885.-Luis Bográn. -El Secretario de Estado en el Despacho de Gobernación,- Crescencio Gómez.-Y por disposición del señor Presidente, imprimase y publíquese. Gómez. ¡Alerta, hombres honrados! Esta ley es contra vosotros solamente; pero no olvidéis que es una ley inconstitucional.

27 de noviembre de 1891.

AL EDITORIAL DE "LA GACETA" OFICIAL NO. 386

"El decreto de 12 de febrero de 1889, que concedía al Gobierno facultades extraordinarias para la conservación del orden público, ha sido derogado por el Congreso, a propuesta del mismo Gobierno.

El señor Presidente de la República, en su Mensaje dirigido con tal objeto al Poder Legislativo, explica en términos breves y concienzudos los motivos que lo han determinado a solicitar la derogatoria del connotado decreto.

El señor Presidente, haciendo justicia á los sentimientos del pueblo hondureño respecto de mantener la paz y apoyar la autoridad legítima, declara francamente que confía en la estabilidad de estos sentimientos y en que no sobrevendrá ninguna alteración que perturbe la tranquilidad pública.

El Jefe de la Nación, deseoso de que las libertades públicas imperen en toda la extensión que les da la ley, no ha querido que se alegue á este respecto la más pequeña limitación, y anhela, por el contrario, que los ciudadanos, con la plena conciencia de su derecho, pero llenando al propio tiempo sus deberes, se muevan activa y provechosamente dentro del ancho círculo en que pueden ejercitar sus aptitudes".

Nos gusta la confesión. La ley de orden público disminuye la extensión que la ley da á las libertades; y según la Constitución, pueden ser ampliadas, pero no restringidas ni adulteradas en su esencia, so pretexto de reglamentación.

"Un Gobierno como el actual, que tiene el apoyo de la opinión pública y que no vive de la opresión, y menos todavía del terror"

Era una mentira entonces que el Gobierno tuviera el apoyo de la opinión pública. Mucho había perdido ya desde sus primeros pasos. Poco le quedó después del 85, y ese poco lo perdió en octubre de 1886. Pero el pueblo se hallaba en la apatía y por eso no le era abiertamente hostil, lo cual hacía creer al Gobernante (ó por lo menos fingía creerlo) en sus prestigios. Pero han variado los tiempos. Hoy el Presidente Bográn, con sus hombres y su sistema, están no sólo desacreditados, sino odiados. Están irrevocablemente condenados por la opinión pública, que se manifiesta sin embozo y sin temor á los castigos que en su furor aplican. Hasta empleados del

Gobierno que algún pudor conserva ó que no están tan complicados en sus extravíos, no se atreven á defenderlos, y más bien se ven precisados á censurarlos como lo merecen. Así lo comprende el Gobierno, pues entonces, que se decía apoyado por la opinión pública, afirmaba no necesitar de la ley de orden público, porque no vivía de la presión, y menos todavía del terror. Si hoy la reclama, si hoy pide y obtiene su restablecimiento, es la mejor confesión de que está abandonado de la opinión y sólo vive la vida artificial y efímera que le da la presión, ya que el terror no puede infundirlo en un pueblo que está resuelto á ser libre.

"Un Gobierno como el actual, que tiene el apoyo de la opinión pública y que no vive de la opresión, y menos todavía del terror, no puede menos que confiar en la lealtad y patriotismo de sus gobernados y en que ellos serán los más celosos defensores del orden en el desgraciado caso de que se pretendiese alterarlo".

Palabras proféticas. Precisamente esto es lo que hizo el pueblo el 8 de noviembre último, que tan mal recompensado ha sido; y para completar la ingratitud se restablece la ley que el mismo Gobierno tenía condenada, con una fuerza de argumentación que nosotros no podremos jamás igualar, pues en él significa confesión de parte. ¿Con qué derecho los hombres del poder pedirán al pueblo un nuevo esfuerzo de patriotismo para salvarlos, sabiendo que con ello el país quedaría en su mísera condición? Hará este pueblo generoso y abnegado una y cien veces más ese esfuerzo, pero tomará las debidas precauciones para no ser más engañado por hombres fementidos, que lo miman y lo halagan cuando están en peligro sus vidas é intereses, á reserva de oprimirlo después á su sabor.

"Honor al Gobernante que se propone mandar bajo los principios expuestos: de la Nación depende que tales disposiciones prevalezcan en el espíritu del Gobierno y que se dé de mano para siempre á los medios violentos que han solido emplearse para mantener el mutismo y el silencio á que impropiamente se han dado los nombres de orden y de tranquilidad".

Eso decía entonces; y sin embargo, hoy que, menos que nunca, tiene motivo justo de queja, recurre, más que nunca, á los medios violentos, creyendo, erradamente, volver así al falso orden y á la falsa tranquilidad, producidos por el mutismo y el silencio, que no conseguirá; pues si se atreve y logra callar la prensa, enmudecer las lenguas, no lograría callar las conciencias, y cercano estaría el día en que hiriese sus oídos otro ruido que le llenaría de pavor: el ruido del cañón, acompañado de los clamores de un pueblo irritado.

"El antedicho Mensaje y decreto dictado por el Congreso, que se registran en este periódico, dan una idea clara del asunto que nos ha movido á consagrar estas líneas. ¡Ojalá que estos actos de los Supremos Poderes sean apreciados en su justo valor y que sirvan para hacer de ellos una mención honrosa, como seguramente es debido!".

Al Mensaje

Soberano Congreso:

A iniciativa del Poder Ejecutivo emitisteis el decreto de 12 de febrero de 1885, que le inviste de algunas facultades extraordinarias que tienen por objeto la conservación del orden público.

Cuando el Gobierno hizo la iniciativa para que se dictase aquel decreto, se notaban tendencias de parte de algunos pocos para alterar la tranquilidad pública; y si bien estos propósitos aislados no podían traer ningún fuerte sacudimiento, era urgente hacer entender á los que se encaminaban en estas malas vías que sus maniobras insidiosas y subterráneas podían ser de momento contrarrestadas por medio de las facultades con que la mencionada ley inviste al Poder Ejecutivo.

He aquí una gran falsedad. En principios de febrero de 1885, ningún trastorno del orden se temía en Honduras. Hasta después se supo que unos pocos, ó por mejor decir, uno sólo, el Presidente de la República, sabía que se iba á debatir, con las armas en la mano, la cuestión centroamericana. Y decimos que uno sólo lo sabía, porque estamos seguros de que ni los Ministros conocían el proyecto y menos los propósitos del General Bográn, propósitos que nadie, excepto él, si acaso, ha llegado después á penetrar. De manera, pues, que no unos pocos, sino el mismo Gobernante, era quien pensaba alterar la paz y el orden público. Una situación semejante se presenta hoy; pues si algún trastorno del orden llega á ocurrir, de él, sólo el

Gobierno será culpable, por siniestros, ocultos propósitos del mismo Presidente que, entonces como hoy, pidió al Congreso la emisión de la monstruosa ley de orden público.

A pesar de lo dicho, cuando sobrevinieron las intentonas revolucionarias que todos conocen y que han sido sofocadas por la acción inmediata y represiva de la autoridad suprema y el decidido apoyo que los pueblos le han prestado, el Gobierno, haciendo uso de la facultad que le da la Constitución para declarar en estado de sitio la República, ha procedido así, dictando en consecuencia todas las disposiciones que ha creído conveniente, y sin hacer uso de las facultades especiales que le otorga el consabido decreto de orden público.

Otra confesión importante. A juicio del señor Presidente Bográn, hizo señalado favor á los hondureños prefiriendo decretar el estado de sitio á usar de las facultades extraordinarias que le concedió la ley bograniana en que nos ocupamos; de manera que hoy pretende hacer pesar, permanentemente y con apariencias de derecho, sobre el pueblo hondureño, algo peor que el estado de sitio, cuya atroz barbarie, aumentada por la perversidad de los hombres encargados de usar de tan peligrosa arma, han soportado todas las clases sociales. En otros términos, como en otro lugar lo decimos, se quiere legalizar el despotismo rudo que de hecho se está ejerciendo, convertir en Honduras la República en una autocracia.

¿Se hará la ilusión el Gobierno de que tanta osadía será coronada por el éxito? Nosotros queremos hacernos la de creer que sólo abriga tan siniestros proyectos el Gobernante saliente, á quien nada importa sacrificar en aras de ocultos y misteriosos planes un poder que se le escapa; pero que el entrante, á quien si interesa, por su buen nombre y propia legítima ambición, la paz y el bien del país, el mismo día en que inaugure su Gobierno dará plena satisfacción á la opinión pública, por tantas causas y tan justamente alarmada, demostrando que es buen hondureño y da preferencia á su madre patria sobre el progenitor de su candidatura y del poder que tendrá en sus manos.

En tal estado de cosas, y persuadido el Gobierno de que la opinión pública rechaza con energía todo conato revolucionario, y de que el sentimiento de la paz se afirma y se generaliza cada día, en términos que no es de temerse que vuelvan á repetirse las agresiones que momentáneamente han alterado la quietud pública, tengo á bien proponeros la derogatoria del propio decreto, si es que vosotros, señores Diputados, juzgáis lo mismo que yo, acerca de que debemos contar con una paz segura y estable, mediante el esfuerzo de todos para mantenerla. Las manifestaciones de la opinión acreditan de una manera indudable que tales son los votos de la generalidad. - Tegucigalpa, 13 de diciembre de 1887. —Soberano Congreso. -Luis Bográn.

Decreto No. 50, en que se deroga la ley de orden público emitida en 12 de febrero de 1885

El Presidente de la República de Honduras, á sus habitantes, sabed: que el Congreso Nacional ha decretado lo siguiente:

DECRETO N.º 50

El Congreso Nacional, con vista del Mensaje que en esta techa le ha dirigido el señor Presidente de la República,

DECRETA:

Artículo único. —Derógase la ley de orden público emitida en 12 de febrero de 1885.

Dado en Tegucigalpa, á los tres días del mes de diciembre de mil ochocientos ochenta y siete. -M. Vijil, D. P. -Jesús Inestroza, D. S. Simeón Martínez, D. S.

Al Poder Ejecutivo.-Por tanto: ejecútese.-Tegucigalpa, 19 de diciembre de 1887.-Luis Bográn. —El Secretario de Estado en el Despacho de Gobernación, C. Gómez. *27 de noviembre de 1891.*

EL 30 DE NOVIEMBRE

Se acerca ese día, que durante ocho años ha sido aniversario de la fecha de transmisión de la Presidencia de la República, y que en la presente será la fecha en que se verificará un cambio en la persona del Gobernante. Pero no encabezamos con ella estas líneas por ese motivo. Nos mueve á ello la general ansiedad con que se espera, debido á la torpeza, si no es maldad, de los agentes del Gobierno (varios conocemos por sus nombres), que han tomado por tarea propalar, de palabra y por la prensa, en todos los pueblos, que el 30 del presente habrá insurrección del Partido Liberal. Tanto lo han dicho, que, á pesar de desmentirlos los Jefes del Partido, donde quiera se ha convertido en una voz general. Entonces ya los hombres del Gobierno no reconocen su propia obra, y se asustan de ella. Esta es la suposición más favorable que de ellos podemos hacer, porque, si así no fuese, deberíamos temer, y prepararnos para sufrir ó rechazar, una San Bartolomé contra el Partido Liberal.

En último resultado, hasta hoy, tenemos: que han sido encarcelados con grande escándalo y aparato varios honrados ciudadanos, á quienes se interroga sobre si han recibido órdenes del Tefe del Partido para alistar gente para el asalto de los cuarteles el 30. Naturalmente, no les ha dado hasta ahora ningún resultado su averiguación, porque nada existe; pero si la segunda hipótesis es fundada, puede ser que resulte lo que quieran, ya que tienen en sus manos medios eficaces, como los palos y otras torturas para hacer de lo blanco negro.

No para convencer á nuestros enemigos, sino para tranquilizar á los amigos, vamos á hacer la siguiente declaración. El Partido Liberal nada tiene en proyecto, contra el Gobierno, para el 30 del corriente, porque, según lo hemos declarado, corriendo grandes riesgos, y hasta cometiendo gran torpeza á juicio de sus mismos adversarios, han resuelto sus jefes observar una actitud expectante, hasta que se pueda comprender cuál será la política y, en general, el sistema de administración del nuevo Gobernante; hasta que se pueda comprender si hay esperanzas de que sea aguantable.

Si esa esperanza desaparece, si este último término de la paciencia de los pueblos expira, no hará el Partido Liberal un bochinche, no intentará un asalto de cuartel que, frustrado, todo lo comprometiese; no faccionará: provocará una revolución noble y grande, digna de la santa causa que sustenta. Mientras ese día llega, si ha de llegar, permanecerá neutral entre el Gobierno y cualesquiera otros enemigos de éste que aparecer pudieran, si esa neutralidad se le permite.

27 de noviembre de 1891

ALOCUCIONES PRESIDENCIALES

Hemos visto, publicadas en "La Nación" las alocuciones cambiadas ante el Congreso entre el Presidente que salía, General don Luis Bográn, y el Presidente que entraba, General don Ponciano Leiva, el 3o de noviembre próximo pasado. Por la importancia que atribuimos á las palabras pronunciadas por ambos personajes, en un acto tan solemne y trascendental para el país, creemos conveniente reproducirlas, con algunos comentarios al final de cada párrafo que los exija.

Dice el General Bográn:

"Vengo por última vez á dirigiros la palabra en este día, que siempre recordaré como uno de los mejores de mi vida pública".

Sobre la sinceridad con que hayan sido pronunciadas estas palabras el porvenir decidirá.

"Esta fecha reanuda la transmisión legítima y pacífica del Poder, ante los Representantes del pueblo; republicana tradición que ha sido interrumpida por más de la mitad del tiempo que llevamos de vida independiente, y que, si la mantenemos inviolable en lo sucesivo, habremos afianzado la base más sólida de la república democrática".

No sabemos que nuestra Constitución reconozca como legítima la transmisión del Poder Público, por derecho de herencia, por cesión, ó endoso, ú otra forma de contrato entre vivos; y al pueblo hondureño consta que el señor Leiva pudo tal vez ser Presidente por la voluntad del pueblo, pero se creyó más seguro y mejor que lo fuese por la *omnipotente y soberana* voluntad de Luis Bográn.

Si de esa manera hubiera de seguir transmitiéndose el Poder en Honduras, debería el pueblo resignarse verlo siempre en manos de una sola familia, á ver convertida la República en una oligarquía, con el despotismo más descarado; á ver, en fin, al país convertido en patrimonio de un reducidísimo círculo de personas, que dispone de su suerte como de cosa propia. Esto, bien lejos de satisfacer las legítimas aspiraciones de los hombres que quieren ver en práctica las instituciones libres en su patria, lleva á la desesperación á todo hombre honrado; porque comprende lo inútil de sus esfuerzos por el mejoramiento social y el progreso en todo sentido, mientras sean poderosos los hombres que tienen personal interés en hacer frustráneos esos esfuerzos, para poder satisfacer ruin ambición y codicia insaciable.

"Cuando por el voto de mis conciudadanos fui llamado á gobernar la República, la encontré conmovida, oscilante entre los dos abismos en que por desgracia se hunden con frecuencia los Estados hispano-americanos: la anarquía y el despotismo. Reflexioné sobre las causas determinantes de esta situación, y excogité los medios de esquivar, ó por lo menos, de minorar su perniciosa influencia".

Parece que el General Bográn se considerara inmediato sucesor de la Administración Leiva, y que, al decir estas palabras, cree llamarse Marco Aurelio Soto, en vez de haber sido el sucesor de éste. Lo decimos así porque cuando el señor Soto vino á gobernar el país, ciertamente lo encontró víctima de la anarquía, pero no de anarquía por causa de exceso de libertad, sino por exceso de despotismo, ó más bien, por abundancia de déspotas, pues hubo en aquel año seis ó más Presidentes. Soto concentró en sus manos la autoridad más absoluta que ningún otro gobernante antes que él haya tenido, para poner término á aquella insufrible situación. Fué su único pecado á este respecto el haber prolongado su dictadura más allá del límite necesario, y por eso hizo gran daño á su patria: engendró la Administración Bográn. Este tomó el Poder en plena paz, pues si peligro de que fuese alterada había habido, era obra suya, por sus inteligencias con el Presidente de Guatemala para derrocar á Soto. No encontró, pues, ni síntomas de anarquía; y, por el contrario, halló un pueblo enmudecido y esclavizado, y así lo mantuvo por muchos años, y lo habría mantenido siempre, si por vanidad no hubiera querido, para arrepentirse después, conseguir la fama de gobernante liberal.

"Mi programa político puede compendiarse así: conservación de la paz interior y exterior, mediante una conducta justa é igual para todos, para lo cual he fomentado las empresas útiles, y he mantenido francas y fraternales relaciones con los Gobiernos de Centro América. He sido guardián de la independencia de la República, en tales términos, que la dejo sin compromisos que pudieran cohibir su libertad y soberanía, para la gestión de sus peculiares intereses".

Ya hemos demostrado otra vez que no puede llamarse de paz una situación que, para mantenerse, necesita de siete estados de sitio. No es conducta justa é igual para todos la que obliga á abandonar la patria á millares de ciudadanos; y menos pueden llamarse francas y fraternales relaciones con los Gobiernos vecinos, las que tienen por base el engaño á todos ellos, para poder sostenerse en el Poder. Esto no podía dar y no ha dado por resultado la conservación de la independencia de la República, cuando se la ha humillado y postrado á las plantas de los otros Gobiernos, causando el descrédito de la diplomacia hondureña, hasta el punto de tenerse por regla en el exterior creer todo lo contrario de lo que se afirma.

Amplitud en la práctica de la prensa libre, de la tribuna, en sus diversas manifestaciones: derecho de reunión para deliberar en los asuntos de interés público y del sufragio en los comicios.

Tantos atentados contra esas garantías que menciona hemos comprobado ó denunciado sin contradicción, que creemos innecesario demostrarlo de nuevo hoy.

Anhelo activo por la restauración de la antigua Patria, como remedio eficaz para emanciparnos de los peligros que rodean á Centro América.

Si, lo probó adhiriéndose incondicionalmente al dictatorial decreto en que el General J. Rufino Barrios se proclamó Jefe de Centro América, y dejándolo después abandonado á sus propias fuerzas; de manera que cuando aquél peleaba y sacrificaba su vida por el logro de su empresa, su amigo y aliado, y más que eso, su vasallo, el General Bográn, se halló enfrente de los ejércitos enemigos durante varios días y no disparó un tiro, firmando en seguida un tratado humillante para su propia dignidad,[12] ya que no

---

[12] En el número 21 del "Boletín del Ejército" fechado en Santa Ana República de El Salvador) el 14 de abril de 1885, se publicó el tratado á que se refiere el texto. Como en Tegucigalpa se evitó su publicidad, es aquí generalmente desconocido. Dice así: "En el deseo de que las dificultades creadas entre la República de Honduras y las aliadas de Costa-Rica, El Salvador y Nicaragua, a consecuencia del decreto de 7 de marzo, emitido por el Congreso hondureño. terminen de una manera pacífica, y sus vínculos se fortalezcan más todavía, han celebrado por medio de sus respectivos representantes el señor General don Lisandro Letona por parte de los Gobiernos de El Salvador y Costa-Rica, el señor General don Joaquín Zavala por la del Gobierno de Nicaragua, y el señor Doctor don Adolfo Zúñiga,

podía comprometer la dignidad de la Nación, por causa de una empresa para cuyo principio y fin no consultó la opinión pública. Y alternabilidad en el Poder, porque conocí que el ejercicio indefinido de la autoridad, sobre ilegítimo y censurable, es causa

---

por la del Gobierno de Honduras, debidamente autorizados, el convenio siguiente: Artículo I.°-Habiendo derogado la Asamblea de Guatemala el decreto de 28 de febrero del año corriente, en que se declaraba el señor General don J. Rufino Barrios, Jefe supremo militar de Centro-América para llevar á cabo la unión nacional, el Gobierno de Honduras, que se adhirió al referido decreto, se considera desligado de todo compromiso con el Gobierno de Guatemala, y las cosas vuelven al estado que tenían antes del decreto emitido el 7 de marzo por el Congreso de Honduras. Art. 2.^{0} - En consecuencia, el Gobierno de Honduras queda unido en alianza defensiva á los Gobiernos aliados de El Salvador, Nicaragua y Costa-Rica, de conformidad con los tratados vigentes. El Gobierno de Honduras empleará sus oficios amistosos a fin de obtener la organización de un nuevo Gobierno en Guatemala, que dé facilidades y ofrezca garantías efectivas para un arreglo satisfactorio de paz entre los Gobiernos de El Salvador, Nicaragua y Costa-Rica y el de Guatemala. Art. 3.- El Gobierno de Honduras desarmara y concentrara sus fuerzas, reduciéndolas a las guarniciones ordinarias en tiempo de paz, mientras el orden público no requiriese su aumento, y por su parte, los Gobiernos aliados de El Salvador, Nicaragua y Costa-Rica no hostilizarán de modo alguno a Honduras, retirando las fuerzas que tienen en las fronteras de Honduras, dentro de un término que no exceda de quince días: igual termino tendrá el Gobierno de Honduras para el desarme y concentración estipulados en este artículo. Art. 4.° -No habiendo emigración armada procedente de las Repúblicas de El Salvador y Nicaragua en el territorio de Honduras, sino simplemente emigrados asilados, el Gobierno de Honduras procederá á su concentración, de modo que no causen daño á las Repúblicas vecinas y hermanas, de entera conformidad con los tratados vigentes. Art. 5.° - El Gobierno de Honduras contrae estrecha y especial alianza con los Gobiernos aliados de El Salvador, Nicaragua y Costa-Rica, y se compromete á empeñar todos sus esfuerzos para llevar á cabo la reorganización de la nacionalidad centroamericana, por las vías racionales y pacíficas que aconseja la civilización. Artículo adicional. - El Gobierno de Honduras permite el tránsito de las tropas de los Gobiernos aliados de El Salvador, Nicaragua y Costa-Rica para las operaciones que haya necesidad de ejecutar sobre Guatemala, hasta obtener el resultado de que trata el artículo segundo de este convenio. En consecuencia, el Gobierno de Honduras consiente en que los ejércitos de Nicaragua y Costa-Rica se mantengan, para mientras emprenden sus operaciones de marcha, en los puntos del territorio de Honduras que actualmente ocupan, y aun permite que con el mismo propósito puedan ocupar otros que les sean absolutamente necesarios, dando á este Gobierno el correspondiente aviso. En fe de lo cual, y declarando que las estipulaciones del presente convenio son de inmediata ejecución, firmamos tres ejemplares de un tenor, en Namasigüe, á once de abril de mil ochocientos ochenta y cinco. L. Letona. Joaquín Zavala. Adolfo Zúñiga.

generadora de los males sin cuento que han pesado sobre Honduras, donde esa tentación ha venido mostrándose como hacedera y hasta aceptable".

En otra ocasión hemos emitido el juicio, con acopio de argumentos, de que, no por voluntad, sino por impotencia, ha dejado el poder el señor Bográn, á reserva de pensar en volverlo á recibir pronto ó tarde, antes ó después de concluir este período.

Al hablar de los males que causa el ejercicio del Poder por una sola mano durante largo tiempo, habla con experiencia propia, pues bien sabe cuántos ha causado él mismo; pero falta á la verdad al afirmar que en la actualidad fuese hacedero y hasta aceptable que el continuase en el Poder. Han cambiado mucho los tiempos, y no quiere apercibirse de ello.

"No podía ocultárseme que, en un país como éste, poco ó nada acostumbrado al ejercicio pacífico y sensato de las instituciones libres, era ocasionada mi conducta á disturbios promovidos por ambiciones vulgares".

¡Cuánta saña contra sus leales adversarios! Si disturbios ha podido haber (que no han existido), habrían sido ocasionados por los crímenes cometidos por el Gobierno contra las libertades públicas y demás derechos del ciudadano. Sin ellos, todo habría marchado y seguiría marchando en plena calma.

"Sin embargo, mi deber y mis principios republicanos no podían consentir que yo retrocediera ante ninguna consideración".

Ciertamente, su deber, entendido á su modo, y sus originales principios republicanos, le impulsaron á no detenerse por consideración alguna para consumar su obra de darse un sucesor que le guardase las espaldas.

"El espectáculo que ha presentado la República con motivo de la elección presidencial, ha sido un acontecimiento raro y, sin duda alguna, no esperado".

Quien habla sin convicción, tiene que caer en contradicciones, pues la verdad se escapa de sus labios á su pesar. Confiesa que se ha presentado un espectáculo grande y no esperado en la pasada lucha electoral, y que no ha sido obra suya, pues desde el principio al fin demuestra profundo pesar porque tal espectáculo se haya dado, es decir, porque se haya atrevido el pueblo hondureño á manifestar su voluntad en contraposición á la de su gobernante.

"Habréis observado, señores, que en la lucha electoral que acaba de pasar, han sido efectivas las libertades á que me he referido. Hay que conservar esas conquistas en el campo de las instituciones libres para su prudente desarrollo en bien de la República; sin olvidar que, para que estas conquistas sean fructuosas y permanentes, deben moverse dentro de la ley y mantener incólume el principio de autoridad, que es el escudo que defiende á las sociedades".

Las pocas conquistas que hemos alcanzado, estamos resueltos los hondureños independientes á mantenerlas y ensancharlas, pese á quien pese, y á remover los obstáculos que para ello opongan malas leyes dictadas expresamente para destruirlas. Nadie como nosotros respeta el principio de autoridad, pero es á condición de que se mantenga dentro de los límites que le señala nuestra Carta Fundamental y leyes que se armonizan con su letra y espíritu: mas la persona investida de autoridad que se extralimita y abusa de ella, no es á nuestros ojos más que un criminal, cuyo castigo debe procurarse por todos los medios posibles.

"Preciso es convencerse, que, dada nuestra educación política y el actual estado social, no entendemos de evoluciones pacíficas, y que sólo son comprensibles las revueltas, llamadas impropiamente revoluciones".

Calumnia al pueblo hondureño, pues si en alguna época se ha mostrado digno de la libertad, ha sido en la actual. La prensa independiente ha venido predicando al pueblo, desde que hizo su aparición, hace poco más de un año, la necesidad de hacer una pacífica evolución en Honduras, para regenerarse. El pueblo bien se ha penetrado de ello y ha secundado tales esfuerzos, resistiendo, hasta pecar por demasiada tolerancia, á todos los esfuerzos del General Bográn, con sus actos, y de nuestros adversarios, de palabra y por la prensa, para encaminarlo á la lucha armada. El Partido Liberal, que se ha colocado á la vanguardia de ese movimiento evolutivo, se ha mantenido fiel á sus propósitos hasta hoy, á pesar de tantos motivos que se le han dado, para promover, no un bochinche como antes se usaba, sino una verdadera revolución. Dudamos que en otro país de la América latina se hubiese mostrado un partido de oposición con tantos escrúpulos, en igualdad de circunstancias, ó con muchas menos causas justificativas para una insurrección.

Nosotros trabajamos, lo hemos declarado con franqueza, por preparar al pueblo para que, en el caso de que el despotismo no se rinda á los golpes de la prensa y ante las exigencias de la opinión pública, haga una revolución tan grande y poderosa, que desde su primer aliento logre ahogar á su tenaz enemigo.

"En mi afán de convertir en hechos aquellas preciosas libertades, llegué á un grado de tolerancia con los que de ellas abusaron, que el respeto á la autoridad fué gravemente vulnerado. Conviene, pues, restablecerlo; porque, siendo el representante y ejecutor de la ley, su desprecio es la anulación de la libertad. La pasión de partido, siempre mal aconsejada, salva las barreras protectoras de las leyes, sin advertir que ese camino conduce derechamente al despotismo".

Llama abuso al simple uso de la libertad. Sin duda quería que, por el hecho de decir: "Quiero que el pueblo sea libre", todo ciudadano se consagrase á ensalzar sus falsas virtudes y á apañar sus vicios. Si todos los hondureños hubiésemos hecho eso, indudablemente diría que era un pueblo moral, respetuoso a la autoridad, aunque ésta sea tan voluntariosa como la de un Sultán. Y éste es el principio de autoridad que quiere se restablezca, aunque nunca ha desaparecido; ó mejor dicho, quiere que su sucesor extreme tanto la tiranía, que haga echar de menos al antecesor. Querríamos que el señor Bográn indicase un hecho sólo que demuestre que la oposición ha salvado las barreras de las leyes; y si lo ha hecho, han debido ser juzgados sus autores por los Tribunales de Justicia, verdaderos baluartes contra la anarquía y el despotismo, pues su acción habría impedido la intervención arbitraria de la autoridad militar ó administrativa, que sostienen la tiranía, y á la vez contenido dentro de los justos límites de la ley, debidamente aplicada, á sus transgresores.

"Entrego con entera confianza mi conducta al juicio imparcial de la historia, seguro de que, calmados los apasionamientos, se me hará justicia".

Sí, ciertamente, la historia le hará justicia, porque será imparcial y habrá de condenarlo, pues no creemos que el sucesor quiera hacer que se olviden sus graves responsabilidades, contrayéndolas mayores. Pero quizá no sea necesario esperar el juicio y fallo de la historia. Tal vez en vida tenga que sufrir su condena.

"Señor General Leiva: honra inmensa es para mí, y fortuna para nuestra Patria, que el voto popular os haya designado para sucederme. Grave es el empeño que vais á contraer; pero vuestra experiencia ilustrada y vuestra honradez irreprochable, sabrán conducir á la Nación á su prosperidad y altos destinos."

Grave es el empeño que ha contraído el General Leiva, y tal vez más grave de lo que parece, si existen entre antecesor y sucesor secretos compromisos; pues si ha de cumplir éstos, consumará la ruina de la patria, y sólo podrá conducirla á su prosperidad y altos destinos si, rompiéndolos, se resolviese á seguir un sistema político y administrativo, en general, diametralmente opuesto al que ha seguido el General Bográn.

"Señores: Al despedirme, hago votos por la felicidad del pueblo hondureño, tan inteligente como leal y bravo, que no me abandonó un solo momento en los días de prueba, cuando reclamé su apoyo para sostener los fueros de la patria".

HE DICHO.

Comayagua:30 de noviembre de 1891.

Como todo déspota republicano. Concluye por adular al pueblo á que, en las anteriores líneas que dejamos transcritas, ha venido insultando y calumniando atrozmente. Pero pasaron ya los tiempos en que los hondureños se dejaban embobar con palabras dulces y cariñosas á la vez que se les aplicaba el chicote. Ahora dicen, practicando la lección que les enseñó el mismo General Bográn: "Obras son amores y no buenas razones".

Dice el General Leiva:

"Señor General Bográn:

Al devolver el Mando Supremo que los pueblos os confiaron, de conformidad con el precepto constitucional, sentáis un precedente de saludable influencia para el porvenir de la República; y yo, que lo recibo por la voluntad de los mismos pueblos, seré el primero en seguir vuestro ejemplo".

Si no entiende el pueblo que estas palabras son de pura cortesía, ninguna esperanza le dejaría de salir, bajo la Administración del señor Leiva, de la triste condición en que se encuentra, habiendo de hacer lo mismo que ha hecho Bográn; pues además de continuar arruinando el país, al dejar el Poder forzaría á los pueblos á *expresar su voluntad* en favor del sucesor que á él le conviniese. Aunque envuelven estas palabras una gravísima cuestión, reservamos el tratarla con detenimiento en otra ocasión.

"La República os debe testimonios de agradecimiento por vuestros relevantes servicios. La habéis salvado en varias ocasiones, con vuestra atinada política y energía patriótica, de borrascosos trastornos y de criminales facciones, evitando, en cuanto ha sido dable, cruentos sacrificios. Los beneficios que la sociedad ha recibido por vuestro noble proceder en este sentido, son inapreciables, y nadie que juzgue con imparcial criterio podrá ponerlos en duda".

Es un párrafo laudatorio que demuestra mucho agradecimiento de parte del señor Leiva; siendo de lamentarse que la opinión de él, su favorable juicio, debido, quizá, á su retraimiento de los negocios públicos durante los últimos años, no sean la opinión y el juicio de la mayoría de los hondureños, y apenas participen de ella unos pocos, personalmente favorecidos por el señor Bográn, ó mejor dicho, por el Tesoro Nacional. Pretendemos tener motivo para considerar nuestro criterio más imparcial que el del señor Leiva, pues ni amamos ni odiamos al General Bográn, ya que personalmente ni beneficios ni daños directos hemos recibido de él; y le tenemos bien probado que no le guardamos rencor alguno, sino como ciudadanos, por el mal que ha causado á la patria. Si en su despedida no hubiese insultado á nuestro Partido y á la Nación entera, quizá no habríamos vuelto á ocuparnos de él, sino por accidente, después de dejar el Poder, ó si viésemos que su espíritu sigue cerniéndose en la esfera del Gobierno como espíritu del mal.

"Habéis dispensado á la instrucción pública, á las artes, á la industria y al comercio, á las obras públicas y de ornato, en las principales poblaciones, toda la protección que han permitido las circunstancias, atendidos los medios de que habéis podido disponer. Las obras públicas que bajo vuestro Gobierno se han construido, son testigos silenciosos, pero elocuentes, de que vuestra Administración ha sido progresista".

Comprometedoras son estas apreciaciones para el señor Leiva, porque, según ellas, Bográn deja el país floreciente, y aparecerá después, cuando encuentre las primeras dificultades y no pueda vencerlas, que es debido á torpeza administrativa del mismo señor Leiva. Parece que de propósito uno y otro Presidente han omitido hablar expresamente de la cuestión financiera: é hicieron bien, porque en verdad no sabemos lo que el nuevo habría contestado, si el saliente, con su acostumbrado atrevimiento, hubiese dicho que quedaban las arcas públicas repletas, y solvente el Tesoro Nacional de toda deuda.

"Aunque por motivo de la lucha electoral una fracción de los hondureños os ha sido adversa, olvidando la gratitud que os debe, la generalidad de nuestros conciudadanos reconoce que merecéis bien de la Patria, por vuestras virtudes republicanas y vuestro empeño en conducir á la Nación á mejores destinos; y las generaciones venideras, cuando consulten los anales de la República, os harán cumplida justicia".

No creíamos que la gratitud impulsase al señor Leiva hasta insultar él también al Partido Liberal, llamándolo ingrato para con Bográn, á pesar de que sus miembros á éste sólo le deben vejaciones y malos tratamientos de todo género. Es una exigencia original la de la gratitud de la víctima para con su verdugo.

Calificamos de imprudentes estas apreciaciones del señor Leiva, porque no debió olvidar que, hablar de la fracción que fué adversa al General Bográn con motivo de la lucha electoral, es hablar de la que combatió su propia candidatura, principalmente porque estaba desacreditada por el hecho de patrocinarla aquél. También las calificamos de impolíticas, porque sus partidarios han querido presentar al señor Leiva como ciego y sordo á todos los crímenes cometidos por el Gobierno para hacerle elegir; y el Partido Liberal podría haber cerrado ojos y oídos para creerlo, si con estas palabras no declarase su responsabilidad solidaria con aquellos hechos, dejando comprender que considera injuria propia toda injuria que Bográn haya recibido con motivo de la lucha electoral, y será su vengador. Deja comprender que acepta la herencia por entero con todas sus afecciones, sus odios, venganzas y persecuciones. Si nos equivocamos, creemos que el señor Leiva no desdeñará aclarar sus conceptos, que nosotros consideramos como el guante de desafío lanzado á la faz del Partido Liberal.

"Señores Diputados:

Acatando el soberano mandato de la respetable mayoría de mis conciudadanos, y atendiendo á los deberes que mi posición social me impone para con la Patria, he aceptado la Presidencia de la República, pero con la intención de servir este alto y delicado destino, un lapso de tiempo menor que el período constitucional, porque mi edad, la conservación de mi salud y mis actuales convicciones, reclaman el descanso y la quietud, que sólo pueden hallarse en el seno de la vida doméstica. Llegado el caso de separarme de la dirección de los negocios públicos, devolveré al Soberano Congreso el Poder que, con insigne honra para mí, se me ha conferido".

Consideramos estas palabras como de fórmula; pero nos alegramos de que el señor Leiva haya omitido aquellas de cajón en casos semejantes: "Reconozco mi insuficiencia, mis escasos méritos, mi ineptitud, etc., etc.", las cuales nosotros hemos calificado de falsa modestia. Vamos ganando terreno, pues ya se deja comprender con franqueza que el Poder no se considera como una carga, como un inmenso sacrificio; y esto obliga á consagrarse más al servicio público.

"Hecha esta franca declaración, debo asegurar á los Honorables Representantes del pueblo, que en el tiempo que rija el país no desmentiré mis antecedentes como hombre público; mis principios democráticos, mi credo político, que con fidelidad he practicado y practicaré siempre, y mis deseos por la prosperidad de la República y bienestar de los pueblos, no han menguado; y mi voluntad será enérgica en la labor administrativa".

No olvide el señor Leiva que no basta el buen deseo para hacer el bien: que se necesitan energía, firmeza de voluntad, y sobre todo, colaboradores identificados con tales propósitos.

"Aunque la Constitución y leyes secundarias trazan la mejor línea de conducta al Gobernante de la Nación, siguiendo la costumbre, manifestaré oportunamente á los hondureños algo más sobre programa político y de administración. Entretanto, como Jefe del Ejecutivo, ofrezco mis respetos á los Poderes nacionales, con quienes debo compartir la obligación de trabajar por la felicidad pública, impulsando á los pueblos en las vías del progreso, y garantizando la paz, el orden y los derechos civiles y políticos de los hondureños.

HE DICHO.

Comayagua:30 de noviembre de 1891."

Quedamos esperando el manifiesto que el señor Leiva promete, y que tal vez en él sea más feliz que en su alocución. Como quiera, nosotros preferimos que haya procedido con franqueza, pues tenemos una situación despejada. Continuarán representándose las escenas entre opresores y oprimidos, y no entre gobernantes y gobernados; pero al menos sabemos á qué atenernos.[13]

5 de diciembre de 1891.

---

[13] Con este artículo termina la serie de los que aparecieron en la segunda época de "El Bien Público". El último número de este periódico es el 46.- No pudo seguirse publicando, porque la Ley de Imprenta y las demás "Bogranianas", no dejaban garantía alguna al ciudadano y menos al escritor; principalmente en momentos en que el Gobierno levantaba gran ejército para combatir al General don Terencio Sierra, quien con unos pocos valientes compañeros desde á fines de noviembre, como una protesta contra la ilegitimidad de la transmisión de la Presidencia, desafiaba el poder de Bográn primero, de Leiva en seguida, en los pueblos fronterizos de El Salvador.

MANIFIESTO DEL JEFE DEL PARTIDO LIBERAL HONDUREÑO A LOS CENTROAMERICANOS

Los graves acontecimientos que se han venido verificando en Honduras, en los cuales aparece mi nombre como principal responsable, me obligan á romper el silencio que voluntariamente me había impuesto, desde que, expulso por el Gobierno de mi patria, me ví obligado á abandonar su suelo.

Es mi deber, para justificar al Partido que ha iniciado y mantiene la revolución en Honduras, y alejar de él y de mi nombre los cargos que maliciosamente hace el Gobierno, exponer las causas y antecedentes del movimiento y las circunstancias en que se ha verificado. Es mi deber demostrar que de la sangre que se está derramando no cae ni una sola gota sobre mi cabeza, y menos son responsables por ella los hombres entusiastas y patriotas que, sin esperar ventaja alguna personal, han resuelto derramar la suya propia, para lograr que nuestra patria recobre la libertad, el orden y la tranquilidad del hogar, que tanto tiempo hace han huido de aquella desgraciada tierra.

Para mi propósito, preciso es comenzar las apreciaciones desde época lejana, desde la fecha en que el General don Luis Bográn recibió el Poder por primera vez, porque es el hombre que ante sus contemporáneos y ante la Historia debe responder principalmente por la actual situación de Honduras.

Veíase aquella infeliz sección de Centro América expuesta á una guerra con sus vecinos, El Salvador y Guatemala, á causa de los últimos torpes ó desgraciados manejos diplomáticos del Presidente Soto. Esta difícil situación, una serie de accidentes y la habilidad del General Bográn, colocaron á éste en posición de hacerse Presidente de Honduras. Como joven y hombre nuevo mucho se prometía de él el pueblo, y mucho en verdad podía hacer en bien de su patria. Se hallaba en condiciones para elegir: entre el camino del despotismo, que ya tenía cansados á los hondureños, y el de la libertad, que tanto anhelaban; entre la senda de la honradez, absolutamente necesaria para hacer un Gobierno de leyes, y la ya trillada del robo, del derroche y de todos los vicios, que obligan al que manda á hacer un gobierno esencialmente militar. Si lo primero, necesitaba rodearse de hombres de reconocida probidad, de carácter y convicciones, ó por lo menos, enteramente nuevos Si lo segundo, debía escogerlos entre aquellos que, gastados por la edad y por las decepciones, ó poco escrupulosos y acostumbrados á servir de ciego instrumento para los mayores extravíos, hubieran de hacer tan sólo su voluntad. Optó por lo segundo, y fué el primer desengaño del pueblo hondureño.

Seguir paso á paso la administración Bográn es ajeno á mi propósito, y me limitaré á anotar á la ligera sus más graves errores en los diversos ramos de ella, ofreciendo la comprobación de mis afirmaciones, en cuanto no sea un obstáculo el hallarme lejos del teatro de los sucesos.

EN EL RAMO DE LA GUERRA

Toda la tendencia de su gobierno se dirigió á fortalecer el militarismo, que ha sido su único apoyo, extremando mucho más la dureza de las bárbaras leyes que teníamos. Mas no fué su propósito dar la debida organización al ejército para la defensa de la Nación, que ésta nunca le ha preocupado. Por el contrario, dictando disposiciones contradictorias é inconsultas, concediendo por favor exenciones de servicio militar, obligando á prestarlo á quienes estaban exentos por la ley, confiriendo ascensos á sus militares predilectos, tal vez los más indignos, otorgando autoridad ilimitada y absoluta irresponsabilidad á ciertos jefes, creando la indisciplina por el apoyo incondicional á sus favoritos aun para desobedecer las órdenes de sus superiores, convirtiendo el servicio ó el rigor de la disciplina militar en castigo para sus desafectos políticos, é introduciendo el espionaje del inferior contra el superior, ha logrado destruir la poca organización que tenía nuestro ejército, ha hecho odiosa la carrera militar y convertido al soldado en el enemigo del pueblo, en vez de ser su defensor. Mérito podría ser, y se ha alegado mucho en favor del General Bográn, que el ejército hondureño, aunque muchas veces en campaña, nunca llegó á librar una batalla; pero, si eso economizó la sangre, no libró al país de los desastres de la guerra, y arrastró por el cieno en más de una vez la honra nacional. Si mantuvo la paz en el interior, no fué mérito propio sino del pueblo hondureño, que, con la esperanza de mejor porvenir, no secundó los movimientos que se iniciaron, y de los cuales era el gobierno el principal culpable por la gran emigración que su política preventiva y de persecuciones ha causado. Y esa misma paz interior ha sido más aparente que real, porque no es buena ni verdadera aquella en que el Gobierno vive constantemente desconfiando del pueblo, desconfianza que le indujo á suspender por siete veces en ocho años el imperio de la Constitución, decretando el estado de sitio, que es el peor estado de guerra que pueda haber en Honduras.

EN EL RAMO DE HACIENDA

Encontró las rentas organizadas, y si también muchos vicios de administración, debió procurar la extirpación de éstos con el castigo ejemplar de los defraudadores del Fisco, respetando lo bueno que dejó su antecesor. Hizo lo contrario. Con reformas á las leyes, de mala intención poco meditadas, con órdenes cuotidianas contrarias á esas mismas leyes, con la tolerancia ó expresa autorización del contrabando, agio, robos y defraudaciones á la Hacienda Pública, con negociaciones ruinosas y pago indebido ó innecesario de enorme interés, produjo la desorganización de las rentas, que, ó no daban los debidos rendimientos, ó eran solamente nominales. La desmoralización que encontró, fomentada intencionalmente por él para tener contentos á todos sus cómplices, hizo que el patrimonio nacional se considerase como su propio patrimonio por todos los hombres de la administración, desde el más alto hasta el más bajo, improvisándose descaradamente fortunas de millones y centenas y decenas de miles de pesos, que hoy disfrutan impunemente los explotadores del trabajo honrado del pueblo. El resultado final de tal corrupción no era dudoso. A pesar de que nominalmente los ingresos han excedido siempre á los gastos del presupuesto, no se han pagado los sueldos de los empleados con puntualidad, ni cumplido las contratas, aun las del surtido de especies fiscales; y al entregar el poder el General Bográn, dejó una deuda interior de más de tres y medio millones de pesos, en vez de un millón próximamente que dejó su antecesor.

EN EL RAMO DE RELACIONES EXTERIORES

Es en este ramo en el que más se ha hecho conocer el General Bográn; y si por diplomacia se entiende saber engañar á los demás gobiernos sin importar los medios que se empleen, es el más hábil diplomático de los últimos tiempos en Centro América, porque tiene derecho á jactarse de haber engañado y á pensar que seguirá engañando á todos los gobernantes que se han sucedido en las vecinas Repúblicas durante su Administración, período en que Honduras se ha mantenido como fiel de la balanza en los varios conflictos centroamericanos que se han presentado. Motivo de orgullo nacional debería ser éste, tomando en cuenta que es el país más débil entre los que por su rivalidad han provocado esos conflictos, si para conseguirlo Bográn hubiese aprovechado dignamente la posición geográfica de aquél, colocado como está con extensas fronteras sobre Guatemala, El Salvador y Nicaragua. Pero nunca se propuso dar importancia á su patria, sino darse importancia personal, que supo aprovechar, explotando su influencia en el exterior para oprimir impunemente á sus gobernados. Por eso, para conseguir su objeto, todo medio le pareció bueno, aunque haya causado la vergüenza de los hondureños honrados, y merecido sus censuras y protestas.

Por decoro nacional, mal entendido, lo reconozco ahora, la prensa de oposición en Honduras no quiso lanzar sus acusaciones en concreto contra el gobierno de Bográn á este respecto. A no dudarlo, todos acusarán al hombre, nadie al país, por las falsías cometidas; y creo llegado el momento oportuno de hacerlas notorias, para que recaiga sobre el culpable únicamente la responsabilidad.

En 1883 subió al poder Bográn, previos solemnes compromisos contraídos con los Presidentes de Guatemala y El Salvador, Barrios y Zaldívar, de perseguir á su antecesor el Doctor Soto: y al mismo tiempo obtuvo de éste el apoyo para triunfar en las elecciones, prometiéndole guardarle las espaldas é impedir toda hostilidad contra él ó sus amigos. Por eso conservaron éstos los empleos en que aquél los dejó, ignorando cómo explicó su conducta al General Barrios en su entrevista en Mongoy, á principios de 1884. Sin duda le dejó satisfecho con la promesa de secundar incondicionalmente sus proyectos de unión nacional. Pero en seguida tuvo que infringir sus compromisos con Soto, accediendo á las exigencias de Zaldívar, de quitar al General Delgado el mando militar de los departamentos Occidentales. También ignoro cómo se explicó con Soto; pero continuaron unidos hasta que se adhirió al decreto de 28 de febrero de 1885, en que Barrios proclamó de hecho la unión de Centro América, y asumió el mando supremo militar. Ese paso definió el rompimiento completo con Soto y todos sus amigos, lo que prueba que el pacto entre ellos existente era hostil al gobernante de Guatemala.

A consecuencia de su decreto de adhesión al del General Barrios, levantó un ejército de cinco mil hombres, con el que se dirigió á los departamentos fronterizos de El Salvador y Nicaragua, en donde recibió de Guatemala armas y dinero. Dióle Barrios la orden de atacar á los ejércitos aliados que tenía á pocas leguas de distancia, y probablemente lo prometió, pero un tiro no fué disparado. Y mientras Barrios luchaba y moría en Chalchuapa, él entretenía á las fuerzas enemigas, ignoro por qué medios, que algún día se conocerán. Muerto Barrios, todo su empeño se concentró a obtener la paz á todo trance, á toda costa, aun del honor, con tal de conservar la Presidencia. Consecuencia, el tratado de Namasigüe, en el cual el aliado de la víspera se convirtió en enemigo.

En aquellas circunstancias se sabe que el Gobierno de Nicaragua estaba empeñado en derrocar á Bográn. Su empeño se atribuye á la escandalosa violación de cierto tratado secreto, que debe haber sido de alianza, por lo menos defensiva, celebrado en Tegucigalpa, pocos días antes del decreto de Barrios. Mas Zaldívar lo sostuvo, probablemente, con promesa de ayuda para defenderse contra el pueblo salvadoreño, y porque Bográn le declaró que había procedido engañado: que si él le hubiese dicho francamente que no pensaba cumplir á Barrios la promesa que en común le hicieron en Mongoy y le ratificaron después aquí en Guatemala, tampoco la habría cumplido.

En el mismo año de 1885 ocurrió la revolución encabezada por el General Menéndez Bográn situó mil hombres en la frontera de Chalatenango; y es notorio que, para cumplir sus compromisos con Zaldívar, los prometió como auxilio al General Figueroa, encargado del gobierno. Mas como podía suceder que Menéndez triunfara, le ofreció también el auxilio de la misma fuerza. Esperando ver en favor de quién se inclinaba la balanza, la revolución triunfó, y el auxilio no llegó á ninguno de los contendientes.

En el mismo año se organizó en El Salvador por los emigrados una expedición contra el gobierno de Nicaragua. Era favorecida por el de Menéndez, de acuerdo con Barillas y Bográn, facilitando éste en consecuencia embarcaciones en el puerto de Amapala. Pero en seguida denunció la expedición al gobierno de Nicaragua, y los revolucionarios fracasaron en su empresa.

En 1887 el General José María Barahona atacó y tomó el puerto de La Unión, con la connivencia de Bográn, y con entera confianza mandó Barahona los heridos á Amapala, donde fueron bien recibidos. Pero faltaron las combinaciones que había en el interior de El Salvador, y el movimiento tenía que ser ahogado. Entonces Bográn ordenó, contra todas las reglas del Derecho Internacional, al Comandante de Amapala, que atacase á Barahona en La Unión. Lo hizo así, triunfó y murió en el combate el hijo de Barahona.

En 1890 Bográn conocía, si no instigaba, el plan revolucionario que había en El Salvador contra Menéndez. Tal vez no el mismo que resultó, sino otro semejante, le fué comunicado por el General Melecio Marcial, quien fué exprofesamente á Tegucigalpa. A consecuencia de la caída de Menéndez, estalló la guerra entre El Salvador y Guatemala: Bográn prometió eficaz ayuda á Barillas, y al efecto debió entregar al Doctor Ayala 1.500 hombres ó igual número de rifles, para que inaugurase su gobierno, en combinación con varios movimientos interiores. Le dió cien hombres solamente; y sus fuerzas estuvieron frente á las salvadoreñas, sin que se llegase á disparar un solo tiro, mientras las de Guatemala combatían encarnizadamente: después negó su intervención ante las reclamaciones del Gobierno de El Salvador.

Puede asegurarse, en general, que no ha habido empresa de Gobierno ó de revolucionarios, que haya sido comunicada á Bográn, que no haya recibido de él impulso y promesa de protección, jamás cumplida. Sin embargo, se ha jactado siempre de ser el más ardiente partidario de la paz de Centro-América; y á pesar de todos estos antecedentes, explotando las rivalidades de sus vecinos, ha podido, no sólo conservarse en el poder con apoyo de los mismos Gobiernos burlados, sino también imponer su sucesor, y continuar por medio de éste su política, con la seguridad de volver á llamarse Presidente en el momento que quiera, cuando hayan desaparecido los riesgos de la situación creada por él.

Si el Partido Liberal hondureño, que ha hecho la oposición al Gobierno de Bográn, hubiese querido imitar su conducta, habría podido quizá contar con el apoyo de alguno, sino de todos los Gobiernos vecinos, en vez de su hostilidad; pero en política y en diplomacia ha adoptado ese Partido el criterio de que las habilidades tienen por limite allí donde comienza la infamia ó la traición, y de que tocado ese límite, no es permitido á una nación lo que es deshonroso para el individuo.

El Partido Liberal hondureño, consecuente con su doctrina, se ha mantenido hasta el día libre de todo compromiso exterior, seguro como está de que si logra contraer alianzas que le saquen de la difícil situación en que se encuentra (por el apoyo moral que los otros Gobiernos, real ó aparentemente, prestan al que combate), serán alianzas honrosas, sólidas y duraderas, porque descansarán en los legítimos intereses de los países, y no en la satisfacción de mezquinos intereses de gobernantes.

EN EL RAMO DE INSTRUCCION PÚBLICA

Por pésimas disposiciones legales, mal concebidas y peor aplicadas, puede decirse que la instrucción popular, la mejor base de adelanto de un país, está en Honduras nulificada.

La enseñanza profesional y la segunda enseñanza, habrían desaparecido por completo sin el patriotismo de los profesores, que sirven sin remuneración efectiva, y el estímulo de los alumnos, que hacen prodigios de esfuerzo individual por corresponder al desinterés de sus maestros, desinterés en que no brillan, por cierto, los amigos del Gobierno. No obstante, gran número de estudiantes, regularmente de los más sobresalientes, han salido del país en busca del alimento intelectual, que en su patria encontraban tan escaso; y se encuentran hoy por centenares en Guatemala y El Salvador, distinguiéndose, la mayor parte de ellos, por su dedicación y aprovechamiento.

La instrucción primaria, elemental y superior, ha estado más abandonada, si cabe. Por defecto de las nuevas leyes y desidia del Gobierno, durante los años de 90 y 91 muy pocas escuelas fueron abiertas, ó durante muy corto tiempo, ya por la falta de provisión de maestros, que estaba reservada al Centro Directivo, ya por la falta de fondos en las Municipalidades, debido á muchos gravámenes que les impuso el Ejecutivo, y á la distracción de los creados expresa y exclusivamente en beneficio del ramo por los Congresos.

No obstante, el General Bográn ha reclamado el título de protector de la instrucción pública; y entre sus principales méritos alega la introducción de profesores extranjeros para mejorar la enseñanza, lo cual, en verdad, constituye uno de los más severos cargos que le resultan. Muchos de esos profesores tenían verdadero mérito; pero, informal en el cumplimiento de todos sus compromisos, Bográn violó muy pronto las contratas, dejando de pagarles sus sueldos, por lo cual, no pudiendo esperarse de ellos la misma abnegación que de los hijos del país, cesaron de prestar sus servicios, sin perjuicio de reclamar el pago. La mayor parte al fin resolvieron pedir la rescisión de sus contratas, acosados literalmente por el hambre. con tal de pagárseles lo que se les debía. Aun esto se les negó, continuando el acrecimiento infructuoso de sus créditos, hasta que después de reclamaciones diplomáticas al fin se les liquidó. Fué, pues, la medida de importación de profesores un verdadero fiasco, por el desorden de la Administración, causando sólo un gravamen á la Hacienda Pública de muchas decenas de millares de pesos.

EN EL RAMO DE FOMENTO

En los periódicos oficiales se lee mucho sobre grandes obras de progreso decretadas; pero muy pocas han sido las llevadas á la práctica, y aun éstas se resienten de los vicios que han dominado todos los actos de la Administración Bográn.

Se abrieron caminos, que se llamaron carreteras, de Tegucigalpa á la costa Sur, á Yuscarán y Santa Bárbara; pero además de su mala construcción, se han dejado en completo abandono, para que se conservasen por sí mismos, hallándose hoy totalmente arruinados, por lo cual representan tan sólo tres ó cuatro centenares de miles de pesos perdidos.

Se han celebrado contratas sobre canalización de ríos, construcciones de vías férreas, colonización ú otras empresas semejantes; pero con tan poco discernimiento se han hecho monstruosas concesiones á extranjeros desconocidos completamente desacreditados en su patria y en Honduras mismo, que ninguna de esas empresas se ha iniciado siquiera; y convertidas por los concesionarios en objeto de escandalosas especulaciones, sólo han servido para retraer del territorio hondureño á los verdaderos capitalistas, á los hombres serios, que no quieren confundirse con los aventureros, ni dan importancia á concesiones que de esa manera se prodigan.

La más útil empresa en Honduras, que encierra su porvenir, es la construcción del ferrocarril interoceánico. Bográn se ha jactado de haber sido el principal objeto de sus afanes; y esto es verdad en cierto sentido, porque muchos miles de pesos han gastado, como siempre, inútilmente, por mantener en vigor la célebre contrata Binney, que envolvía no más que una odiosa especulación entre unos pocos extranjeros. La primitiva concesión, á pesar de aparecer en condiciones ventajosas para el país, fué objeto de las más vivas protestas de parte de unos pocos Diputados independientes, porque veían claro en ellas una nueva estafa al público europeo, y un borrón más sobre el crédito exterior de Honduras. No obstante, empeñóse Bográn en hacerla pasar sin modificarle ni una sílaba, como lo exigía el concesionario, rechazándose la única reforma con que se conformaban los opositores, que tendía á asegurar la ejecución de la obra y á evitar un nuevo descrédito para el país. Después se vió confirmada la justicia de la oposición, pues la contrata quedó reducida á un nuevo juego de bolsa, á veces á la alza, otras á la baja. Si buena fe hubiera habido de parte de Bográn, y no hubiera tenido ningún interés personal en ello, eso habría bastado para cancelar la contrata al expirar el término; pero concedió varias prórrogas, y por último, aceptó é hizo pasar en un Congreso extraordinario convocado al efecto, modificaciones tales, que quitaban las únicas ventajas que la contrata podía haber tenido para el país, y echaban sobre él enormes gravámenes. No importaba en rigor, pues, á pesar de las inmoderadas concesiones hechas no se tenía otro objeto que continuar la especulación. Cuando ya ésta se hizo imposible, los concesionarios no pidieron más, y dejaron caducar la contrata.

También Bográn se ha declarado decidido protector de la minería; pero en verdad su obra ha sido para ruina de ese ramo en Honduras. Su sistema de grandes concesiones á quienes no pueden aprovecharlas; su prurito de dar preferencia al extranjero sobre el hijo del país, aunque aquél sea un desconocido; la preponderancia otorgada en muchos casos al primero con perjuicio de los nativos, faltando poco para que los declarase sus esclavos, han anulado la iniciativa individual del verdadero minero, dificultando los descubrimientos; y al fracasar muchas de las grandes empresas, los terrenos á ellas concedidos quedan completamente inútiles, habiéndose arruinado así distritos minerales enteros. Por otra parte, ese sistema de las grandes concesiones sin discernimiento las ha desacreditado tanto en el extranjero, que ha llegado á formarse el concepto de su escaso ó ningún valor, cuando un cualquiera anda proponiendo en venta hasta centenares de millas de terreno, obtenidas gratuitamente y sin ninguna garantía.

En esa manía de otorgar cuanto se pedía con objeto ó pretexto de obra de progreso, en los grandes privilegios concedidos á los extranjeros, hacía descansar Bográn uno de sus principales títulos para llamarse gobernante liberal, llamando conservadores y hasta retrógrados á quienes pedíamos que tratase la propiedad nacional como trataría la suya propia, y apreciase los hombres para ese efecto, cualquiera que fuese su nacionalidad, por su capital ó su mérito intrínseco y no por su origen, igualándolos á los hondureños, nunca haciéndolos de mejor condición. Bográn, al pensar y obrar así, si lo hacía de buena fe y sin provecho personal, confundía la liberalidad, que en él debía llamarse prodigalidad de los bienes nacionales, con el liberalismo en política.

EN EL RAMO DE JUSTICIA

Debido á que la opinión pública de Honduras ha ejercido en este ramo más constante y activa vigilancia, su peso, su influencia se han hecho sentir más eficazmente sobre los magistrados y jueces, que sobre los demás funcionarios públicos, y han podido aquéllos conservar mayor independencia. Por eso son tan raros en Honduras los prevaricatos, aun por la presión del poder. Pero no quiere decir tampoco que este ramo se haya librado en absoluto de los estragos de la corrupción administrativa. No importa que el juez haya fallado con arreglo á derecho, condenando al criminal; pues en seguida, ya por la súplica del favorito, ya por consideraciones de partido, ó por la paga á persona influyente, el asesino, el ladrón, el culpable de cualquier delito atroz, ha sido indultado en absoluto ó conmutado por un puñado de monedas, con violación manifiesta de la Constitución y las leyes. Y ese criminal puesto en libertad, no sin protesta frecuente de los Tribunales, ha continuado, como lógica consecuencia, en la senda de la iniquidad, muchas veces entrando al servicio del Gobierno como agente del orden público ó como espía secreto, ó quizá destinado á más infames servicios. En cambio, desde el Presidente de la República hasta el más bajo de sus agentes, se han creído con el derecho, que han ejercitado constantemente, de reducir à prisión y someter á crueles tormentos á los honrados ciudadanos, de propia autoridad, sin forma de juicio, y sin consentir en la intervención de los Tribunales de Justicia, custodios naturales de la seguridad individual, ó frustrándola de hecho cuando se han atrevido á tomarla.

En la administración y en la política interior, en general, bajo el gobierno de Bográn, se han visto la Constitución y las leyes convertidas en juguete, el sufragio en irrisión, el Congreso en un cuerpo compuesto en mayoría permanente de fieles esclavos del Presidente, los Ministros en meros amanuenses de éste, los demás empleados de su nombramiento en sus dóciles instrumentos, cómplices de sus mayores crímenes, las Municipalidades en agentes de los gobernadores y jefes Militares departamentales y locales, siendo sus miembros ultrajados, cuando penetrados de su elevada misión, han querido ser verdaderos representantes del pueblo y luchado por su independencia. Y á causa de tanta arbitrariedad, de las persecuciones y de la triste situación de la patria, cuyo suelo ha quemado la planta de quien le pisa, los ciudadanos más viriles, aquellos que no creen que la vida valga la pena de soportarla, si se ha de carecer de la tranquilidad en el hogar y de la esperanza de mejor porvenir para los hijos, han preferido la emigración. Así se explica que Honduras, con tan escasa población en un territorio tan extenso, haya perdido sus mejores brazos, que tanta falta hacen, y esté aumentando la población de sus vecinas hermanas, y hasta de países más lejanos. Pueblos enteros de sólo hondureños se han formado cerca de la frontera en Nicaragua, en cuyo país hay un número de ellos que se calcula no baja de veinte mil. Algo semejante ocurre en El Salvador, donde se encuentran más de quince mil, y en Guatemala, donde hay cerca de cinco mil. Pocos se han trasladado con sus familias; porque el hondureño, en general, profesa á su patria entrañable amor, á pesar de ser tan desgraciada, ó quizá por eso mismo, y nunca pierde la esperanza de regresar á ella, cuando la encuentre ya redimida. Pruébalo el verlos siempre aglomerados en sus fronteras, renunciando á mayores comodidades que podrían procurarse en el interior, sin duda por respirar sus aires más de cerca y poder serle útiles en el momento oportuno.

A grandes rasgos queda definida la conducta administrativa del General Bográn. Durante su primer período de 1883 á1887, los vicios de ella estuvieron menos pronunciados; pero el despotismo, con su cortejo de males, se acentuó más en el segundo, sin duda, para cumplir fielmente la promesa que hizo á los cortesanos que proclamaron su reelección.[14]

---

[14] Vale la pena, por su verdad y trascendencia, de referir el episodio á que aludo. El 6 de enero de 1887 reunió Bográn una junta de notables para que designase el candidato á la Presidencia. Ante ella pronunció un magnífico discurso, en el cual, con gran acopio de argumentos, de fuerza incontrovertible (que eran en el fondo un resumen de las apreciaciones que dejo hechas sobre su gobierno), demostró la inconveniencia de su continuación en el poder. Unos de los concurrentes, aunque convencidos, por conocerlo bien, de que aquello era una farsa, quisimos hacer un esfuerzo porque al menos en aquel local se convirtiese en realidad. Expusimos á la junta que las razones alegadas por Bográn nos confirmaban, si alguna duda hubiéramos tenido, en la opinión de que no debía, para bien del país y honra de él mismo, ser reelecto: que nosotros creíamos en su sinceridad y debían todos creer en ella, so pena de inferirle grave ofensa; y por lo mismo, debía tenerse por resuelto que Bográn no podía ser candidato y procederse á elegir el más conveniente. Nuestro esfuerzo fué inútil, porque los Gobernadores, Comandantes, Administradores y palaciegos que formaban la mayoría, llevaban ya su lección bien aprendida. Se mostraron resentidos con el General Bográn porque quería dejar huérfana á su patria (y á ellos expuestos á no seguir esquilmando el

Lanzada la candidatura Bográn para ser reelecto, la oposición liberal, de la que era jefe reconocido el ilustre Licenciado don Céleo Arias, no porque tuviese esperanza de triunfar, sino con la de despertar un tanto el espíritu público, lanzó á su vez la del mismo señor Arias. Escasos eran sus medios de combate, sin imprenta, sin telégrafo, sin correo, sin dinero; pero no se arredró por tales obstáculos; y á pesar de todas las violencias y fraudes cometidos, logró en favor de su candidato seis mil votos, en una base que artificialmente se hizo llegar á cuarenta mil.

Como es su sistema, quiso entonces Bográn hacer alarde de tolerancia, creyendo tener suficientemente amedrentado al país, para que nadie fuese capaz de combatir su candidatura. Se engañó, sin embargo. Comenzó á observar grande entusiasmo en el pueblo hondureño, entusiasta por naturaleza de todo pensamiento noble y generoso, de todo progreso material, moral ó político; y aunque seguro de su triunfo, se asustó de la prueba de impopularidad que le resultaría, si la oposición lograba una lúcida votación. Entonces

---

presupuesto), é indignados contra los que apoyábamos los sanos propósitos de aquél. Entonces Bográn les dijo: "Ya ven que yo no quiero reelegirme; pero si á pesar mío me dejan el poder, después no se quejen si me convierto en tirano, si mando con el chicote en la mano". Yo le supliqué no olvidara nunca que esa amenaza no debía cumplirla con nosotros que no queríamos reelegirlo, sino con los que lo hicieran. (Cumplir su promesa, pero escogió sus principales víctimas entre los que no lo merecían Termino la sesión votando la mayoría en favor de la reelección. Al retirarme me dió cita Bográn para el día siguiente. Concurrí, y me manifestó con ingenuidad: Que él reconocía haber cometido grandes errores, pero estaba dispuesto á rectificarlos, si los hombres patriotas, en cuyo número me incluía á mí, le ayudaban. Después de una larga conferencia, me invitó para ayudarle á reorganizar su Gobierno, á cuyo fin debía yo formarle un programa político, el cual estaba seguro de que le satisfaría, porque conocía mis ideas, cuyo programa suscribirían los notables, y se comenzara a practicar inmediatamente. Hícele algunas observaciones y como á todas me dió respuesta satisfactoria, encargándome sí la mayor reserva, aparenté creerle y trabajé en el programa, el cual le presenté tercer día, antes de la segunda sesión de la junta de notables. Quizá él habría aceptado como bueno mi trabajo, á pesar de que era calculadamente el reverso de su Administración, en cuanto tenía de viciosa; pero concluía por hablar de su sucesor en el próximo período, insistiendo en la no reelección. Sin duda Bográn esperaba que sus halagos hubieran cambiado mis opiniones; y al convencerse de lo contrario, no me volvió hablar más del asunto. Quizá en antecedentes como ese ha descansado Bográn para calificarme de terco é intransigente en política.- *N del A.*

resolvió negar las imprentas nacionales á los opositores, únicas que en el país existían, ordenó prisiones, destierros y persecuciones de todo género contra ellos, y por último el fraude en todas sus formas al recibirse la votación.

En consecuencia, resultó reelecto el General Bográn. Se le presentó nueva ocasión para reconquistar la popularidad perdida, cambiando de Gabinete, renovando el personal de sus empleados y haciendo concesiones á las justas exigencias de la opinión, que eran bien conocidas. Hizo lo contrario, y los males de la patria fueron cada día mayores.

En 1890 ocurrió la muerte del jefe de la oposición, señor Arias. Este desgraciado acontecimiento dejó á aquélla, que no tenía entonces organización alguna, ni más vínculo positivo y práctico que el nombre del jefe y el programa que él dió en 1887, en absoluta impotencia para intervenir en la política del país. Por ello se pensó desde el primer momento en designar un nuevo jefe; pero lo impidieron por entonces los acontecimientos resultantes de la caída y muerte del Presidente Menéndez en El Salvador.

Antes de ello, y aprovechando la vanidad del Presidente Bográn, especialmente por hacerse llamar gobernante liberal, verdadero republicano, vanidad común á todos los déspotas de la América latina, se le asoció al proyecto, que acogió con entusiasmo, de importar una imprenta que pudiese funcionar con entera independencia. Se organizó la compañía anónima que debía realizarlo, se importó la imprenta, y comenzó á funcionar en septiembre del mismo año.

No había por entonces ninguna cuestión política candente, ni convenía entrar desde luego combatiendo toda la Administración Bográn para no asustarle, ya que son siempre tan asustadizos los tiranos. Por ello la prensa de oposición se concretó á la propaganda de los principios, atacando á los funcionarios públicos sólo por incidencia. No obstante tanta prudencia, ya en principios de noviembre, el General Bográn daba claras muestras de estar arrepentido, de lo que él juzgaba ó llamaba una condescendencia, al no impedir el establecimiento de la imprenta.

No se puede calcular cuáles habrían sido las consecuencias de ese arrepentimiento, si no hubiese sobrevenido la sublevación del

General Sánchez, para debelar la cual, salvando primero la persona del General Bográn, fué eficaz y decisiva la intervención del Partido Liberal que comenzaba á organizarse. Hasta los más grandes tiranos en ciertos casos, por propio decoro, por propia conveniencia, se ven obligados á respetar á sus enemigos; y eso sucedió entonces á Bográn. Personas sensatas desde el primer momento, y muchas más después, han calificado de grave error político la conducta observada por los liberales en aquellas circunstancias. Cáusame verdadera repugnancia que, debido á la falta de patriotismo del Gobierno, aquella acción, que debería quedar como precedente ejemplar en la historia del pueblo hondureño, necesite justificación, aunque sólo sea por aquellos que no creen en la bondad absoluta de las acciones humanas, por ligarla íntimamente con la conveniencia. Aun esos se convencerán, porque en lo bueno siempre existe la verdadera utilidad.

Cierto es que el Gobierno de Bográn estaba completamente desacreditado y era considerado como muy pernicioso al país; de manera que si el Partido Liberal se hubiera hallado en las mismas condiciones en que se halló algún tiempo después; si hubiera hecho ya un ensayo enérgico, vigoroso, como lo hizo más tarde, para combatir en el terreno legal los vicios de la Administración, y logrado agrupar bajo esa bandera en todo el país los elementos sanos que en él existen; si hubiera estado en posibilidad de hacer una verdadera revolución, para que el nuevo orden de cosas no debiese su origen á un golpe puramente militar y criminal, cuyas consecuencias no podía contrarrestar; si no hubiese habido graves peligros exteriores, que hacían posible la imposición de un gobernante, que siempre ha sido tan e funesta en Honduras; el Partido Liberal, aunque nunca habría podido hacer causa común con el que había sido el principal de los esbirros de Bográn, habría dejado á éste abandonado á sus propias fuerzas, y correr, solo como estaba, á refugiarse en Comayagua, y probablemente hasta Santa Bárbara, en cuyo caso habría estado completamente perdido, y quedado en cuanto á él triunfante el jefe rebelde.

Por otra parte, aunque no se creía en virtud alguna política de Bográn, se confiaba en la fuerza de las circunstancias. Se confiaba no sin razón, como se vió después demostrado, en que aquel antecedente vigorizaría al Partido Liberal, atrayéndole todo el favor de la opinión pública, que le daría fuerza moral bastante para hacer impotente ó rechazar la fuerza bruta que el Gobierno intentase oponerle. Y lo habría conseguido, si un acontecimiento originado en el exterior (el asalto de Amapala), no hubiese dado á Bográn el pretexto que necesitaba para coartar la libertad de sus adversarios, mientras éstos, por consideraciones altamente patrióticas, se resignaron á tolerarlo sin resistencia. De esta verdad convencerá fácilmente la relación de los sucesos que siguieron al triunfo del Gobierno contra Sánchez.

Inmediatamente, y convencido Bográn de que el Partido Liberal no estaría á su lado sin la reforma absoluta de su Administración, llamó á los viejos Ministros, y á todos los viejos empleados que en el peligro le habían abandonado: trató de hacerme comprender que era aquella una medida provisional, emplazándome para el 15 de diciembre, en cuya fecha llegaría don Ponciano Leiva á Tegucigalpa, y tendríamos una conferencia con el objeto de tratar de la fusión del Partido Liberal. Yo, aunque convencido de su mala fe, acepté, prometiéndole suspender la organización del mismo Partido, que teníamos iniciada. El me excitó á continuarla, declarándome que á él más que á nadie le interesaba, pues él era quien sacaba provecho. A pesar de eso la suspendí, porque debía elegirse el candidato presidencial, y yo sabía que quien quiera que resultase, no sería de su agrado, y lo tomaría como pretexto para decir que nuestra intransigencia había hecho imposible todo avenimiento. El 15 de diciembre me suplicó esperar hasta el último. Pasó esa fecha y le declaré que no esperaríamos más. Y debo advertir que Bográn sabía que los liberales aceptaríamos como candidato á Leiva, si había de ser candidato exclusivamente liberal, por evitar que él tratara de quedarse en el poder ó imponer á su cuñado, quien entonces nos parecía peor que Leiva. Pero Bográn no estaba todavía resuelto á dejar de llevar el nombre de Presidente, y no le convenía romper con los hombres que tan bien le habían servido y bien le servirían en caso de un golpe de Estado.

Por nuestra parte se activaron los trabajos de organización del Partido conforme á ciertas bases provisionales, hasta dictarse su Constitución y declararse en mi favor la elección de Jefe del Partido

Liberal y su candidato á la Presidencia de la República en la próxima lucha electoral.

Por la suya el Gobierno se preparaba también para aquella lucha. Reunióse la convención del que primero se llamó Partido Nacional y después Progresista, en la cual fué declarado su candidato don Ponciano Leiva, debido al fraude, concebido y mandado ejecutar por Bográn, que dejó burlados á los partidarios de otras candidaturas. Formaban la mayoría de aquella convención los Gobernadores, Comandantes, Administradores de Rentas y los más asiduos palaciegos, falsos liberales, partidarios del patíbulo, del palo y de todos los tormentos para el infeliz que han logrado tener entre sus garras, cómplices en todos los crímenes de la Administración, enriquecidos á costa del Tesoro Nacional.

Declarado candidato oficial el señor Leiva, tuve ocasión de hablar con él confidencialmente en mi propia casa; y entonces, dióme él á entender que se había visto obligado á aceptar la candidatura, para evitar sublevaciones militares que se temían, pero que hubiera deseado una inteligencia con nosotros sobre un tercero, sintiendo que fuese ya tarde por tener los liberales la suya designada. Le indiqué que siendo yo el favorecido, ese no era inconveniente, y le propuse que aceptara la candidatura del Partido Liberal, con entera independencia del Gobierno, asegurándole que todos mis amigos políticos le proclamarían, si él se desligaba del círculo oficial, para que pudiese gobernar como el país lo exigía, haciendo las reformas reclamadas por la opinión pública. Me repitió que ya era tarde. Le manifesté que al aceptarla yo no creía en el triunfo por la desigualdad de la lucha; pero que creía ésta necesaria, no sólo por la razón que siempre existe, de conveniencia en acostumbrar al pueblo á la práctica de sus derechos, sino porque era el único medio de impedir con toda seguridad un golpe de Estado: que nuestra oposición sería la mejor garantía para que él fuese Presidente. [15]

---

[15] Leiva tenía motivos para creer en mi sinceridad; pues igual proposición le hice en 1886, para lo cual había obtenido el consentimiento del que era Jefe del Partido, señor Arias. El aceptó entonces bajo el supuesto de que Bográn no pensara, como lo había declarado públicamente, en reelegirse, si bien por nuestra parte le indiqué que era nuestro propósito impedir la reelección. La fusilación del General Delgado y compañeros, rompió esas negociaciones; pues convenía que el

Se entabló la lucha electoral, al principio con absoluta libertad; pero, poco á poco, según iba prosperando el Partido Liberal, se emplearon las amenazas y las violencias para obtener actas de adhesión al candidato oficial. Mas, como la oposición conservaban la libertad de la prensa, de poco provecho resultaban al Gobierno tales medios. Comprendió que sin ahogarla sería vencido, y buscaba un pretexto cualquiera para reducir á la impotencia á sus adversarios. Ese pretexto lo tuvo en el asalto de Amapala verificado el 6 de mayo, sin conexión ni conocimiento siquiera del Partido Liberal, cuyos intereses vulneraba manifiestamente, lo cual me declaró Bográn el mismo día, en momentos en que creía poder tener otra vez necesidad de los servicios de los liberales. Pero pasada la primera impresión de miedo, bendijo aquel suceso, á pesar de la muerte de uno de sus más leales servidores, y decretó el estado de sitio en todo el país, desmintiendo sus propias palabras, al afirmar que aquella intentona revolucionaria tenía complicaciones interiores con la oposición. Quedó, pues, muda la prensa independiente, y cortadas las comunicaciones entre los opositores, hasta convertirse en crimen conducir correspondencia de ellos, supuesto crimen que causó encarcelamientos, grillos, cadenas, palos y hasta la muerte de los conductores. Toda reunión de liberales quedó prohibida. Toda palabra sobre política, especialmente eleccionaria, en favor del candidato liberal, calificada de subversiva y castigada con bárbara atrocidad. Y en cambio, los trabajos en favor de la candidatura oficial activaron más que nunca.

El Partido Liberal lo soportó todo con paciencia, porque la suspensión del imperio de la Constitución fué repentina, inesperada para aquella fecha, y no dio tiempo de hacer el recuento de nuestras fuerzas, ni combinación alguna para la defensa de nuestros derechos. Se creía poder disponer todavía de dos meses de libertad. Continuaba, además, la situación crítica del país, con relación al

---

candidato liberal estuviese limpio de la sangre de los patíbulos. Se le pidió la salvación de los reos y que la hiciese cuestión de Gabinete. Se negó á ello, y por el contrario, tomó parte activa en aquel sangriento drama, por lo cual no se volvió a pensar en su candidatura. De ello se aprovechó Bográn, para eludir el cumplimiento de la promesa que le había hecho de lanzarla él oficialmente. -N. del A.

exterior, y no era posible que una revolución se consumase sin intervención extraña. En tales circunstancias, y temiendo que, si el Gobierno no entraba en confianza sobre la seguridad de su triunfo, podría prescindir de las elecciones y dar el golpe de Estado, se pasó la orden general á todo el Partido de no hacer demostración alguna de oposición y aparentar haberse doblegado ante la fuerza, accediendo á las exigencias del Poder. La orden fué cumplida, con pocas excepciones que no alarmaron á nuestros adversarios. El Gobierno cayó en el lazo. Creyó aterrorizado al pueblo hondureño; creyó que nadie se atrevería a disputar la elección; y necesitando disimular en el exterior la farsa electoral, levantó el estado de sitio, que había durado cien días, veinte antes de practicarse aquélla. Debía haberse continuado la conducta prudente adoptada; pero fué imposible moderar el ardor de los opositores. Al día siguiente, en la plaza principal de Tegucigalpa, hubo un meeting, de más de ochocientas personas, en que varios jóvenes entusiastas atacaron rudamente á la Administración. Esa clase de reuniones, además de las del Club Liberal, se repitieron varias veces. Poco después la prensa independiente reapareció rebosante de justa indignación. El pueblo de la capital se conmovió profundamente, y probó hasta la evidencia que el terror había redoblado su energía y entusiasmo. Algo semejante ocurrió en los departamentos donde conocieron el decreto que restablecía nominalmente el imperio de la Constitución; pues en la mayor parte, por la larga distancia, y el no haberse promulgado aquel decreto hasta del I.º al 5 de septiembre, se creían todavía bajo la dictadura de *derecho*.

De hecho, ésta continuó, pues quedó la oposición privada del uso del correo y del telégrafo, siguió siendo criminal la conducción de correspondencia entre liberales: siguió el uso del palo, los grillos y cadenas: se encarceló á periodistas; y por último, para dominar más fácilmente á la multitud, se la privó de sus jefes en la mayor parte de los pueblos de la República, trasladándolos de uno á otro departamento, de uno á otro extremo del país, pocos días antes de la elección.

Inútil creo, por ahora, entrar en detalles sobre todos los medios de violencia y fraude empleados por el Gobierno para triunfar. Gran número de los abusos y hasta crímenes cometidos, fueron denunciados por la prensa independiente, mientras pudo hacerlo.

Por fin plugo al Gobierno dar á conocer el resultado de aquel simulacro de elección, según los datos que obtuvo á su satisfacción; pues los opositores no lograron certificación de las actas de escrutinio de votos, sino en los lugares donde el Gobierno no pudo formar el directorio electoral por la imposición más brutal. A pesar de todo, obtuvo el candidato liberal 15.000 votos, que no pudieron ocultar, contra 33.000 del candidato oficial, habiéndose distribuido menos de 1.000 entre varios, ninguno de los cuales tuvo más de 300. Con buenos antecedentes, fácil de comprobar teniendo libertad de acción, se creyó que la base verdadera de la elección no pudo llegar ni á 35.000 votos, en vez de los 49.000 que hicieron aparecer.

En los momentos de la elección ó después, antes de tomar posesión Leiva, aprovechando la general indignación causada por la usurpación cometida por el Gobierno, era ocasión oportuna para iniciar, con todas las probabilidades de éxito, una revolución salvadora del buen nombre del pueblo hondureño, de sus instituciones y de su porvenir. Bastaba haber adoptado como regla de conducta rechazar en todas partes la fuerza con la fuerza. No obstante, se dió orden en contrario, porque subsistían los peligros y complicaciones exteriores que harían probablemente infructuoso el movimiento, en cuyo caso el patriotismo aconsejaba evitar la caída segura del Gobierno, si había de dar por consecuencia una imposición de fuera.

Con entera franqueza declaré eso mismo al General Bográn en persona y por la prensa á nombre y como Jefe del partido. No lo creyó el Gobierno, porque su conciencia les acusaba de infamia, de imperdonables ofensas; y suponiéndome movido por desordenada ambición, juzgándome y juzgando al Partido entero por lo que ellos harían en nuestro lugar y por lo que estaban practicando en aquellas críticas circunstancias, nos consideraron incapaces de sacrificar nuestros intereses personales y de partido al interés público. No creyeron como se les dijo que los principales hombres de la oposición, donde quiera, obedeciendo á la consigna adoptada, se mantenían en constante lucha para evitar que el exceso de los abusos hiciese estallar á los oprimidos, ó atender las sugestiones que personas extrañas al partido hacían del exterior. No creyeron cuán ímprobo trabajo costaba convencer á los ciudadanos, á pueblos enteros, de que debían soportar con paciencia el látigo que diariamente caía sobre sus espaldas, y esperar, para el término de sus sufrimientos, primero, la pronta terminación del estado de sitio, después el fin de la lucha electoral. No creyeron cuánta resistencia hacían los oprimidos, tantas veces antes engañados, á creer que pasada la elección el gobierno recobraría la razón, que la exaltación de las pasiones y mezquinos intereses habían extraviado; y procedería, por propia conveniencia, ya que no por patriotismo del que ninguna muestra había dado, con cordura suficiente para dejar gozar de completa libertad y amplias garantías á los vencidos, y no impedirles el justo desahogo, por la palabra y por la prensa, de las penas sufridas.

Ese error del Gobierno, ó mejor dicho, la mala fe con que procedió al negarse á dar crédito á las declaraciones que les hice, de cuya sinceridad tenían tantas pruebas, es la única explicación que tiene su conducta posterior, á que se deben todos los males que hoy afligen á la patria, pues falseó las promesas que los jefes liberales hicieron, y les imposibilitaba cada día más para trabajar en favor de la tranquilidad del país.

Obedeciendo el plan de conducta que se había trazado, el partido vencido se limitó á hacer por medio de su prensa exacta relación de los sucesos ocurridos durante la lucha electoral, poniendo de manifiesto los medios ilegítimos, criminales, de que el Gobierno se había valido para triunfar. Se hacía eso con perfecto derecho, como se hace en todo país civilizado; con el fin de completar la enseñanza al pueblo que nos habíamos propuesto, y de hacer conocer al nuevo gobernante el origen de su poder, para que, amoldando á él su conducta, trabajase por hacerse perdonar la usurpación á fuerza de tolerancia, honradez y patriotismo. Las afirmaciones de la prensa liberal se referían á hechos tan notorios, y tan semejantes en todos los pueblos, que cada uno de éstos se creía en su absoluta certeza. Eso no convenía á Bográn, porque demostrada su criminal conducta, aunque en Honduras nada tenía que perder, perdería ante Centro-América y ante la posteridad la gloria que él había querido conquistar sin sacrificio de ningún género, de ser *modelo de gobernantes republicanos*.

Por tal motivo dió en decir que el Partido Liberal conspiraba, amenazándole con todo el peso de su cólera. Falsa acusación, que necesitaba como pretexto para hacer custodiar su persona día y noche hasta en las calles por numerosa escolta, para mantener crecidas guarniciones[16] y apoyado en ellas, continuar oprimiendo á los opositores, con el fin, según decía, de obligarlos á rendirse á discreción.

No conseguía su objeto, y quería sin embargo asegurar su salida y la del armamento que había en Tegucigalpa para Comayagua. Fingió entonces desear un avenimiento, y en conseguirlo interesó al General don Ricardo Streber, quien cumpliendo la recomendación me habló con tal fin. Mas no pudo Streber explicarme claramente lo que Bográn quería, á pesar de que yo en nombre del Partido expresé nuestras pretensiones, reducidas á pedir justicia, amplias garantías, los necesarios cambios de empleados y debidas reparaciones para tranquilidad de los pueblos oprimidos. Después de hablar él con Bográn y de volver á conferenciar conmigo varias veces, expuse á Streber mi creencia de que no me sería posible comprender qué quería aquél de nosotros, sin entendernos directamente. Bográn se negó al principio, pero al fin tuvimos una entrevista en presencia del mismo Streber, pues era necesario un testigo fidedigno para que al publicarlo algún día, que ha llegado ya, pudiese él confirmar la verdad de mis palabras.

Hablamos con Bográn durante más de tres horas. En resumen, él quería que se callase la prensa de oposición, suspendiendo la relación de los sucesos de la lucha electoral, porque eso mantenía la agitación en los pueblos, y los excitaba á la revolución, dándome como razón el peligro á que nos exponíamos de que Leiva nos privase de la preciosa libertad de la prensa y demás que creíamos haber conquistado: que si queríamos revolucionar, le dejásemos terminar su período en paz, debiendo confiar en que Leiva haría las reformas y cambios de empleados que exigíamos, pues en él, Bográn, sería tachado de inconsecuencia para con hombres que *tan*

---

[16] La de Tegucigalpa, mientras allí estuvo Bográn, no bajó de 1.000 soldados. El se hacía guardar por toda la policía, y 25, 50 y hasta 100 soldados, según estaba dentro ó fuera de la ciudad, de día ó de noche. -N. del A.

bien le habían servido.

Yo rechacé como era natural tan absurda pretensión, y procuré demostrarle que el mal no estaba en la denuncia de los abusos cometidos, sino en los hechos mismos, sobre todo, porque seguían ejecutándose cuando ya eran innecesarios, pues el Gobierno había conseguido su objeto: que si falsedad había en las afirmaciones, recurriesen los ofendidos demandando de calumnia; y por último, que él tenía buenas pruebas de que no queríamos recurrir á las armas, por lo cual, si él hacía posible la paciencia en los hondureños, cambiando de conducta, indudablemente dejaría el poder en paz, y en paz continuaría el país, si el nuevo Presidente daba satisfacción á las exigencias de la opinión pública; pero que si por el contrario se pensaba en arrebatarnos las libertades que siquiera á medias habíamos disfrutado, y entronizar el despotismo, ningún esfuerzo sería bastante para evitar el estallido de una revolución, más ó menos tarde, cuyo triunfo sería seguro, si las vecinas Repúblicas dejaban al Gobierno luchando frente á frente con el pueblo, sin tomar intervención alguna.

En conclusión, Bográn prometió evitar toda hostilidad contra los liberales, otorgarles amplias garantías y reprimir y castigar todo abuso que se cometiese por sus empleados; ofreciéndole yo en cambio; procurar que no se publicase nada que no ofreciese garantías de certeza, lo cual era para mi muy fácil, porque en ese sentido había dado mis instrucciones á los corresponsales.[17]

Mas como de costumbre, Bográn no cumplió su compromiso y siguieron las hostilidades contra el Partido Liberal con más rigor que antes, principalmente, cuando al irse Bográn á Comayagua á fines de octubre dejó á don Carlos F. Alvarado investido de plenos poderes, y con las más severas instrucciones contra los opositores; que si no las cumplió al pie de la letra, fue por haber comprendido que su señor quería hacerle correr los riesgos que él no se había atrevido á

---

[17] En todos los casos en que reproduzco palabras de los enemigos ó las mías propias, en conferencias que hemos tenido, me atengo á anotaciones que acostumbro hacer inmediatamente después para ayudar mi memoria. Nunca he sido desmentido por los interesados, ni temo serlo ahora; pero declaro: que ninguna rectificación acepta ni contestaré, si no está autorizada con la firma de quien tenga derecho á hacerla. —N. del A.

afrontar. No obstante, ningún hombre más á propósito que Alvarado para aumentar la exasperación de los ánimos, al mantener el país, especialmente el departamento de la capital, como si se encontrase al frente del enemigo, con servicio de rigorosa campaña; y por haber elegido Bográn aquel hombre para dejarle el poder absoluto, debe creerse que tenía especial empeño en aumentar las dificultades de la situación para su sucesor, en hacer imposible la paz durante la Administración de Leiva, como para hacerse desear y aun llamar de nuevo al Gobierno. Lo confirma el haber propuesto y hecho decretar las famosas draconianas leyes que anularon la libertad de la prensa, la de reunión, y so pretexto de orden público, todas las garantías individuales: leyes manifiestamente inconstitucionales, cuya emisión sola constituiría motivo suficiente para una insurrección, reivindicando sus derechos el pueblo.

Quedaba sin embargo la última esperanza, que también fué vana, de que Leiva comprendiese su situación y los propósitos de su antecesor, y por su propia conveniencia, único resorte que en él creíamos eficaz, al inaugurar su Gobierno, adoptaría la única política salvadora: alejar de sí todas las odiosidades y desprestigio de la pasada Administración, haciéndose perdonar por los opositores las ofensas por ellos recibidas, borrando los rencores provocados y haciendo olvidar con una ejemplar conducta todos los males causados al país para poder poner el Gobierno en sus manos; y bien sabía que eso era todo lo que deseaba el Partido Liberal.

Muchos trabajos se habían desarrollado en ese sentido por amigos políticos del señor Leiva y personales de él y míos. Mencionaré al General don Pablo Nuila, quien desde el principio de la lucha electoral mantuvo correspondencia conmigo y á la vez con Leiva, tratando de un futuro avenimiento, cualquiera que fuese el resultado de aquélla. También don Mónico Córdova, yendo como Representante al Congreso en Comayagua, me pidió autorización para tratar con el señor Leiva de un arreglo con el Partido Liberal, para cuyo fin quiso conocer nuestras condiciones, que le di y él creyó absolutamente aceptables. Cuando regresó el señor Córdova, mostróse completamente desalentado, porque Leiva le contestó que no era tiempo todavía para tal avenimiento, demostrando que no conocía la difícil situación del país, y probándolo con sus discursos inaugurales y la formación de su Gabinete.

En efecto, para conocer que Leiva aceptaba la herencia de Bográn con todas sus cargas, se hallaba dispuesto á recoger todas sus odiosidades y á vengar todos sus rencores, y continuaría arruinando á Honduras, bastó leer su respuesta á la alocución de su antecesor ante el Congreso y su manifiesto al pueblo hondureño. Bastó conocer los nombres de sus Ministros, de los cuales dos habían formado en el Gabinete de Bográn, otro era hermano político de éste, otro había servido como empleado subalterno, señalándose por sus arbitrariedades, y los otros dos habían sido partícipes ó encubridores de Bográn, en negociaciones ruinosas para el país, todos más ó menos cómplices en sus extravíos, y señalados, con excepción de uno, como enemigos encarnizados del Partido Liberal. Bastó ver, como una consecuencia, que todos los empleados de la pasada Administración quedaron en sus puestos, salvo la traslación de un lugar á otro de algunos de poca importancia; como si se pensase que un pueblo podría resignarse á sufrir á sus verdugos por cuatro años más, á lo menos, y á ver impasibles consumarse la ruina económica, política y moral de la patria, en manos de los mismos hombres que venían labrándola desde tanto tiempo atrás. Bastó ver que Leiva aceptaba como buenas las últimas leyes de Bográn, prestándose dócilmente á proporcionarle una satisfacción de amor propio, al cumplir la amenaza que en otro tiempo me hizo de la pérdida de todas nuestras conquistas. Bastó saber que Leiva confirmaba sus plenos poderes á Carlos F. Alvarado y que éste se asoció al célebre Roque Jacinto Muñoz, para hostilizar á los habitantes de la capital, á tal grado, que si no hubieran retrocedido á tiempo, mucha sangre se habría derramado desde entonces y quizá hubieran pagado con su vida los culpables su temeridad.

No podría alegar Leiva como excusa el haber apreciado la antevíspera de recibir la Presidencia un movimiento revolucionario en la frontera de El Salvador, encabezado por el General don Terencio Sierra; porque precisamente lo difícil de su situación venía no tan sólo del peligro interior, sino del exterior, donde se encontraban emigrados, hombres que, como Sierra, habían soportado todas las penalidades de la expatriación y la ruina de su fortuna durante seis años, y no podían resignarse á seguir sufriendo y viendo sufrir á sus hermanos, por el capricho de un solo hombre y sus pocos cómplices. El buen sentido aconsejaba dar cumplida satisfacción al pueblo hondureño y hacer justicia al mismo Sierra y á todas las víctimas del anterior despotismo; sobre todo, teniendo pruebas de que aquel movimiento no había obedecido á combinación con el Partido Liberal, en cuyo nombre había ofrecido yo esperar pacientemente la inauguración del Gobierno nuevo, y observando sus primeros pasos, resolver la línea de conducta que debíamos trazarnos.

Pero Leiva, ó quienes le manejaban, estaba ansioso por encontrar un pretexto para matar el único periódico liberal que había sobrevivido á la última ley de imprenta, enemigo jurado como es de la libertad y especialmente de la prensa.[18]

En consecuencia, decretó el estado de sitio once días después de inaugurado su Gobierno, el cual ha mantenido hasta el día. La Constitución, pues, ha estado de hecho y de derecho anulada durante la Administración Leiva, quien ha encontrado, sin duda, agradable sabor al poder absoluto.

Pareció que el Ministro de la Guerra, Alvarado, desaprobaba la política del nuevo Gobernante, á creer en sus declaraciones. Dijome que estaba seguro de que Leiva no se sostendría ni seis meses si no tenía un avenimiento con el Partido Liberal. Con este fin me excitó á una conferencia, en la cual me pidió las condiciones para procurar tal avenimiento. Le indiqué las mismas que ya conocía Leiva por medio de Córdova y Nuila, y que eran en resumen las siguientes: sustitución de los empleados que por sus abusos se habían hecho odiosos á los pueblos, por hombres honrados, que inspirasen confianza, cualquiera que fuese su color político: destitución y castigo por los Tribunales de Justicia, de los defraudadores del Tesoro Público, y en general de todo empleado que hubiese delinquido: el goce de las amplias garantías otorgadas por la Constitución a los ciudadanos: formación de un nuevo Gabinete de confianza para todos, que ofreciese á la oposición suficiente

---

[18] Lo ha probado después imponiendo silencio a " El Combate," periódico consagrado á adularle, pero que, redactado por jóvenes que conservan rasgos de independencia, se permitían censurar algunas disposiciones del Gobierno y la conducta de algunos Ministros y otros empleados. -*N. del A.*

seguridad de que lo pactado se cumpliría: derogación de las últimas leyes atentatorias é inconstitucionales legadas por Bográn: reforma en la Administración en todo sentido, dando fiel cumplimiento á la ley, y desligándose en general de la ruinosa de su antecesor. Alvarado mostróse satisfecho, entusiasmado; y dijo que, aunque su iniciativa era oficiosa, estaba seguro de que el señor Leiva aceptaría, pues nuestras condiciones no podían ser mejores: que él se empeñaría en conseguirlo, y lo había de lograr ó dejaría el Ministerio.

Para interesar más á Alvarado en el proyecto, y conociendo su no disimulada ambición de suceder á Leiva en el Gobierno, más ó menos pronto, le dije: que logrado el avenimiento, ningún liberal tendría inconveniente en servir á Leiva, excepto yo, que para lograr ser mejor atendido por mis correligionarios, no debía sacar ningún provecho personal, y por consiguiente, ningún destino debería aceptar: que además, si lo creían conveniente, me retiraría del país por seis meses, hasta un año. Debió comprender Alvarado que de esa manera le quedaba el campo libre para constituirse en jefe del Partido Liberal, y aprovecharlo para satisfacer una ambición legítima, honrada. Convinimos en que yo iría á Comayagua al llamarme el señor Leiva; y comuniqué á los departamentos el proyecto, que mereció la aprobación de los varios jefes liberales, declarándome sí natural desconfianza, que como yo tenían, de que nuestras condiciones fueran aceptadas.

Pero por la conducta posterior de Alvarado, comprendí que en vez de creer que podría explotar el avenimiento en provecho propio, temió que sería la muerte de sus aspiraciones, pues pronto resultó enemigo mortal de nuestro Partido.

Leiva conoció una vez más nuestras condiciones; pues si Alvarado no fué fiel intermediario, le fueron comunicadas sustancialmente por el General don Pablo Nuila. Por varios conductos supe que había contestado: que por ningún motivo consentiría en llamarme á Comayagua, ni en entrar en arreglos conmigo, pues no me reconocía como una entidad política, y consideraba indecoroso para el Gobierno tratar con un particular. Arranques de vanidad de déspota; pues algo más que un Presidente de Honduras vale un Presidente de Francia, un Rey de Inglaterra ó de España, y ninguno de éstos desdeña tratar con el jefe de un Partido de oposición, ya para resolver armoniosamente determinada cuestión parlamentaria, ya para un cambio completo de Gobierno, mediante mutuas concesiones. Ninguno de aquellos jefes de grandes naciones se cree humillado por tales arreglos, ni sacrifica á un miserable impulso de amor propio el bien general.

En esos mismos días tuvo Leiva una prueba práctica de que el Partido Liberal quería tan sólo libertad y respeto á las leyes, pues en medio de la mayor agitación en que nunca ha estado Tegucigalpa, llegó de Comandante el General don Pablo Nuila, quien prometió, en cuanto de él dependiera, respetar los legítimos derechos de la oposición, esperando de ésta, en cambio, que coadyuvase con él en el restablecimiento de la tranquilidad. Cumplió su promesa y logró su objeto. Bajo su Administración reinó completa calma; y aunque muchos abusos y hasta crímenes se cometieron, no fueron obra del General Nuila, sino de la intervención del Gobierno que se entendía directamente con los subalternos culpables, y el castigo de algunos de éstos se debió al celo de Nuila. Mas esta conducta laudable no armonizaba con el sistema general de terror y represión adoptado por el Gobierno en todo el país, y venía á constituir una protesta permanente contra el despotismo; y por lo mismo, Nuila, á quien los Ministros de Guerra y Hacienda de mucho tiempo atrás querían mal, fué objeto de sus desconfianzas, y trataron de hacerlo sospechoso para Leiva mismo, de quien Nuila había sido siempre amigo consecuente en lo privado, celoso partidario en lo político. Al fin lo consiguieron é hiciéronle creer, sin creerlo ellos mismos, que Nuila estaba de acuerdo con los liberales para hacer la revolución.

El 15 de marzo apareció en Comayagua el editorial de El Correo Nacional, órgano oficial, acusándome á mí y al Partido Liberal en masa, de conspiración para derrocar el Gobierno, asegurando tener plenas pruebas de ello; pero no se mandó instruir ningún proceso. Y sin embargo se declaró que el Gobierno tenía resuelto aplicar á los liberales todo el rigor de la ley, encarcelarlos, desterrarlos, y algo más que dejaba entender, aniquilar, en fin, al Partido Liberal.

Solemne falsedad era acusarnos de conspiración. No hemos trabajado nunca en el misterio, ni lo necesitábamos. Por todas partes, en las ciudades, aldeas y campos, hasta los ancianos, los niños, las mujeres, públicamente decían que sólo la revolución libraría al país del peor de los Gobiernos, y que debía hacerse sin perder más tiempo. De manera que no se necesitaba conspirar. Bastaba dejar hacer, combinando el Jefe del Partido un plan general para fechas dadas, para dar la señal convenida de mucho tiempo atrás, por si llegaba el caso extremo de recurrir á las armas. Mas esto no podría darles nunca la prueba de un delito, porque no se puede probar un pensamiento.

Pero esa falsa acusación y las imprudentes amenazas contra millares de hombres, debían dar graves consecuencias. Nadie podía tener esperanza alguna de que mejorase la situación del país, todos se creyeron en peligro, aumentó la agitación, y de todas partes se me pedía que dictase las debidas disposiciones para nuestra defensa, ó bien para terminar de una vez tantas dificultades. Sabiendo yo de positivo que por tres veces había el Gobierno acordado, en sesión secreta del Consejo de Ministros, destruir al Partido Liberal, y á la tercera era una resolución irrevocable, accedí á las instancias de mis amigos, y di la orden de prepararse para resistir por la fuerza contra la fuerza, y aun para tomar la ofensiva si se presentaba buena ocasión, después del primero de mayo, en caso de que la resistencia del Partido en cualquier lugar lanzase la chispa revolucionaria. Además, hice un llamamiento á los jefes liberales emigrados con quienes pude comunicarme, para que se acercasen á la frontera, y estuviesen listos para encabezar cualquier movimiento que pudiera verificarse en las inmediaciones.

Uno de los jefes llamados fué el General Sierra, quien á instancias mías, y haciéndole esperar un cambio favorable, pacífico, en la situación de Honduras, había suspendido sus ataques por la frontera salvadoreña. Otro fué el General don Manuel Bonilla, quien debía marchar á Livingston, de donde se entendería con la Costa Norte de Honduras.

Por otra parte, por medio de sus empleados, hice conocer al Gobierno nuestra resolución de defendernos de injustos y brutales ataques; de manera que, sólo teniendo interés en provocar un trastorno del orden público, podía llevar adelante su resolución contra nosotros.

Y tal debía ser, pues el plan que habían acordado para aniquilar al Partido opositor era apoderarse de las personas que lo encabezaban en todas las poblaciones de la República, para encarcelar á los unos, desterrar, relegar ó expatriar á otros, y quizá hacer sufrir la última pena á los principales, pues respecto á éstos no quedaron nada acordado definitivamente, aunque hubo, sí, opiniones de Ministros en favor de la fusilación. Era, por consiguiente, el Gobierno quien tramaba una verdadera conspiración contra el pueblo, habiendo señalado para realizar esa nueva San Bartolomé, los primeros días de mayo. No quedaba más salvación que recurrir á las armas, y se pasó la orden general de cumplir las instrucciones que de mucho tiempo atrás se habían dado en previsión de ese caso.

Como era natural, hubo mayor agitación y se veía en los semblantes mayor animación. Apercibióse de ello el Gobierno, y creyó en el plan revolucionario que le denunciaron varios empleados suyos, con la facilidad que en tales casos da la intranquilidad de conciencia para creer cuanto á proyectos de defensa del enemigo concierne. Y sea por esto, ó porque lo tuviera de antemano resuelto para realizar su conspiración, mandó elevar en todas partes las guarniciones, hasta poner más de 4.000 hombres sobre las armas.

Podía creerse que eso hacía imposible la defensa para los liberales, pero no fué bastante para desistir, porque en ello iba envuelta la vida ó la muerte del Partido; y todavía, si habían de medir sus fuerzas solos, sin intervención extraña, era posible el éxito de una revolución. Mantuve, pues, las órdenes dadas, hasta el 29 de abril. En esa fecha obtuve datos tales que me quitaron toda ilusión sobre la posibilidad de evitar una complicación centroamericana, que ahogaría la revolución al nacer, ó frustraría su consumación, si no se iniciaba poderosa, lo cual no era posible, estando el Gobierno prevenido, y siendo por tanto difícil apoderarse de los necesarios elementos, para vigorizarla desde el principio.

Además, conociendo una á una las disposiciones que el Gobierno dictaba, tuve certeza de que había desistido del proyecto de ataque al Partido en todo el país, comprendiendo que eso provocaría la revolución general, y se concretarían á proceder contra mí y los principales liberales de Tegucigalpa. De acuerdo con éstos, entonces, resolvimos evitar toda resistencia ó todo movimiento consecuencial, y di las necesarias órdenes, indicando, para mayor seguridad de que serían atendidas, la posibilidad de un avenimiento con el Gobierno, en el cual no creía, aunque por última vez lo habían iniciado por medio del Comandante, General Vásquez, sucesor del General Nuila, á quien se había relevado por calumniosas acusaciones é intrigas de mala ley.

Como lógico resultado de esas contraórdenes, quedó resuelto que nos dejaríamos prender sin resistencia, como medio el más seguro en aquellas circunstancias para evitar vejámenes contra los liberales de otras partes. Por eso, y por la seguridad que teníamos de no haber delinquido, á pesar de saber de momento á momento las órdenes que para lograr nuestra captura dictaba el Gobierno, á pesar de las insinuaciones de fuga que se nos hacían semioficialmente, resolvimos permanecer en nuestros puestos. Llegaban diariamente fuerzas, que acumulaban para poder cumplir lo acordado, y nuestros trabajos se reducían á impedir toda demostración hostil de parte de nuestros amigos. No obstante, el 29 por la tarde, circuló la noticia de que el Director de Rentas, con cuarenta empleados armados, que tenía á sus órdenes, intentaba asesinarnos, y eso causó instantáneamente gran alarma en la población, reuniéndose más de trescientos patriotas armados, como pudieron, cerca de las casas de los amenazados, resueltos á defendernos. Con gran dificultad logramos calmarlos y hacerlos recogerse en sus casas. Al día siguiente, por el modo imprudente y la hora inoportuna en que cumplió la policía una orden de citación para uno de los que corrían peligro, volvió á causarse la misma agitación que el día anterior, á la que pusimos término inmediatamente de igual manera, y para evitar la repetición, en mi nombre y en el de los demás compañeros que el Gobierno tenía condenados, declaré al Comandante Vásquez que cuando tratase de capturarnos nos llamase á su despacho; pero que si se presentaba la fuerza armada, principalmente, si era de noche, temeríamos con razón que se tratase de cometer un asesinato y estábamos resueltos á defender nuestras vidas.

Pocos días después, continuando la intranquilidad de la población, ó mejor dicho del país, traté con los Generales Vásquez y Ordóñez sobre la manera de ponerle término; y de acuerdo, nos pareció sería lo mejor que yo tuviese una explicación personal con Leiva, y les autoricé para poner el telegrama que puede verse en el

Anexo A.[19] Era mi intención hablar á Leiva con mayor franqueza aún que la que había usado con los Generales Vásquez y Nuila, explicándole las disposiciones que había dictado y los motivos porque las había contrariado: hacer un llamamiento al resto de patriotismo que pudiera quedarle para que conjurase él también el principal peligro para el país que yo trataba de evitar, la intervención armada de vecinos, y como consecuencia, la imposición de un gobernante. Él debía saber que tal era mi objeto, pues Nuila debe habérselo iniciado. Y, sin embargo, Leiva, resuelto á llevar adelante su capricho, dió una contestación negativa é insultante (Anexo B) de aquellas que entre caballeros se replican con un bofetón, como lo dije á Vásquez y á Ordóñez al hacérmela conocer, para que lo trasmitieran si querían. Al darla, no pensó Leiva que, si yo me hubiese considerado culpable y tuviese entre manos proyectos revolucionarios pendientes, no me pondría en poder de mis más encarnizados enemigos; y por lo mismo no se justificaría en adelante ningún procedimiento contra mí ni mis compañeros.

Dado ese paso infructuoso, quedamos esperando tranquilamente que llegase la orden de nuestra captura, la cual dió por correo el Ministro de la Guerra con fecha cuatro de mayo (Anexo C), cuando ya tenían en Tegucigalpa, inclusive la policía, cerca de quinientos soldados y venían en camino cien más.

El Comandante Vásquez, el día 6 llamó á su despacho á los Generales don José María Reina, Erasmo Velásquez, Dionisio Gutiérrez, Miguel R. Dávila, y Abogados Miguel O. Bustillo, Enrique Lozano, Alcalde y Síndico respectivamente de Tegucigalpa, y á mi, para notificarnos aquella orden, de que nos permitió sacar copia, indicándonos en lo particular, lo que ya sabíamos, que hasta entonces se tenía resuelto relegarnos á Roatán, puerto de la Costa Norte, mortífero para las gentes del interior, en el cual en aquellos días estaba atacando la fiebre amarilla. En seguida Vásquez, espontáneamente, sin observación alguna de nuestra parte, pues nos pusimos á sus órdenes, nos ofreció extendernos pasaporte para

---

[19] Véase ese anexo y los demás á que enseguida se refiere este Manifiesto en la publicación titulada "Mensaje del Presidente de la República de Honduras y Anexos presentados á la Asamblea Nacional Constituyente de 1894". — Tegucigalpa—Tipografía Nacional,1896.

Nicaragua, pero diciendo que lo hacía en su propio nombre y sin contar con el Gobierno. Rehusamos, á menos que recibiera autorización superior, y que nos permitiese salir armados cada uno con su rife, dentro de tercer día y no en el acto como al principio exigía, á todo lo cual accedió. Además, obtuvimos de él la promesa de que nuestras familias no serían molestadas durante nuestra ausencia, con pretexto de buscar armas ú otro semejante. Es por consiguiente absolutamente falso lo que ha publicado la prensa oficial de Honduras, que hemos pedido por gracia la expatriación en vez de la relegación; y la mala fe con que ha procedido el Gobierno al hacer tales publicaciones, se demuestra con el telegrama que dirigí al señor Leiva de Somoto, el cual no tuvo respuesta. (Anexo D).

Debo referirme á un suceso que fué inmediata consecuencia de nuestra expatriación. Queda indicado que el General Bonilla estaría en Lívingston esperando la ocasión de ser útil á su partido. Cuando llegó á aquel puerto supo mi expulsión y la de mis compañeros, pero creyó que eso, según la señal convenida, habría provocado los levantamientos previstos, porque ignoraba la contraorden dada por mí, habiéndose cruzado en el mar con el encargado de comunicársela, cuando Bonilla se dirigía contra Puerto Cortés. Hasta que hubo tomado el cuartel de la Aduana y atacaba el de La Laguna, supo que, cumpliendo instrucciones mías, nadie se había movido en el país. Comprendió que su movimiento sería aislado: la fiebre inutilizaba á sus pocos esforzados compañeros: él mismo fué atacado por esa terrible enfermedad, y resolvió desistir de la empresa, retirándose tranquilamente, sin ser molestado por el enemigo. Murió en combate el valiente joven Tosé María Durón; y recibió también muerte, leal ó traidora, que todavía es un misterio, el inteligente, honrado y patriota Francisco Lobo Herrera, que tantas lágrimas ha costado á sus numerosos amigos en esta capital. Murieron también, víctimas de la fiebre amarilla, Santiago Cervantes, el Coronel Fernando Pérez y Ramón Huete, jóvenes todos adornados de excelentes cualidades. Cervantes, que huyó al Salvador perseguido durante la lucha electoral, murió haciendo votos por el triunfo de la causa liberal, y dando ejemplo de la heroica resignación de un verdadero patriota. Estos fueron los primeros mártires inmolados en aras de la terquedad, que no merece llamarse ambición, de Ponciano Leiva.

La saña del Gobierno de Honduras no quedó saciada con la medida adoptada contra mí y compañeros. Persiguió también á otros patriotas, de los cuales recuerdo á Pedro H. Bonilla y Ricardo Maldonado, de La Paz, Coronel Miguel Padilla, de Intibucá, á quienes obligó á emigrar, y encarceló á Gonzalo Mejía Nolasco. En seguida, y por haber sido electo Síndico de Tegucigalpa el Licenciado don César Bonilla, Magistrado de una de las Cortes, en reposición del que fué expatriado, recibió orden de marchar á Roatán, la que no cumplió, prefiriendo abandonar el suelo hondureño. En general continuó el espionaje, las persecuciones y vejámenes peor que antes de nuestra salida, causando la emigración en masa, y probándose con eso que, al decretarla, no fué la tranquilidad del país lo que el Gobierno se propuso.

Yo por mi parte, aunque convencido de que la revolución tenía que hacerse de necesidad, creyendo conveniente su aplazamiento el mayor tiempo posible para asegurar su éxito, dejé recomendada à mis amigos la mayor calma y prudencia, y resolví no mezclarme por algún tiempo en la política de Honduras, para que quedase claramente comprobado que la mala conducta del Gobierno, y no la nuestra, era el obstáculo para la paz en Honduras. En relación á ese propósito, salí de Nicaragua, donde tantas muestras de simpatía encontramos, y me dirigí à esta República, donde no menores muestras he recibido, con el objeto de arreglar para mí y mis compañeros de expatriación la manera de proveer á nuestra subsistencia por medio del trabajo honrado. Creyendo haberlo conseguido, les escribí llamándoles por el vapor que debía tocar en Corinto el 6 de julio.

Tal era la situación antes de estallar el primer movimiento revolucionario. La prudencia, siquiera el amor propio del Gobierno, le aconsejaban cambiar de conducta para hacer aparecer á los expatriados como los únicos trastornadores del orden en Honduras; y contaba con que al menos lo intentaría y daría una tregua de algunos meses á la revolución. Pero eso sólo era posible si el despotismo se ejerciera con cierta buena te, ó si el déspota hubiese sido sólo el Presidente Leiva y en pro de sus personales intereses, en vez de serlo á la par de él ó más que él, el General Bográn, los Ministros y jefes militares, que aspiran á sucederle ó á suplantarle, en vida ó en muerte, cuya encontrada ambición hace que á ella se sacrifiquen los más caros intereses públicos. Los empleados de la Administración Leiva han sido nombrados ó conservados por la influencia del uno ó del otro pretendiente, con el pacto de trabajar por el logro de sus aspiraciones. Si esos empleados delinquen, su patrono les protege, y están por consiguiente seguros de la impunidad. Grandes rivalidades existen en el seno del Gobierno; pero no siendo tiempo de mostrarlas á la luz, se toleran y apoyan mutuamente por ahora, reduciéndose los trabajos del Gabinete á ganar cada uno por su lado cuanto más terreno puede en perjuicio de su rival, y á combatir al que ellos llaman enemigo común, al Partido Liberal.

Y tienen razón en llamarlo así, porque saben que si á ese Partido se le dejase en libertad de acción vara desarrollarse pacíficamente, sus pretensiones se desvanecerían como humo. Se conocen y saben que no pueden deber su elevación al poder al voto libre del pueblo: saben por la experiencia del año pasado, que ese Partido en una nueva lucha electoral se impondría y sabría conquistar la libertad, obligando al Gobierno, para tener alguna posibilidad de triunfo, á oponerle un candidato honrado, con algún prestigio en el país, que no sería ninguno de los que se han hecho cómplices de tantos crímenes contra la libertad, la honra, la propiedad y la vida del pueblo hondureño. Y saben también, que, si tratasen de escalar el poder por la traición, ese Partido haría infructuosa su infamia, como lo tiene bien probado.

Estas consideraciones enseñan que al terminarse la última lucha para la elección de Presidente, ya quedó iniciada una nueva campaña; y á eso se debe que la oposición no haya tenido tregua ni momento de descanso. Enseña que el Gobierno no ha querido avenimiento con el Partido Liberal, porque tenía decretado su aniquilamiento como único medio para cometer una nueva y más criminal usurpación del Poder, y en consecuencia, está decretado que, ó ha de ejercer el Gobierno la dictadura, el poder absoluto, ó ha de caer por la fuerza de las armas.

Sus propósitos pronto debían realizarse. La Costa Norte de

Honduras, durante la pasada lucha electoral, se distinguió por su espíritu de oposición. Fué ahogado por la fuerza y no se tradujo en votos, pero más que antes quedó odiado el régimen opresor. Eso le constaba al Gobierno. No obstante, resolvió mandar de jefe absoluto de aquella sección de Honduras al General Roque J. Muñoz, notable por su habilidad para hacerse odiar donde quiera que llegaba, para captarse la mortal enemistad de todo aquel con quien trataba. Pero como si su solo carácter no bastase, sus protectores, los Ministros de la Guerra y Hacienda, le dan instrucciones para dominar la costa por el terror, instrucciones que cumple al pie de la letra.

Entre otros á quienes maltrata, se halla el Coronel Leonardo Nuila, quien había estado al servicio del Gobierno, y á quien, si alguno podía tener rencor, era la oposición, pero no el Gobierno, ya que, como todos los jefes militares, había obedecido las órdenes de opresión contra los liberales, y así logrado sacar triunfante la candidatura de Leiva. Este, pues, le debía la misma gratitud que ha mostrado para con todos los que le dieron el poder, hasta el grado de sacrificar á esa gratitud la tranquilidad pública.

Nuila ya separado del servicio del Gobierno, ya declarado públicamente su enemigo, resuelve encabezar el primer movimiento revolucionario, unido á los mismos opositores á quienes había combatido, y convencido por la fuerza de los argumentos de hecho de la justicia de su causa. Antes el mismo Nuila y los principales liberales de la Ceiba, me consultan sobre el movimiento; pero sus comunicaciones me llegan después de ejecutado, anticipándose, sin duda, por el interés de apoderarse de considerable número de elementos de guerra que venían al Gobierno. Era imposible ya la revolución combinada en todo el país, único proyecto que yo había creído siempre con probabilidades de pronto éxito. Esa noticia inesperada contrarió mi anterior resolución; pero resolví aceptar el movimiento, hecho en mi nombre, porque, conociendo la situación del país, sabía que había de comprometerse todo el Partido Liberal y de provocar levantamientos populares espontáneos que no estaba en mi mano impedir, como en efecto sucedió. Contesté á Nuila indicándole las condiciones y términos de mi aceptación. (Anexo E) En seguida envié al General Manuel Bonilla para que tomase, en mi nombre, el mando de las fuerzas revolucionarias del Norte, si lo creía conveniente, dándole las debidas instrucciones. (Anexo F.)

Y para evitar el sacrificio inútil, por falta de jefes, de los pueblos del Sur que se insurreccionasen, dirigí el 6 de julio un cablegrama á mis compañeros de expatriación, ordenándoles iniciar las operaciones por su lado, con los escasos medios de que disponían, para llamar y distraer la atención del Gobierno, ya que la base principal de la revolución, por la abundancia de elementos y recursos, estaba en el Norte. Sólo en parte logré evitar el mal, porque de Tegucigalpa y otros pueblos del departamento se habían movido los patriotas hacia la frontera desde el 5, y la falta de los jefes, que se reunieron con ellos hasta el 15, provocó una dispersión de fuerzas y ocasionó la pérdida de varias armas. (Anexo G.)

No puedo dar detalles sobre el curso de la revolución en el Norte, porque aún no los tengo auténticos. Baste decir que, tomados los puertos de La Ceiba y Trujillo, armados más de y00 hombres, de los cuales se dejaron las guarniciones en dichos puertos, marchó Nuila á la cabeza de las demás fuerzas al interior, llegando á situarse en el corazón del departamento de Yoro, en donde perdió un mes sin atacar al enemigo ni hacer ninguna operación militar, por causas que aún ignoro.

Esa inacción dió lugar al Gobierno á levantar, aunque lentamente y con grandes dificultades, un ejército, del cual, una parte llamó la atención de los revolucionarios por el frente; mientras la otra, utilizando los servicios de un vapor mercante frutero, armado en guerra, se dirigió contra La Ceiba. Dos días antes había llegado allí el General Bonilla, quien por graves obstáculos que tuvo que vencer para salir de este país, perdió nueve días, preciosos para el éxito de la revolución según se vió después. Al ser atacado el puerto por tierra y bombardeado por mar con una fuerza de 500 hombres, Bonilla con 37 hizo una heroica defensa durante dos horas, causando al enemigo más de setenta bajas entre muertos y heridos, y viéndose obligado á retirarse por falta de municiones. Quedaron prisioneros los señores Dr. don Francisco G. de Peralta, Eduardo Alvarado y Juan Rosa Cárcamo, quienes, á pesar de su ancianidad el primero y de estar heridos los otros dos, fueron llevados al tercer día al patíbulo, y fusilados.[20] Con este hecho y otras fusilaciones de prisioneros al ser capturados, sin farsa de juicio, comenzó á ponerse en práctica el famoso decreto de guerra sin cuartel, después de practicarse también con el saqueo de la población de La Ceiba.

Bonilla, al abandonar La Ceiba, se dirigió á Olanchito, donde encontró á Nuila, con su fuerza reducida á cien hombres y desmoralizada, sin haber combatido. No conozco las causas de ese desastre y sus consecuencias, que fueron la captura de Bonilla en Olancho el 9 de agosto y la de Nuila en la Costa el 26. Este fue fusilado en Trujillo el Ir del presente; asesinato inútil, puesto que la revolución del Norte, donde á juicio de ellos podría producir escarmiento, estaba vencida; mientras que para los revolucionarios del Sur será un estímulo más para empeñarse en derrocar un Gobierno que cree poder sostenerse sólo alimentándose con la sangre hondureña. Leiva y sus cómplices, al resolverse á levantar el cadalso político en esta ocasión, han abierto un abismo entre el Gobierno y la revolución. Toda transacción es ya imposible, porque se interpone la sangre de nobles víctimas sacrificadas en los combates, y más aún, la derramada en deshonra de la ley.

En cuanto á la revolución en el Sur, aunque con el inconveniente de la dificultad de comunicaciones, puede verse su progreso en la relación de la campaña que contiene el Anexo H, hecha en vista de los informes dados por los jefes revolucionarios y con datos obtenidos posteriormente de testigos presenciales. Quien la lea se convencerá del heroísmo de los soldados de la revolución, quienes luchando uno contra diez, moralmente han obtenido el triunfo, aun

---

[20] Para que resalte la infamia de este triple crimen daré los siguientes datos: -El Dr. Peralta era un anciano de 72 años, que funcionaba como Comandante en La Ceiba, quien, al saber que había caído prisionero hijo suyo, se negó a huir. Eduardo Alvarado era primo hermano de Carlos F. Alvarado, Ministro de la Guerra, por ser hijo natural del General Casto Alvarado, que fué la honra de la familia, y cuyos descendientes todos, como verdaderos patriotas, forman contraste con los de la rama a que pertenece el Ministro. Juan Rosa Cárcamo era un agricultor de Tela, con un capital de más de cuarenta mil pesos, quien había sido muy mal tratado por el Gobierno, desde el año pasado, a causa de sus opiniones liberales. Todos murieron con la tranquilidad de los héroes y victoreando al Partido Liberal. Recomendable es la lectura del periódico oficial de Tegucigalpa, El Soldado, número 17, que contiene la relación del suceso, para que se aprenda cómo saben morir los hombres de convicciones. -*N. del A*

sin quedar dueños del campo, llenando de pánico á los jefes, oficiales y tropa del tirano, que ya no se atreverá á luchar de nuevo ni en igual proporción, y aumentando el prestigio de la revolución entre el ejército mismo del Gobierno, cuyos soldados obligados de por fuerza á servirle, aprovechan toda ocasión de desertar ó de pasarse al lado de sus hermanos.

Forma contraste la conducta del Gobierno y la de la revolución. El primero, que tiene á su disposición todos los recursos del país y el natural prestigio de la autoridad, que por lo valioso debía empeñarse en conservar, está sosteniendo la guerra con exacciones vio lentas á los capitalistas, amigos, neutrales ó enemigos, hechas hasta con amenaza de palos: con el saqueo de los pueblos donde sus fuerzas tocan, privando á sus infelices habitantes hasta del pan que han de llevar á la boca: con el libertinaje y desenfreno de la soldadesca, y aun de los principales jefes y oficiales, á quienes se permite el robo, el asesinato, la violación, á fin de mantenerlos contentos y de evitar la deserción. Mas no piensan que logran su objeto mientras se halla en marcha formación, pero les es contraproducente cuando llegan al frente del enemigo, porque no puede resignarse á la muerte el militar que ha perdido su dignidad de hombre. En cambio, los revolucionarios, privados de toda clase de recursos, se contentan con el alimento que les dan los habitantes voluntariamente y hasta con entusiasmo; y se ha visto el caso de negar los Jefes, por excesiva escrupulosidad, á sus soldados, que van descalzos y destrozados los pies, el permiso de apoderarse de las bestias que se encuentran á su paso sin consentimiento de sus dueños; lo que ha dado por consecuencia lógica, á la vez que el mayor desprestigio de la causa del Gobierno, el aumento de las simpatías dentro y fuera del país en favor de la revolución.

También ha contribuido eficazmente al completo desprestigio de aquélla, el abuso que ha hecho del monopolio del telégrafo y la prensa, para comunicar constantemente noticias falsas, hasta bajo la firma del Presidente Leiva y aun en comunicaciones oficiales á los demás Presidentes. Ha llegado hasta atribuirse triunfos que han sido verdaderas y sangrientas derrotas, y á jactarse del acuchillamiento de 250 revolucionarios en la acción de Danlí, sin una palabra de compasión para las víctimas, siendo por el contrario las pérdidas de los revolucionarios el diez por ciento de las del Gobierno.[21] A consecuencia de tanta falsedad oficial, aunque al principio lo explotaron con ventaja, hoy nadie cree en sus noticias, y la verdad misma será puesta en cuarentena. Y queda probado que Gobierno que recurre á la mentira para captarse siquiera la neutralidad de la opinión pública, ya que es imposible su favor, ha perdido la fe en el triunfo de su causa y ve su caída segura en fecha más ó menos lejana.

Al concluir la relación de los sucesos, debo dar cuenta de mi conducta hasta hoy durante ellos.

Dos cargos lanzan contra mí el Gobierno de Honduras por medio de su prensa oficial ó asalariada. Es el uno no haberme presentado en el teatro de la guerra, siendo mi deber como Jefe de la revolución. Es el otro el que deduce de mi proposición de entregarme mis enemigos en cambio de la amnistía de los prisioneros y de todos los revolucionarios. Hablo sólo de esos dos, que me propongo contestar, porque el de ser autor de la revolución misma, además de considerarlo como una honra inmerecida, ya que debe llevarla el pueblo que tal virilidad demuestra por la defensa de sus derechos, de su hogar, de su vida, queda contestado con la relación de antecedentes que contiene este folleto; y apoyado en ellos desprecio el calificativo de ambicioso vulgar y demás insultos que se me prodigan.

Al convencerme de que la revolución no podría ya aplazarse, debía dictar varias disposiciones que tendiesen á asegurar su éxito, vigilar su cumplimiento, y tratar de estorbar las intrigas del enemigo. Para poder estar en comunicación con los Jefes de todos los movimientos, no debía entrar á Honduras, por entonces. Era mi propósito dirigirme al Norte, y fué convenido que al llegar el General Bonilla á aquella costa, mandaría una embarcación á Belize para que me condujese al lado de los revolucionarios. El retardo en la llegada de Bonilla y la pérdida inmediata de los puertos de la

---

[21] Hicieron celebrar en Tegucigalpa ese supuesto acuchillamiento ó degüello de liberales, hijos de Tegucigalpa, y especialmente la muerte de los Generales Velásquez y Dávila, que era entonces falsa respecto del primero, sin acordarse un momento de que esos dos hombres, á la cabeza de los patriotas que decían degollados, junto con los demás jefes liberales, lucharon en la misma ciudad por devolver el poder á quienes tanto están abusando de él. —*N. del A*

revolución, que conocí á principios de agosto, me impidieron realizar mi propósito. Desde aquel momento debí pensar en buscar la entrada á Honduras por el Sur; más sabiendo las disposiciones de concentración de emigrados dictadas en El Salvador y Nicaragua, era probable que se prohibiese mi desembarque ó mi reunión con mis compañeros. He tratado de saber de mis amigos si de alguna manera puedo allanar ese inconveniente, y aun no he logrado tener la seguridad de conseguirlo. Pero tenga el Gobierno de Honduras por seguro, que, aunque haya de atravesar su territorio, llegaré á participar de los riesgos, si han de continuar corriéndolos, de los valientes patriotas que luchan en aquella desgraciada tierra para librarla del poder de los hombres que quieren convertirla en su patrimonio. Ya entre ellos me trazaré la regla de conducta que las circunstancias demanden. Bien sé que no necesito excusa ante mis correligionarios. Bastante me conocen aquellos. Pero debo justificarme ante los hombres imparciales de Centro-América.

Para contestar el otro cargo que el Gobierno hondureño me hace de querer rehuir mi responsabilidad por la revolución, y representar una comedia para darme importancia, basta leer toda la correspondencia cruzada con ese motivo. (Anexo I).

La prensa de Honduras sólo reprodujo los dos primeros telegramas, y tuvo buen cuidado de no publicar los demás, tomando pretexto del laconismo propio de tales comunicaciones para hacerme una injusta inculpación, que desmienten mis antecedentes, ya que nunca he desconocido la responsabilidad de mis actos ni tratado de hacerla pesar sobre inocentes. Omitió hablar de los telegramas dirigidos á los demás Presidentes, porque ante ellos era imposible suponerme representando una farsa, de las que acostumbran los hombres de Bográn.

En mi comunicación á los periodistas que en esta capital se dignaron reproducir la correspondencia en que me ocupo, indico algunos de los móviles que tuve al dar aquel paso. Eso no necesita mayores aclaraciones: pero debo advertir que si el Gobierno había mentido al asegurar que estaba sofocada la revolución, como lo confesó el mismo Leiva en su respuesta, yo no tenía derecho á disponer de mi persona, no debiendo como Jefe dejar comprometido al más pequeño grupo de patriotas que mantuviese la lucha.

También agregaré: que al hacer el ofrecimiento de entregarme, he querido demostrar que eso mismo haría en cualquier caso en que se quisiera abusar de mi nombre, para imponer en Honduras un Gobernante por la fuerza, contrariando los propósitos de la revolución, si otro medio no encontrase para lograrlo.

Hecha la relación de los sucesos, en que se contienen las causas y antecedentes de la guerra que hoy aflige á Honduras, réstame sólo hacer algunas consideraciones sobre ella.

En el extranjero los países de la América latina están muy desacreditados por sus frecuentes revoluciones; y por ellas inculpan á nuestra raza, inculpan á los pueblos, y defienden á los Gobiernos. Estos, que son los verdaderos causantes de nuestro desorden, cobran aliento con el apoyo moral de la prensa extranjera, y se fingen víctimas de los bochincheros, de los anarquistas, y muchos más calificativos que aplican á los revolucionarios.

Ciertamente muchas veces se ha derrocado ó intentado derrocar muy buenos gobernantes, para sustituirlos desventajosamente, ó solamente por hacer un cambio de persona; pero en verdad, la regla general es la contraria, pues bien, sabido es que, excepto por medio de golpes de cuartel, ningún movimiento puede iniciarse y tomar proporciones, cuando el gobernante no está absolutamente abandonado de la opinión pública.

Mas grave injusticia se. hace á nuestros pueblos condenándoles sin ser oídos, vituperándoles en vez de ensalzarles, cuando oprimidos por el pesado yugo de un déspota, ansían libertad y resuelven derramar su sangre en bien de su patria.

Como razón para condenar á la América española alégase que en Europa, en los Estados Unidos de Norte América, no recurre el pueblo á las armas en vindicación de sus derechos; pero es grave error juzgar á las naciones por el mismo criterio. Nuestras sociedades se hallan aún en el período de formación, como se hallaban las europeas y las colonias centro-americanas hasta el siglo pasado, y sucede en ellas lo que entonces en las otras. Allá han logrado organizarse; y los pueblos han podido resignarse á conquistar más ó menos lentamente su progreso y libertad, ya porque han llegado á disfrutarlos en alto grado, ó porque es efectiva la parte que se les otorga, y no se les engaña ni se les pone obstáculos para su pacífico desarrollo. Cuando lo contrario ha sucedido, también se ha dado la consecuencia, la revolución. Allá, ni aun en las monarquías, si no son una autocracia, el capricho del que manda es la ley; y ni el mismo autócrata puede ser tan caprichoso como nuestros malos Presidentes; sin embargo, contra él se levantan los nihilistas con la dinamita por arma, esgrimida en las tinieblas.

Actualmente en Honduras está tan claramente definida la situación, que ningún centro-americano ni extranjero que la conozca podrá condenar la revolución que allí existe; porque todos tendrán que reconocer que si algún cargo puede hacerse al Partido Liberal que la sostiene, es el haber contemporizado demasiado largo tiempo con un gobernante que todo lo ha sacrificado á intereses personales, que ha preferido exponer la patria á su completa ruina, antes que dejar de cumplir las órdenes del hombre á quien debió su usurpado poder y separarse de los cómplices que le dejó impuestos para continuar su obra. Por importantes que esos hombres fuesen, no se justificaría el haberle antepuesto al pueblo hondureño, á quien por ellos sacrifica. La lucha se mantiene entre ciudadanos que piden con derecho y un Gobierno que niega sin razón. Si alguno debe ceder para evitar que siga el derramamiento de sangre, es el Gobierno que ha provocado el conflicto con su injusticia y antecedentes creados por él.

Grandes son los desastres que trae consigo la guerra, y por eso el pueblo hondureño no debe perdonar á su gobierno el haber convertido en sangrienta la revolución pacífica que el Partido Liberal estaba realizando. Pero en verdad, aquel desgraciado país poco ha perdido comparando su actual situación con aquella á que el gobierno de Leiva le tenía reducido. Si hoy se consumen los fondos nacionales en mantener ejércitos para combatir á los revolucionarios, antes se consumían en mantenerlos para reprimir á los ciudadanos y obligarlos á soportar pacientemente los abusos del poder, pudiendo haber diferencia sólo en que reciban mayor ó menor suma las arcas particulares de quienes los manejan. Si hoy se encuentra el país en la miseria, á ella le ha conducido una torpe administración. Si el comercio, la agricultura y la industria están paralizadas, así lo estaban desde antes por las persecuciones y vejámenes de todas clases que el pueblo ha sufrido, y han obligado á los hombres del trabajo á abandonar su hogar. Si hoy se derrama la sangre en los combates, antes se han llenado de inocentes las prisiones, cargándolos de hierros ó sometiéndolos á crueles tormentos, que les han hecho despreciar la vida. Y en cambio, si hoy se sufren todos esos males, existe la esperanza de hallarles remedio, y prueba el pueblo hondureño que tiene virilidad suficiente para no dejarse esclavizar impunemente.

Ignoro la situación en que se encuentra en este momento la revolución, pero es seguro que no podrá terminar mientras existan al frente del gobierno hombres en quienes el pueblo ha perdido la fe, á quienes cree capaces de todas las infamias. Y pronto ó tarde será coronada por el triunfo, á pesar de que lucha contra grandes obstáculos dentro y fuera del país, y carece de los necesarios elementos y recursos; porque le sobran pechos generosos dispuestos á sacrificarse por su patria, brazos que empuñarán el arma que se conquiste al enemigo; porque el despotismo que la alimenta persigue indistintamente al rico y al pobre, al hombre instruido como al ignorante.

Me dirigiré especialmente á los guatemaltecos, cuyo suelo hospitalario estoy pisando, y que acaban de atravesar por una crisis muy semejante á la de Honduras, de la cual han salido para su felicidad bien librados. Muchas son las semejanzas entre las Administraciones de Barillas y Bográn; muchas las que hay entre los dos hombres; y las mismas causas habrían dado idénticas consecuencias, si aquí en Guatemala el hombre que sucedió á Barillas se pareciese á Ponciano Leiva.

Ningún guatemalteco dejará de confesar, cualquiera que sea su color político, que si el sistema de la pasada Administración hubiese continuado, que si el cambio de Presidente hubiese sido sólo de nombre, convirtiéndose en farsa el principio de alterabilidad, de manera que el país continuase caminando hacia el precipicio que lo arrastraba, se habría considerado criminal al hijo de este suelo que hubiese condenado la revolución, que no hubiese corrido á tomar las armas. No olviden, pues, ante su presente bienestar, lo que ellos mismos han sufrido al juzgar al Partido Liberal de Honduras.

Y si he logrado convencer á los centro-americanos honrados de que es en Honduras santa la causa de la revolución, prueben la comunidad de nuestros intereses prestando á sus hermanos que sufren la ayuda de que tanto necesitan. No olviden que es quizá su propia suerte la que se ventila en los combates que allá se libran, ya que la paz de Honduras, dada la situación, no podrá existir sin el triunfo de la revolución, única segura garantía para la paz en todo el istmo centro americano, por la creación de un gobierno propio, independiente, prácticamente neutral, que deje de presentar á aquella porción de tierra como la manzana de las discordias entre sus vecinos: no olviden que el suelo que hoy se está manchando con sangre de hermanos, que el país que está arruinándose por la prolongación de la guerra ó la continuación de la tiranía, formará parte en día, tal vez cercano, de la nueva nación que será nuestra patria común.

Guatemala: 15 de septiembre de 1892.

PROCLAMA: EN LA FRONTERA
DE NICARAGUA A 29 DE ENERO DE 1893

HONDUREÑOS: ¡Á LAS ARMAS!

¡Levantad vuestra abatida frente! Llegó la hora de redimir á nuestra patria del pesado yugo que la avergüenza y oprime. Volad á detenerla al borde del abismo del crimen, de degradación y de miseria, en que pronto va á sumirla su actual Gobierno si no ofrecéis en holocausto vuestra posición y fortuna, y hasta vuestra vida. Imitad el noble ejemplo de tantos mártires que han regado con su sangre los campos de batalla de La Ceiba, Danlí, El Carrizal y El Corpus, y en casi diarios combates en los pueblos del Sur, y el heroísmo de tantos que han expirado en el patíbulo.

¿Qué esperáis? ¿Acaso que penetre remordimiento en la lóbrega conciencia del anciano que no se ha aterrado al manchar sus canas con la sangre de seis centenares de víctimas, cuyos huesos blanquean en todos los ámbitos del país? ¿Acaso que sus cómplices se avergüencen de su obra?

Esperáis en vano. El hombre que no desdeñó el poder que ejerce, á pesar de deberlo á grandes crímenes, de costarle al pueblo inmensos sacrificios, torrentes de lágrimas; el hombre á quien sus mismas víctimas, previendo y queriendo evitar las funestas consecuencias de la usurpación, que han reducido á la patria al triste estado en que se encuentra, le indicaban el camino para hacerse perdonar el origen viciado de su poder, que no era otro que el sendero trazado por las leyes, la honradez y el patriotismo, y prefirió solazarse con el poder absoluto, exigiendo del Congreso leyes que dieron muerte á la libertad de imprenta, de asociación y á todas las garantías del ciudadano, otorgadas por la Constitución y por la ley natural; el hombre que tuvo la visión clara de los efectos de tan criminal conducta y no se detuvo ante la perspectiva de la ruina de la patria, ese hombre no puede haceros alentar la más pequeña esperanza de que voluntariamente atienda à las reclamaciones del patriotismo.

Y menos podéis esperar que aquellos que Leiva tiene á su servicio, en su mayor parte cómplices, si no instigadores de sus actos, quieran nunca abandonar un poder que hace nueve años vienen explotando, y dejar en descubierto verdaderos crímenes, de que tantos entre ellos son responsables.

Inútil es que vuelva á enumerar, como lo hice en mi Manifiesto fechado en Guatemala, todos los cargos que merece el Gobierno actual y los antecedentes que justifican la revolución, á la cual ha sido obligado el Partido Liberal por la torpeza y maldad de los mismos que tanto la temen. Es inútil, porque son de vosotros todos bien conocidos, puesto que sois las víctimas.

HONDUREÑOS: convenceos de que no hay más salvación para la patria, que arrancar por la fuerza de manos de vuestros verdugos ese poder, cuyo peso os abruma: engrosad las filas del Partido Liberal que ha iniciado y continúa hoy la revolución más grande que se ha verificado en Honduras, por la justicia de la causa y popularidad que la alimenta. Pensad que la guerra es de todos modos inevitable: el militarismo, cuyos excesos ha tolerado y hasta premiado, amenaza volverse contra el Gobierno; y el verdadero amo en el seno de éste, Luis Bográn, causa y origen de todos los males, asecha el momento de recobrar de hecho el poder que sólo nominalmente ha perdido. Ved, si esto sucede, como consecuencia, la anarquía, que sólo puede evitar el Partido Liberal triunfante, por ser el solo centro de unidad que en el país existe.

JEFES MILITARES al servicio del tirano: los que entre vosotros conserváis el respeto á vuestro nombre y queráis trasmitirlo sin mancha á vuestros hijos; los que conserváis en el fondo de vuestro corazón sentimientos patrióticos, abandonad las filas en que militáis, porque las virtudes propias de vuestra carrera, de que podéis dar pruebas, la lealtad, la subordinación, el valor, serán causa de vuestra carrera deshonrosa ante el severo tribunal de la historia, y en vez de la gloria que podríais buscar, recogeríais las maldiciones de vuestros contemporáneos y de la posteridad. Si habéis cometido faltas contra el pueblo, lavadlas con vuestros desinteresados servicios á su santa causa.

OFICIALES Y SOLDADOS que el Gobierno llama á combatir á vuestros hermanos: no os prestéis por un falso sentimiento del deber á servir de instrumento á la tiranía: recordad que al defenderla remacháis los hierros de vuestra esclavitud, aseguráis la continuación de la miseria de vuestras familias, de los ultrajes, de los martirios que sufrís diariamente. Abandonad esas filas, en que sólo contribuiréis con el sacrificio de vuestra vida á consumar la ruina de la patria. Venid á estrechar en fuerte abrazo á vuestros hermanos, trayendo como contingente de vuestro patriotismo, las armas y pertrechos que el Gobierno os ponga en las manos para derramar sangre generosa. Volvedlas contra los hombres del crimen, que al crimen quieren empujaros.

HOMBRES PUSILÁMINES: vosotros los que reprobáis la conducta del Gobierno, que en el fondo de vuestra alma hacéis votos por el triunfo de la revolución, pero que por cobardía ó por cálculo fingís adhesión á los tiranos, ó vosotros los que no tenéis más culpa en la actual aflictiva situación de Honduras: vosotros todos los que por voluntad ó por fuerza os dejáis arrancar vuestro dinero para sostener un Gobierno que se apropia las rentas nacionales para formar su fortuna personal y la de sus favoritos, abrid los ojos, convenceos de que estáis en camino de vuestra completa ruina, porque mientras Leiva y sus cómplices estén en el poder, la revolución será interminable, y él se sostendrá devorando vuestras riquezas: convenceos de que haréis mejor, por egoísmo si no por patriotismo, un verdadero negocio poniendo vuestros caudales al servicio de la revolución, porque aseguraréis su pronto triunfo con la décima parte de lo que el Gobierno necesita para sostener la guerra; pero si desoyendo la voz de la patria agonizante dejáis al pobre el cuidado de salvarla, dando lo único que puede, su sangre, que vale más que todas vuestras riquezas, tened entendido que la patria se salvará sin vuestro dinero, aunque sea en cruenta y dilatada lucha, porque bien sabéis que las fuerzas liberales no necesitan del pillaje para proveer á su subsistencia: ofrécenles las familias en donde quiera, si es preciso, el pan que debieran llevar á la boca; pero no os quejéis si mañana os piden los vencedores estrecha cuenta de vuestra conducta culpable ó negligente, y os condenen, por lo menos, al desprecio.

HONDUREÑOS: la revolución ha sido dominada pero no vencida, como el Gobierno ha pretendido haceros creer en dos ocasiones ya. La lucha armada que tiene que terminar sólo por la muerte del despotismo en Honduras, continua hoy con mayor vigor y mejores elementos. Su triunfo podrá ser tardado pero seguro. El Gobierno no ha querido aprovechar la tregua de más de cuatro meses que ha tenido, para hacer la guerra innecesaria y hasta imposible, otorgando al pueblo hondureño garantías, devolviéndole el goce de sus derechos. Las persecuciones políticas subsisten, permanecen cerradas las puertas de la patria á millares de ciudadanos, á pesar de falsas aunque incompletas amnistías; la cárcel, la cadena y el grillete continúan aplicándose á todos aquellos que creen no deber tolerar los vicios que dominan al Gobierno: el robo y derroche de las rentas públicas mantienen al país estacionario y lo empobrecen cada día, haciendo que se acerque á pasos rápidos la miseria pública y privada; y por último tienen todavía el poder Leiva y sus cómplices, y nadie ha debido esperar que tantos sacrificios hechos para librarse de tantos males serían infructuosos.

Se acusa á los jefes de la revolución de ambición bastarda; pero es una acusación que deja convictos de vil calumnia á sus autores. Contéstanla victoriosamente las tumbas de los Generales Velásquez y Laínez, que no pudieron ser impulsados al sacrificio de su vida por un interés mezquino, siendo, como eran, hombres que tenían asegurada su subsistencia con su trabajo personal y la renta de sus propiedades. Contéstanla muy bien la conducta intachable de militares pundonorosos, jamás acusados de un solo extravío en su carrera, como los Generales Reina, Bonilla, Sierra, Gutiérrez, Dávila y Tomé; como los Coroneles Valladares, Mendoza y otros tantos valientes defensores abnegados de la libertad; hombres civiles como los Abogados Pedro H. Bonilla, Miguel O. Bustillo, Enrique Lozano y Ricardo Maldonado, y como Román Pineda y otros tantos honrados propietarios, padres de familia, que han vivido siempre vida independiente, sin pedir nunca el pan al presupuesto nacional. Y contéstanla, sobre todo, tantos ancianos, jóvenes y hasta mujeres y niños, que, sin fe en el patriotismo de los jefes de la revolución, no se habrían consagrado con ardor al servicio de la misma, abandonando muchos patria y hogar, convencidos de la santidad de la causa que defienden.

¿Por qué en favor del Gobierno no se ve una sola demostración de entusiasmo? ¿Quién podrá pensar que de sus filas pudieran salir héroes mártires como Francisco Grave de Peralta, Eduardo Alvarado y Juan Rosa Cárcamo, que mueren en el patíbulo victoreando al Partido Liberal en cuyas doctrinas se han inspirado?

¿Se querrá tal vez manchar la revolución con la nota de traidor que una sentencia infame lanzó sobre Leonardo Nuila, el iniciador de aquélla en el Norte? Mas no lograrán probar sino su vileza al llevar su saña y la calumnia hasta el sagrado recinto de una tumba.

¿Se me acusará á mi, como Jefe del Partido Liberal, de ambicionar innoblemente la Presidencia de Honduras? Jamás he negado que aspiro á hacerme digno de la confianza de mis conciudadanos para tan elevado puesto, con el derecho que para ello tiene el último de los ciudadanos, pero tampoco he pretendido ni pretendo llegar á él violando la libre voluntad del pueblo. Pruebas muchas he dado de ello, y hoy tiene la última el señor Leiva, á quien por varios conductos he hecho conocer el medio de evitar el derramamiento de sangre: que abdique con todos sus cómplices el poder usurpado que ejerce, devolviéndoselo al pueblo, á quien infamemente se le arrebató; y que mientras éste lo recoge en los comicios, lo deposite en una de varias personas determinadas, que por sus antecedentes sin tacha, merecen la general confianza de que mantendrán incólume el sagrado depósito. Que no se excuse con que eso lastima su amor propio, pues debe predominar en su ánimo el amor á su país, si no le guía sólo insaciable codicia y ambición rastrera: que pruebe su arrepentimiento por tantos males que ha causado á su patria, y el generoso pueblo hondureño sabrá perdonarle; pero que no represente una nueva farsa como la de su antecesor, dejando al depositario sin libertad de acción para otorgar á los ciudadanos la libertad que anhelan y para dar libre corriente á la opinión pública, falseada hasta hoy con tantos artificios.

HONDUREÑOS: si Leiva, dejándose llevar de su carácter egoísta y rencoroso, rehúsa abdicar, ó lo hace sin satisfacer las exigencias de la situación, y la guerra civil continúa ensangrentando nuestro suelo, no vaciléis en ponerle pronto término, agrupándoos bajo la bandera liberal, que representa, no tanto un partido político, como el partido de los hombres de bien luchando contra los perversos, de las víctimas contra sus verdugos. Tened confianza, pues los jefes revolucionarios han probado con hechos su respeto á la vida y á la propiedad de los mismos esbirros que han caído en manos de sus víctimas. Ningún pueblo, ninguna persona, se quejan de daño alguno causado por las fuerzas liberales, y en cambio ¡cuántos asesinatos, incendios, violaciones y Saqueos cometidos por las del que se titula Gobierno legítimo! ¡cuántos jefes que impudentemente están lucrando el fruto de sus rapiñas!

Si queréis que vuestra patria no sea convertida por su actual Gobierno en un montón de escombros, de tal manera que al contemplarla se diga "aquí fué Honduras" levantaos en masa, ancianos, jóvenes, mujeres y niños, y gritad con voces tales, que llenen de terror el corazón de los tiranos: "abdicación ó guerra." Y cumplid vuestra amenaza, si en su ceguedad pretende el funesto anciano hundirse con su patria en el abismo. Pronto llegará á vuestros oídos el estruendo del primer combate: no permitáis que se repita muchas veces. Y si para amedrentaros el Gobierno os amenaza, como lo ha hecho anteriormente, con la intervención á su favor de Gobiernos vecinos, no detengáis vuestro brazo, herid á los tiranos, que su causa está condenada por la opinión pública en todo Centro-América, y ningún otro Gobierno se atreverá á apoyarlos: sabrán respetar los esfuerzos de un pueblo que quiere y sabrá ser libre.

VALIENTES PATRIOTAS: no volverá á decirse que quiero la guerra porque estoy á cubierto de los riesgos. He logrado por fin unirme á vosotros en el suelo de la patria, cumpliendo la promesa que hice en mi Manifiesto fechado en Guatemala el 15 de septiembre, y compartiré vuestros peligros al lado del último de los soldados de la revolución.

HONDUREÑOS: ¡Á LAS ARMAS! Juremos no descansar en nuestra labor hasta haber perecido el último de los buenos ciudadanos, ó ver á nuestra patria redimida.

Frontera de Nicaragua, enero 29 de 1893.

BOLETIN DE LA REVOLUCION: NUMERO I[22]

Tatumbla: 26 de febrero de 1893.
—(Campamento á 4 leguas de la capital.)

EL PRIMER COMBATE

La revolución liberal celebra su primer triunfo. El día de ayer á las 5 p. m. se presentó frente á Tatumbla el General don Alfonso Villela al mando de 350 gracianos, atacando casi por sorpresa la avanzada de caballería que, en una altura inmediata, sobre el camino de Tegucigalpa, tenía colocada el General don Terencio Sierra, Jefe del cuerpo de ejército revolucionario del Sur, que en combinación con el del Oriente marchaba sobre la capital en vanguardia.

Por la sorpresa, la avanzada, aunque hizo enérgica resistencia, fué rechazada; logrando el enemigo descender en masa para atacar el pueblo hasta distancia como de ciento cincuenta varas de nuestra

---

[22] En esta colección aparece integro el texto de los números que se publicaron del " Boletín de la Revolución," aunque hay unos pocos escritos que no son de la pluma del Doctor Bonilla y que se distinguirán á la simple vista por la firma de sus autores. El objeto es el de que se conserve para la historia todo el contenido del periódico, ya que pueden perderse los muy pocos ejemplares que fueron tirados en la " Imprenta de la Revolución," bajo los fuegos del enemigo. Y á propósito, es de conocerse la historia de esta imprenta. Fué comprada al crédito en El Ocotal a doña Trinidad de Gutiérrez, por $ 50.00 bajo la fianza de don E. C. Fiallos, habiéndose pagado después por medio de don Francisco Altschul. La prensa de mano, "Chalenge Army" se hallaba en una cocina. Apenas había 75 libras de tipo, las que quedaron reducidas á 43, al ser practicada la *desempastelación*. Para dejarse esta imprenta en estado de servicio, hubo que hacer un gasto de $ 22.00, que se recogieron por suscripción, así: don Hermenegildo Arias y don Juan Pablo Torres, $ 6.00 cu., y don Inés Navarro y otros con pañeros de armas, $ 10.00. La arreglaron los señores don Samuel Ladislao, don José María y don Martín Valladares, y la instalaron en un bosque llamado " Casas Viejas," (jurisdicción de Macuelizo, Nicaragua), donde los referidos señores que trabajaban como cajistas, imprimieron la proclama del Doctor Bonilla, fechada en la frontera, y un folleto de don Inés Navarro, titulado Martirio de Secundino Ponce. Después se la trajo al campamento de Tatumbla y al del Picacho, y cuando los revolucionarios pasaban por Cedros, hubo que dejarla oculta en una mina de don Paulino Marín. De allí, al triunfar la revolución en 1894, fué traída al Palacio del Ejecutivo, donde hoy se conserva como un recuerdo de la gloriosa campaña de 1893.

primera avanzada, y después llegó una de sus guerrillas hasta cincuenta varas, la cual fué rechazada á su anterior posición.

El General Sierra había ordenado construir atrincheramientos provisionales en el pueblo, de los cuales se aprovechó para rechazar el ataque del enemigo.

El General Reina, al mando del cuerpo de ejército de Oriente, formando la retaguardia, venía á legua y media de distancia cuando supo que se había principiado el combate, y apresurando la marcha, destacó al Coronel don Manuel I. Rosa con dos compañías para sostener la vanguardia. Cuando llegó Rosa, la noche había suspendido los fuegos, y el General Sierra, sin abandonar el pueblo, se había posesionado de la altura del camino que traía la retaguardia. Esta tomó posiciones allí al llegar los Generales Reina y Archer, y con ellos el Doctor don Policarpo Bonilla. Se combinó el plan de batalla para el día siguiente, destacando el General Reina 30 texíguats al mando del Teniente Teófilo Sánchez y Subteniente Juan Vicente Bucardo, sobre una altura del ala izquierda del enemigo. A las 6 a. m., el enemigo rompió el fuego sobre la población; pero atacado á la vez á la retaguardia por los texíguats, tuvo que prestar á éstos toda su atención, viéndose obligado á sostener sus fuegos á la vez que los que por el frente se le dirigían de nuestras posiciones avanzadas. Después de hora y media de combate, el enemigo se pronunció en retirada, que á continuación se convirtió en precipitada fuga, pues el jefe Villela tomó el camino de La Montañita con sólo 50 hombres armados, y los demás huyeron en distintas direcciones, en su mayor parte sin armas.

La revolución tiene que lamentar la pérdida del Sargento Timoteo Flores, de Maraita, en el combate de anoche, y del joven soldado Francisco Cálix, de San Lucas, en el de hoy. Ningún herido. Se ignoran las pérdidas por parte del enemigo, porque se llevaron los heridos, y se supone que quemaron los cadáveres, porque aún está incendiado el campo de batalla, y no es posible explorar la parte donde debieran encontrarse. No fué posible hacer la persecución del enemigo, porque la ventajosa posición que ocupaba hacía temer una emboscada.

Al explorar el campo se tomaron unas bestias ensilladas, armas y municiones que abandonó el enemigo.

Parece que el enemigo marchaba para realizar una combinación atacándonos en el pueblo de Güinope.

En esta vez los esforzados descendientes de Lempira han demostrado que no quieren seguir prestándose como instrumento de miserable ambición, y menos en esta guerra insensata de parte del actual Presidente de la República.

Que abran los ojos los hondureños, y se convencerán de que, si no hay paz en Honduras, á pesar de tantos esfuerzos que ha hecho el Jefe del Partido Liberal por arreglarla con el actual encargado del poder, Licenciado don Rosendo Agüero, es porque éste no tiene libertad de acción: es mero instrumento, casi un prisionero del General don Domingo Vásquez, quien ve el logro de su antigua y desbordada ambición sólo en la destrucción del Partido Liberal.

Publicaremos pronto documentos justificativos.

NÚMERO 2
Tatumbla: 27 de febrero de 1893

LA REVOLUCION TRIUNFA

Mucha mayor es la importancia del primer triunfo obtenido por nuestras fuerzas de lo que al principio pudo creerse. Con los datos obtenidos hoy, cuya certeza es indudable porque provienen de distintas direcciones, se confirma nuestra creencia, expresada ayer, de que el enemigo había combinado un plan de ataque con todas sus fuerzas, suponiendo las nuestras en el pueblo de Güinope. En efecto, á la vez que el General Alfonso Villela salió de Tegucigalpa por el camino de este pueblo, con 350 hombres, salió el General Vásquez, al mando de 600 á 700, por la carretera de Yuscarán.

Presumimos que el General Villela ignoraba al salir la presencia del General Sierra aquí; y al saberlo en el camino, creyó que podría conquistar fácilmente la gloria de batirlo, olvidándose de lo que valen los jefes y soldados liberales, que han luchado siempre uno contra diez, contra quince, contra veinte, con toda la ventaja moral de su parte.

Ese olvido le costó su derrota. No inculpamos al General Villela. Bien sabemos que es un militar valiente y experto, á quien profesamos verdadera estimación, porque siempre ha sido moderado y tolerante para con los opositores del Gobierno que ha servido, eludiendo lealmente el cumplimiento de las bárbaras órdenes que se le comunicaban. Pero nada puede la pericia ni el valor de un jefe cuando la tropa que tiene á sus órdenes, convencida de lo malo de la causa que se le obliga á defender, se niega á derramar su sangre en provecho de un tirano aborrecido, rehúsa dar la muerte á sus hermanos, que traen la paz verdadera, la tranquilidad de los hondureños, la salvación de la patria, en la punta de sus bayonetas. Que no se avergüence el General Villela por haberle vencido hombres que, desde el primer jefe hasta el último soldado, saben apreciar al hombre honrado tanto como maldecir al criminal.

Cuando el General Villela se convenció de que tenía que luchar contra todo nuestro ejército de Oriente, mandó un correo al General Vásquez llamándole, el cual lo alcanzó al bajar la cuesta de El Rancho. Al recibirlo, Vásquez mandó llamar al Coronel Rafael López (a) Culuca, que había pernoctado en San Antonio, y regresó sobre este pueblo, sin duda á librar acción decisiva; pero Villela, en vista de la dispersión de sus soldados al recibir la enérgica carga por retaguardia de los 30 texíguats, comprendió que una segunda carga le destrozaría por completo, corriendo hasta el riesgo de caer prisionero. Por eso, mientras marchó al encuentro de Vásquez con la pequeña columna que ayer mencionamos, dejó sosteniendo la acción al resto de sus tropas para proteger su retirada con parte del tren. Media hora después, sólo una parte de sus soldados fueron, en completa derrota, á alcanzar á su jefe, huyendo los demás por todos los caminos y arrojando en las barrancas armas y municiones, de las cuales muchas se han recogido ya.

Vásquez, al encontrarse con Villela derrotado, en vez de avanzar para vengar la afrenta, que lo era para él verdaderamente, creyó más prudente contramarchar; pernoctó en El Edén, donde se le reunió el Coronel López, y todos juntos se dirigieron hoy para Santa Lucía. No comprendemos todavía el objeto de ese movimiento; pero es seguro que por esta vez Vásquez renunció á *devolver el juicio á cañonazos* al Jefe del Partido Liberal, como lo ofreció en telegrama que dirigió al Doctor Arias a Güinope, que después publicaremos.

No podemos todavía informar sobre el paradero de las fuerzas de

Vásquez, pero lo sabremos mañana. Suponemos sí que habrá regresado á proteger la capital, que con razón debe suponer amenazada, salvo que otro peligro haya llamado su atención por el lado de su retirada.

Pueda ser que esta severa lección haga comprender al señor Agüero que no es tan temible el león como se pinta solo, y le haga resolverse á dejar de representar el triste papel que Vásquez hizo representar á Leiva en sus últimos días de Gobierno.

Las últimas noticias que del General Manuel Bonilla recibimos, fueron de Guaimaca, donde se encontraba con 300 hombres armados de rifles bien equipados, y cerca de igual número con armas de todas clases.

En El Corpus continúa el General Tomé al mando de una fuerte columna revolucionaria, que en momento oportuno se apoderará de la plaza de Choluteca, cuya guarnición, de 400 hombres que tenía, hoy apenas contará 200, por la salida de la escolta que custodió al General Matute hasta Comayagua y las constantes deserciones sin posible reemplazo.

En el distrito de Goascorán se ha organizado una columna de más de 300 hombres, que, aunque en su menor parte armados, bastarán para mantener bajo el dominio de la revolución todos los pueblos del departamento de Choluteca y la mayor parte de los de La Paz.

Otra fuerte columna se ha organizado en los distritos de Reitoca y Sabanagrande, departamento de Tegucigalpa, cuya vanguardia se encuentra en el Cerro de Hule, á seis leguas de la capital.

Nada podemos decir todavía sobre el curso del movimiento en el Norte, ni de lo que ocurre en otros departamentos; pero si podemos asegurar que el Partido Liberal, en donde quiera, demostrará que es uno é indivisible á pesar de todas las intrigas, y sabrá elevarse á la altura de su santa misión. Estamos en espera de correspondencia que nos informará de los sucesos.

La revolución domina hoy todo el departamento de Olancho, todos los pueblos de los departamentos de Choluteca, Tegucigalpa y El Paraíso, con excepción de las cabeceras; muchos de La Paz y Comayagua, y tal vez en estos momentos otro ó más departamentos enteros.

La revolución triunfará, porque es la única tabla de salvación que queda á los hondureños, hasta para los enemigos jurados del Partido Liberal, porque sólo así creerán garantizadas su vida y hacienda. —L. R.

SALVAJISMO

En su afán de dominar por el terror al pueblo hondureño, que ya no se deja amedrentar tan fácilmente, para el logro de su ambición el General Vásquez ha dado pruebas de verdadero salvajismo en la capital, precisamente cuando las dos comisiones sucesivas del señor Agüero trataban en Güinope de arreglos de paz y ofrecían un régimen de garantías, que el señor Agüero creía sin duda poder otorgar.

Mariana García, Juana Jirón, Francisca Amador y cuatro más, cuyos nombres ignoramos, fueron capturadas por el esbirro mejicano Garfias, llevadas al cuartel, rapadas la cabeza á navaja, untándolas de aceite para colocarlas después al sol, paseándolas en seguida en pública exhibición por las calles de la capital. Suplicado Vásquez por la hija de una de ellas para que revocase la orden, contestó: "Ya pasaron aquellos tiempos: muchas más (sesenta estaban en lista) sufrirán la misma suerte; continuaré con la clase media y concluiré por las encopetadas señorita".

Muchos honrados ciudadanos están allá aherrojados en la Penitenciaría. Muchos han sido apaleados, sabiendo sólo el nombre del bien conocido sastre Eliezer Alejo Canizales, quien está moribundo á consecuencia de 500 palos que le aplicaron, si no estamos mal informados.

A tales extremidades ha conducido al General Vásquez el despecho, al convencerse de que no había logrado suplantar al Doctor Bonilla como Tefe del Partido Liberal, cual fué su decidido empeño, ya por la amenaza, ya por la seducción, desde que logró la expatriación de aquél y de sus principales colaboradores de la capital. Y pruebas claras ha tenido de lo vano de su empeño, al ver que los hijos de Tegucigalpa, y en general los pueblos donde la revolución toca, acuden en masa á engrosar sus filas, despreciando las promesas y amenazas del aspirante á tirano, que felizmente se ha descubierto á tiempo ante la sociedad, aunque siempre lo ha estado ante sus familiares y amigos.

No podía ser de otra manera. No en vano ha luchado tanto el pueblo hondureño por romper el yugo que tanto tiempo le ha oprimido, para querer cargar con otro más pesado.

SUELTOS

Severa lección recibió el Inspector Juan Ángel Castro, que con 15 soldados se dirigía, según afirmaba él mismo, á incendiar el pueblo de Santa Ana, por la adhesión manifiesta y unánime de sus habitantes á la causa de la revolución. Eusebio Montes, con unos tantos vecinos armados de escopetas, revólveres y machetes, fué al encuentro de Castro, quien huyó ante ellos; y perseguido, perdió la mayor parte de las armas, cayendo éstas en manos de los revolucionarios. Imiten este ejemplo todos los pueblos que quieran hacerse respetar por sus tiranos; y no olviden éstos tan severa lección, para que se abstengan de proferir amenazas, y más de ejecutar hechos que la civilización condena.

Arreglos de Paz. —Así se titula una hoja suelta publicada en Tegucigalpa, en que se inculpa al Jefe del Partido Liberal por no haberse concluido la paz que tanto deseaba él como manifestaba desearlo el señor Agüero, pero que tanto interés tenía en frustrar el General Vásquez. Es una hoja anónima, porque ni el mismo Vásquez, su autor, se atrevió á suscribir las falsedades que contiene. Después publicaremos documentos para comprobar nuestro aserto; pero no queremos dejar de llamar la atención sobre el artículo 1° de las bases que publican como auténticas, referente á garantías, que no ha sido propuesto por el Gobierno, y por la revolución lo fué hasta en las bases redactadas con Arias, Dávila y López, que Agüero rechazó sin decir en concreto los motivos. Los amigos de representar farsas no prescinden de ellas ni en los asuntos más serios, principalmente cuando se trata de calumniar á los contrarios. Felizmente las reputaciones de Bonilla y Vásquez están bien establecidas en Centro-América; y la de éste es tal, que ni el nombre de Agüero, antes tan respetado, que ha tomado como antifaz, se libra de la repulsión general. Bien claro lo están demostrando los pueblos y las fuerzas que tiene á sus órdenes.

NÚMERO 3

Tatumbla: 3 de marzo de 1893

ARREGLOS DE PAZ

En una gacetilla del número anterior nos ocupamos de la hoja suelta publicada bajo ese epígrafe, y prometimos publicar documentos que comprueben la falsedad cometida al consignar las bases que consideran desechadas por la revolución, cuando en realidad lo han sido por el señor Agüero, ó mejor dicho, por el General Vásquez, pues Agüero tenía compromiso de aceptar mucho más en favor de la revolución, á juzgar por sus cartas y telegramas, é instrucciones á sus Comisionados. Agüero, al conocer las bases de la revolución, que no difieren sustancialmente de las propuestas por él (salvo que diferencia sustancial se considere el no haberse mencionado el Ministerio que se ofrecía al señor Bonilla, porque no quiso estipulación alguna en favor de su persona), se limitó á decir que encontraba en ellas algo que afectaba el decoro del Gobierno, sin concretarlo, y á llamar á sus Comisionados, con lo cual cerró la puerta á toda negociación. Así, Agüero se ha hecho sospechoso de complicidad en la felonía con que procedían Vásquez y sus allegados, felonía que se le denunció con pruebas, sin dar nunca satisfacción alguna. Se le probó el único propósito de ganar tiempo, y el resultado lo confirma. Así se han visto obligados á reconocerlo los varios Comisionados que han tratado sobre la paz con el Doctor Bonilla. No debemos omitir que hubo otras bases propuestas por el señor Agüero, que después publicaremos, las cuales constituían no más que un bofetón á la revolución, que fueron rechazadas sin discutirlas; y desde entonces pudo comprenderse que el señor Agüero no era el hombre para la paz, pues comenzaba por ofender á sus amigos; pero se siguió tratando por la mucha confianza que en su lealtad y honradez se tenía.

BASES PROPUESTAS POR EL GOBIERNO

Tegucigalpa: 17 de febrero de 1893.
-Recibido en Güinope, á las 6 p. m.

Señores Córdova, Agurcia y Fortín.

Con el deseo de concluir cuanto antes con los arreglos de paz, terminando así esta situación, que amenaza conducir al país á la ruina y al seguro naufragio, si aquellos que tienen en sus manos sus destinos no apelan á todo su patriotismo, abnegación y desinterés; convencidos de todo esto, hemos hecho aquí cuanto ha sido posible para facilitar un avenimiento pacífico.

Afortunadamente el Presidente Agüero no ha hecho ninguna dificultad, dando muestras de que posee las virtudes de un excelente ciudadano; y de acuerdo con él, hemos estudiado las bases propuestas por el señor Bonilla en la correspondencia al Doctor Gamero; y autorizado por el señor Presidente manifiesto á ustedes: que digan al Doctor Bonilla que se aceptan las condiciones estipuladas en la correspondencia referida, con ligeras modificaciones, más bien de forma que de fondo, y así:

El número 1.º se leerá: —El Gobierno se compromete á remover los empleados que fueren rechazados por la opinión pública, cuando las circunstancias lo permitan, y serán sustituidos por hombres de la confianza pública y del Gobierno.

El número 2.º: —Reconocerá el montepío de las viudas, huérfanos y personas que hayan quedado desvalidas por la muerte de aquellos de quienes dependían, por causa de la revolución.

3.º —Se reconocerán los perjuicios causados arbitrariamente á la propiedad, y se indemnizarán equitativamente los compromisos contraídos por la revolución.

4.º —Se convocará una Constituyente para hacer las reformas que convengan.

5.º —Solicitar la derogación de las leyes de imprenta, de orden público y sobre el derecho de reunión.

6.º —Excitar al señor Leiva para que, en cumplimiento de su oferta y en presencia de las graves circunstancias, envíe su renuncia.

En cuanto al número 5. ° de la correspondencia aludida, creemos que eso es más bien de política general, y no lo creemos necesario para el convenio de que se trata; pero no haremos hincapié en que no se estipule para lograr el fin que nos proponemos. En cuanto al número 8°, el Presidente, dando una muestra de desinterés y abnegación, desea no se consigne porque le implica muy directamente. Lo anterior será el fondo del convenio; la forma y los detalles se harán oportunamente. Tengo por un hecho que el señor Leiva enviará su renuncia al ser excitado para ello, de manera que ustedes, que conocen la verdadera situación á este respecto, deben esforzarse en que no sea un obstáculo infranqueable esta condición.

Yo conozco bien al Dr. Bonilla, conozco sus patrióticos, nobles y generosos sentimientos, y creo que esta vez no se quedará atrás de nuestro digno amigo Agüero.

Espero que cuanto antes me comuniquen el resultado. —*Arias.*

Los señores Arias y Dávila llevan instrucciones de ampliar las bases de arreglo propuestas por los Comisionados Fortín, Gamero, Córdova y Agurcia, en la forma siguiente:

1.° —Es condición precisa para tratar, que el señor Bonilla concentre inmediatamente las fuerzas que han salido de su campamento, á éste ó á otro lugar que de común acuerdo se señale.

2.° —Los jefes Sierra, Bonilla (Manuel) y Reina, podrán ocupar el mando político y militar de tres departamentos, á su elección, exceptuándose sólo el de Tegucigalpa.

3.° ‾El señor Bonilla podrá optar á un Ministerio, si lo cree conveniente, designándoselo el Presidente Agüero.

4.° —Excogitar el modo más equitativo y conveniente para el desarme y licenciamiento de la tropa, tanto del Gobierno como de la revolución.

BASES PROPUESTAS POR LA REVOLUCION

Juan Ángel Arias, Fausto Dávila y Antonio López, en representación del Gobierno, por una parte, y Policarpo Bonilla, Jefe de la Revolución, por otra, con el objeto de alcanzar la paz, convienen en lo siguiente:

1.° —El Gobierno reconoce la necesidad de llevar á feliz

término la revolución iniciada, pero sin derramamiento de sangre; y para evitarlo se celebra el siguiente convenio.

2.º —El Gobierno excitará al señor General don Ponciano Leiva para que, en el más corto tiempo posible, sin exceder de un mes, envíe la renuncia de la Presidencia de la República, y se convocará inmediatamente al Congreso para su aceptación y para que convoque á elecciones dentro de un plazo racional.

3.º —El Gobierno reconocerá pensión de montepíos ó inválidos á favor de las personas que han quedado viudas, huérfanas ó desvalidas por la muerte ó inhabilitación de aquellos de quienes dependían, por causa de la Revolución, aunque haya pesado sobre ellos alguna sentencia, nivelándolos con los que hayan muerto en servicio del Gobierno, sin exceptuar los individuos de tropa.

4.º —El Gobierno reconocerá los perjuicios causados á la propiedad durante la administración pasada y la presente con persecuciones y procedimientos arbitrarios, otorgando las debidas indemnizaciones; y reconocerá y pagará asimismo los compromisos contraídos por la Revolución y los perjuicios causados por sus fuerzas, como si hubiese sido por las del Gobierno.

5.º —Se convocará una Constituyente para hacer á la Carta Fundamental las reformas que exige la opinión pública.

6.º —El Gobierno pedirá la derogación de las leyes de imprenta, de orden público y sobre el derecho de reunión, y la declaración de inconstitucionalidad de las disposiciones que tengan ese vicio.

7.º —Tanto las fuerzas de la Revolución como las del Gobierno deberán licenciarse, dejando solamente las guarniciones de ley, y en la capital trescientos hombres.

8.º —El término para llevar á efecto el licenciamiento de fuerzas, será de diez días, contados desde la fecha de ratificación del presente pacto, debiendo ser liquidadas y pagadas previamente por el Gobierno; y desde la fecha de aprobación del convenio, el Gobierno proveerá el sostenimiento de las fuerzas de la Revolución, á cuyo fin entregará á buena cuenta de la liquidación diez mil pesos.

9.º —Como garantía para la Revolución, el Gobierno dará el mando político y militar de los departamentos de El Paraíso, Choluteca, Comayagua, Olancho y puerto de Amapala á los jefes militares que el Doctor Bonilla designe, con carácter de inamovibles mientras no tome posesión el Presidente electo. Los empleados subalternos de nombramiento del Gobierno en dichos departamentos, serán nombrados á propuesta de los jefes departamentales.

10. —Para el efecto de tomar el mando de estos departamentos, los expresados jefes marcharán al aprobarse el convenio, con sus fuerzas, para verificar el desarme, á las respectivas cabeceras, en donde depositarán las armas nacionales juntamente con las que allí existen en esta fecha, y que allí deberán quedar al licenciarse las fuerzas de cualquier clase que hay en todo el departamento, lo mismo que los demás elementos de guerra. Igualmente se procederá en el puerto de Amapala.

11. —Las fuerzas de la Revolución pertenecientes al departamento de Tegucigalpa, después de liquidadas por el Gobierno, serán licenciadas por el Doctor Bonilla en la capital, dentro de diez días de la ratificación de este pacto, quedando desde dicha fecha á las órdenes del Presidente de la República. Las armas que no sean nacionales tendrán derecho á conservarlas en su poder sus respectivos dueños.

12. —El Gobierno conviene asimismo en proveer los destinos políticos y militares del país con personas que por sus cualidades de honradez y aptitudes merezcan la confianza pública, dando la preferencia á miembros del Partido Liberal.

13. —El Gobierno permite la más amplia libertad del sufragio para elección de Presidente y cualquiera otra, asegura á los ciudadanos el goce completo de las garantías individuales, el debido respeto á la Constitución y á las leyes, abre las puertas de la patria á todos los emigrados políticos y concederá indulto general á todos los desertores ó reos de delito militar, ó que estuvieren sufriendo condena por cualquier delito político.

14. —El Gobierno reconoce los grados con que figuran en la Revolución los militares al servicio de ella, y ascensos conferidos por servicios prestados á la misma; y, en consecuencia, extenderá los correspondientes despachos.

15. —El presente convenio se firma por duplicado, y deberá ser aprobado por el Gobierno dentro de tres días; y debiendo el Jefe de la Revolución ponerlo en conocimiento de los jefes militares que

están á su servicio, deberá franqueársele el telégrafo para comunicarse con ellos. El Doctor Bonilla lo ratificará al llenarse este requisito, no pudiendo exceder el término de ocho días.

NUMERO 4

Tatumbla: 4 de marzo de 1893

BAJO EL FUEGO DEL CAÑON

Ayer á las 6 a. m. el enemigo, con dos piezas de artillería y una ametralladora y mil á mil quinientos hombres, según los diferentes cálculos, bajo las órdenes del General en Jefe Vásquez, de los Generales Villela (Belisario y Alfonso), Zelaya Vijil y López (Guadalupe), rompió el fuego de cañón sobre el pueblo, ocupado por la vanguardia, al mando del General Sierra, y sobre la altura inmediata ocupada por la retaguardia, al mando del General Reina y del Jefe del Estado Mayor, General Archer. En este último punto se encuentra el Doctor Bonilla con el mando de todas las fuerzas.

En todo el día de ayer, hasta las 6 p. m., disparó el enemigo 77 cañonazos, con bombas y bala rasa. La primera de las bombas mató al joven Gonzalo Midence, sobrino por cierto del General Vásquez y pariente del Licenciado Agüero y del Doctor Bonilla. La segunda bomba hirió al Subteniente Marcelo Aguilar, y la tercera dió de lleno en el pecho al Subteniente Antonio Lagos. Después de eso, todos los tiros de cañón han sido completamente perdidos, porque se han tomado precauciones aconsejadas por la prudencia, descuidadas en absoluto por las víctimas. Varias trincheras fueron destrozadas en ambas posiciones, aunque en las ocupadas por la retaguardia ningún daño personal se ha sufrido.

Fué herido también, por bala de rife, en el pueblo, el Teniente Manuel Díaz.

Las pérdidas del enemigo deben ser considerables, aunque no pueden determinarse los muertos y los heridos por la larga distancia á que se encuentra colocado. Pero si se puede asegurar que muchos tiros se han acertado.

Terminó el día de ayer sin ocurrir otra novedad. Por la noche el

General Sierra mandó una escuadra al mando del Capitán Antonio Lara, y á sus órdenes los oficiales Tulio Cubero y Florentín Melara, con el objeto de sorprender al enemigo en su propio campamento, objeto que se logró, pues nuestra pequeña fuerza llegó hasta pocas varas de distancia, é hizo tres descargas sobre el enemigo antes que la sorpresa le permitiera contestarlas. Se empeñó un combate encarnizado por ambas partes, retirándose nuestra escuadra según órdenes recibidas de antemano, aunque el combate continuó por algún tiempo entre nuestros mismos adversarios. No es posible determinar el daño recibido por el enemigo. Por nuestra parte sólo fué herido el oficial Melara. Hoy á las 6 p. m. disparó el enemigo los dos primeros cañonazos, y hasta esta hora, que son los 10 y 15 minutos a. m., ha arrojado 33 granadas sobre nuestras varias posiciones, aunque sin causar daño alguno personal. Hasta este momento ha disparado 110 cañonazos.

En la orden general de hoy se manda tomar en cuenta la conducta de los oficiales que se han distinguido en ambas acciones, y conferirles un ascenso.

El entusiasmo del Ejército Liberal aumenta á cada momento, y parece formado por todo el propósito de perecer hasta el último antes que perder esta batalla, que es decisiva para las pretensiones del General en Jefe del enemigo, aunque no lo sea en cuanto á la revolución.

El Boletín anterior fué impreso bajo el fuego de metralla del enemigo, y escribimos estas líneas cayendo los cascos de granada á nuestros pies. Tómenlo en cuenta nuestros adversarios, para que se convenzan de que no es posible vencer á una revolución que cuenta con hombres que de tal manera desprecian los peligros.

Tenemos la convicción de que un hombre honrado no puede dejar de serlo de un día á otro, por más que para engañarlo mejor se haga nacer en él desmesurada ambición. Por lo mismo estamos convencidos de que cada cañonazo, cuyo eco llega á Tegucigalpa, repercute en el corazón del Licenciado don Rosendo Agüero, haciéndole el efecto de un dardo emponzoñado que se clavase en su pecho. Estamos seguros de que al oir su estruendo pensará que una nueva víctima se sacrifica por lo menos á su debilidad criminal. Creerá escuchar el ¡ay! de los moribundos y las maldiciones que tantas madres, tantos huérfanos y todo un pueblo le reservan para mañana.

Compadecemos á ese hombre, que así deja manchar su nombre, antes tan limpio. Más triste es su situación, por el porvenir que le espera, que la de cualquiera de nosotros que sucumba herido por una bala de las que manda ó permite arrojar contra los que han sido sus mejores amigos. Tal vez al escribir estas líneas estamos para desaparecer del mundo de los vivos. Si así sucede, que lleguen hasta él y todos sus cómplices estas nuestras últimas palabras como legado de ignominia.

Ojalá que á última hora penetre en la conciencia de quien nominalmente ejerce el poder, la convicción del gran crimen que comete. del triste papel que desempeña, y poniendo remedio al mal, ponga término á esta guerra, que él mismo ha calificado de insensata, y que lo es en verdad por su parte.

El Doctor Bonilla tiene la conciencia tranquila. En estos momentos juega su vida á la par del último de sus soldados; y eso no puede hacerlo impulsado por ambición innoble. Seguimos publicando documentos que justifican su conducta, y prueban hasta la evidencia que Agüero está ametrallando á las fuerzas que estaban destinadas á salvar al país de un régimen de insolente militarismo, de cruel tiranía como no se ha visto en Honduras, de una era de venganzas y exterminio, cuyas víctimas serán también los mismos que antes han sido nuestros verdugos; y al Gobierno del señor Agüero, si hubiese querido hacer un Gobierno de leyes, de un golpe de cuartel semejante al que el Partido Liberal frustró el 8 de noviembre de 1890.

DOCUMENTOS JUSTIFICATIVOS

Güinope: 14 de febrero de 1893.

Sr. Licenciado don Rosendo Agüero. —Tegucigalpa.

Mi muy estimado amigo:

Con placer he visto su apreciable de II del presente. Reconozco en sus conceptos al hombre que en lo público y privado ha merecido todo mi aprecio, en cuyo patriotismo he tenido siempre absoluta confianza; y esto es un gran consuelo en una época que alcanzamos, en que las virtudes cívicas tanto escasean en los que mandan.

Ud. conoce mi correspondencia con el Doctor Gamero, que era también para Ud. Conozco yo también sus respuestas al señor Torres, quien le escribió bajo mi inspiración. Eso debe bastar á los dos para saber que estamos de acuerdo, que apreciamos de igual modo la situación, y que, conociendo el mal, no discordaremos para aplicar el remedio.

Pero yo sé cuánto costó al señor Leiva dar el primer paso de satisfacción á la opinión pública, y temo con razón que no cumpla su promesa de renuncia; y no haciéndolo antes de disolver el Congreso, es decir, inmediatamente, nada se ha conseguido en favor de la paz, aunque la revolución habría de triunfar con poca resistencia ya, después de tal engaño. Pero urge el arreglo de la paz, porque, además de los muchos peligros interiores, los hay de fuera, algunos que Ud. conozca menos á fondo que yo; y por todas esas razones creo que debe exigirse al señor Leiva su inmediata renuncia, y convenir de antemano lo que debe hacerse si se niega, para lo cual, con placer, me entenderé con sus Comisionados.

En el acto de llegar aquí á preparar el establecimiento de mi campamento, en unión del General Sierra, he mandado restablecer la comunicación telegráfica con esa ciudad y con Yuscarán. La primera lo está ya. La segunda no, porque se cree que el telegrafista de allá no está en la oficina; pero ya el General Villela debe saber que estoy aquí y mi propósito de abrir la comunicación, y espero lo estará pronto.

En estos momentos me dirijo á la oficina á ponerme en relación con Ud.

Doy á Ud. las gracias por las atenciones que Ud. ha tenido con mi madre.

Deseo se conserve bien, y mande á su afectísimo.

P. Bonilla.

P.S. —Creo que Ud. estará de acuerdo en que, dada la situación, en vez de detener, conviene dar impulso al movimiento revolucionario, para que conocida su fuerza se contengan ciertos proyectos.

Güinope: 15 de febrero de 1893.

Señor Presidente Licenciado don Rosendo Agüero.

Tegucigalpa.

Estimado amigo:

Por considerarlo de mucha gravedad, transcribo á Ud. el siguiente telegrama y su contestación, que considero auténtico por muchas razones, principalmente la fuente de que lo he obtenido. Dice así: "Febrero 13. Señor don Luis Bográn. —Santa Bárbara—. En presencia de lo ocurrido en Juticalpa y de la actitud adversa de otros pueblos, es necesario que Ud. entre de lleno y mande cuanto antes reclutar toda la gente que pueda en los departamentos de Santa Bárbara, Intibucá y Santa Rosa. El cuartel de Intibucá está amenazado por Miguel Padilla, lo mismo que otras plazas del Norte, como Puerto Cortés, La Ceiba, Trujillo, etc. No hay que perder un instante, pues si no activamos, tendremos que salir del país. Confiamos en Ud. —R. A. Manzano. —P. Planas.

Santa Bárbara, febrero 14 de 1893.

Señores R. A. M. y P. P. Tegucigalpa.

—Entendido del telegrama de Uds. Mientras tanto es necesario entablar negociaciones para ganar tiempo. Estoy tomando medidas, y ya verán lo que puede su afectísimo. —Luis Bográn.

Imposible es que Ud. conozca estos documentos, pero entonces el telégrafo está dć cuenta de Bográn y no del Gobierno, y la traición está cerca de Ud. No necesitan comentarios. Su gravedad en estos momentos Ud. la comprenderá. —Su amigo verdadero. —P. Bonilla.

SUELTOS

Orden General para el cuatro de marzo de mil ochocientos noventa y tres, en Tatumbla. Servicio el ordenado. Jefe de día para hoy el señor Coronel don Próspero Padilla Romero, y para mañana el que se nombre. Siendo digna de encomio la conducta de los oficiales que en la anterior acción y en ésta se han distinguido como verdaderos valientes, entre tantos como cuenta el Ejército Libertador, embistiendo al enemigo con un arrojo digno de ejemplo: y siendo un deber de los jefes principales premiar las acciones distinguidas, por tanto: mediante el informe de los jefes respectivos, se confiere bajo los fuegos del enemigo un ascenso á los oficiales de que resulte comprobada dicha conducta; de los cuales en la próxima orden se expresarán los nombres y grados. Comuníquese. —Bonilla—. Cúmplasela General que antecede. —Comuníquese. —*Reina.*

NÚMERO 5

Tatumbla: 7 de marzo de 1893

DOCUMENTOS JUSTIFICATIVOS

Las cartas y telegramas que publicamos á continuación demuestran hasta la evidencia que el Jefe del Partido Liberal, Doctor Bonilla, se ha mantenido dentro de los compromisos contraídos en la correspondencia que ha sido publicada en Managua; y aun ha cedido más de lo que ofreció: que ha sido burlada su confianza en el señor Agüero, y cualquiera que sea el resultado de la guerra, él será responsable por la sangre que se derrama tan sólo por satisfacer la ambición y desmesurado orgullo del General Vásquez, que pretende sobreponerse á todo un país para tiranizarlo como nunca lo ha sido, haciendo infructuosa la lucha que durante varios años, á costa de numerosos sacrificios, ha venido sosteniendo el Partido Liberal.

Güinope: 16 de febrero de 1893.
Sr. Licenciado don Rosendo Agüero. -Tegucigalpa.

Mi muy estimado amigo:

Contesto á Ud. su apreciable de 13 del presente bajo la penosa impresión de que pronto se romperán las hostilidades entre las fuerzas liberales y las que Ud. comanda, á pesar de estar destinadas á combatir á los enemigos de la Patria. Mis esfuerzos por evitarlo habrán sido infructuosos, y la sangre de hermanos, y puedo decir, según he creído, hasta de correligionarios, se derramará á torrentes, porque ya sabe Ud. que los liberales, si son amantes de la paz, cuando se convencen de que es imposible, luchan hasta perecer el último. Y yo en esta vez tendré como aumento de pena una cruel decepción del hombre que ha merecido mi absoluta confianza, mi completa estimación, por más que tanto abuso de mi buena fe me haya hecho desconfiar de la generalidad.

Creo conocer su situación, y no le inculpo por las bases de arreglo verdaderamente ofensivas que en su nombre me han mostrado los Comisionados, que son las mismas condiciones que Leiva creyó tener derecho á imponernos cuando fuimos capturados por el General Vásquez, y expatriados, y sin embargo las rechazamos indignados. ¿Cómo podríamos aceptarlas hoy que nos damos garantías con nuestros rifles y nos apoyamos en el pueblo hondureño, que en todas partes se levanta á nuestro paso? ¿Por qué no dejar libre corriente á ese movimiento que ha de regenerar á Honduras, cuando Ud., que es el Presidente, lo ha declarado justo y santo, patriótico, y todos y cada uno de los que se aprestan á la lucha ponen en Ud. su confianza? ¿Por qué su proclama difiere tan sustancialmente de su alocución, y mucho más de sus cartas y telegramas hasta del último día? Nadie creería que eso está escrito por la misma mano; y si no hubiera reconocido su propia letra en las bases, nunca habría creído que habían pasado por su vista, probando que tan poca estimación le merecemos hombres á quienes antes ha mostrado tanto aprecio.

Perdone mi lenguaje. Tal vez sea injusto, y mañana ó esta noche

Ud. me lo habrá probado. Mas si no puede hacerlo, salve su nombre, y no acepte la responsabilidad de la sangre, responsabilidad de que Leiva huyó, privado ó no del uso de su razón. Mi lenguaje mismo le probará mi sinceridad respecto á Ud.; y si ésta y otras muchas pruebas no bastan, la actitud de mis amigos de Guatemala y de todas partes, que Ud. me comunica, indica á Ud. que donde quiera está Ud. presentado como el hombre deseado para salvar la situación aflictiva de la Patria. Para su inteligencia, le digo que en estos momentos, en todo Centro América, que durante mi peregrinación he recorrido, se cree á la revolución triunfante, según las declaraciones que á Gobiernos como á opositores he hecho tratándose de Ud. en particular. ¿Cuál sería, pues, el efecto que produjera la continuación de la guerra, á pesar de ser Ud. el Presidente, y la publicación de todos los antecedentes que justificarán mi conducta?

Suplícole encarecidamente que obtenga su libertad de acción, exponiendo su vida si es preciso para salvar su honra, ó viniendo á colocarse entre sus verdaderos amigos, que harán por Ud. lo que hicieron por un enemigo, por Luis Bográn, el 8 de noviembre. Tiene á su lado personas que le acompañarán y á todo el pueblo de la capital, que también sabe hacer su deber.

Salvemos á Honduras, señor, pero sea por ese medio, que es el único que resta, dadas las circunstancias. Yo no puedo creer en una deslealtad de Ud., y por eso le mandé copiado el telegrama de Alvarado Manzano y Ponciano Planas para Bográn, y la respuesta de éste, insertos en mi carta del 15, de que enviole copia. El engaño de que en él se habla está corroborado por muchos otros antecedentes, entre otros el haber dicho Ramón Rosa en la noche del 14 á Vásquez: que para salvar la situación era preciso engañarnos con negociaciones, mientras reunía 1.500 á 2.000 hombres, para mandarlos contra mí, capturarme y fusilarme, y á la vez entretener á Manuel Bonilla en Olancho, de lo cual él se encargaba. Y que esa conversación es cierta, lo prueba el haber venido Leandro Calderón con carta de Rosa para Sierra, prometiéndole entenderse con Vásquez (prescindiendo en absoluto de Ud. y de mí), y el recado que el mismo Calderón le trajo á Sierra de Vásquez, proponiéndole entenderse los dos, y que mandarían juntos. Este espía está preso, y á pesar de su grave delito de tratar de corromper á un jefe nuestro, se le trata con toda consideración. Pero Ud. verá que esto indica la más completa mala fe de parte de Vásquez, y no es por cierto Ud., como Presidente, ni el país quienes ganarán. Tenía yo razón, pues, cuando decía á Gamero que la presencia de Vásquez cerca del nuevo Gobierno imposibilitaría todo avenimiento. Además, el Mando en Jefe de Vásquez es la guerra con Nicaragua y quizá centroamericana. ¿Por qué á un hombre ha de sacrificarse todo un país?

Espero por telégrafo una respuesta, que creo podré recibir todavía aquí, que me indique que Ud. consiente en la entrevista conmigo, de que me prometo completo éxito, si Ud. viene sin Vásquez ni Garfias, etc. Creo que sólo puede confiar en Arias y Dávila de los que tiene cerca. Su verdadero amigo. —*P. Bonilla.*

CONTINÚA LA BATALLA

En el Boletín anterior dimos cuenta de la batalla hasta las I0 y 15 minutos a. m. del día 4. Continuó el cañoneo durante todo el día, habiéndose arrojado 41 bombas sobre ambas posiciones, causando una, en la trinchera de La Crucita, la muerte de Ciriaco Aguilar, del valle del Copal, Choluteca.

Durante el día 5 sólo arrojó el enemigo cinco bombas, de las cuales una rompió la pierna al anciano Enrique Flores, de Apacilagua, haciendo necesaria la amputación del pie, operación practicada con éxito feliz por los Doctores Baires y Cáceres. Flores no estaba de alta: había venido sólo con el objeto de visitar á un hijo que está al servicio de la revolución. Dignos de mencionarse son el valor y sangre fría que ha demostrado este herido desde el primer momento y durante la operación, no oyéndosele más que, de tiempo en tiempo, imprecaciones contra los enemigos de su patria y declaraciones de satisfacción por estar sufriendo á causa de su entusiasmo por la revolución. Al ver al Doctor Bonilla, exclamó: "Doctor, me han sacrificado esos pillos; pero confío en que, si triunfamos, la Nación será agradecida y me mantendrá, ya que he quedado impotente". El Doctor Bonilla se lo prometió así, ofreciéndole, además, al llegar tal caso, mandarle poner un pie artificial.

El día 6 lanzó el enemigo 8 proyectiles contra ambas posiciones, sin causar daño alguno personal. Por la noche se combinó un ataque por el frente, flanco derecho y retaguardia de un destacamento enemigo que llegó por sobre la montaña de Azacualpa y tomó posiciones en el valle de la misma, al Sur de las nuestras. El General Sierra mandó 15 hombres á atacar el frente; pero por desgracia no pudo llegar á tiempo la fuerza destacada de la retaguardia, que era la que debía empeñar el verdadero combate. Hubo una confusión por la oscuridad de la noche, y se dirigieron unos tiros dos de nuestros pelotones, y el asalto por sorpresa se frustró. La pequeña fuerza del General Sierra, compuesta de 15 hombres, en su mayor parte oficiales, dominada por el número, se vió obligada á retirarse, á pesar de combatir con la bravura de costumbre. Tuvimos que lamentar la pérdida del valiente oficial Tosé María Medina, de quien no se sabe si fué muerto ó prisionero, y se recogieron dos heridos, que son Juan Bautista Montalván, del Corpus, y Bibián Martínez, de Reitoca.

El día de hoy á las q a. m. se tuvo noticia de que una fuerza enemiga que había bajado ayer por la falda del cerro de Uyuca, estaba atrincherada á corta distancia de nuestras posiciones exteriores, como para cortarnos los caminos hacia el Oriente, pues todo indica que tenía el enemigo la pretensión de asediarnos. El General Reina destacó con 20 hombres al Coronel Manuel I. Rosa en exploración; y al encontrarse con el enemigo lo atacó resueltamente. Al oír el tiroteo, el General Reina destacó 30 hombres más para protegerlo. Dióse entonces al enemigo una vigorosa carga, que no pudo resistir, y abandonó sus atrincheramientos. Perseguido de cerca, se puso pronto en precipitada fuga en distintas direcciones, tomando 30 hombres al mando del jefe del destacamento, General Félix Molina, por el camino sobre la altura de la montaña. Una pequeña parte de esa fuerza enemiga pretendió hacerse fuerte en unas trincheras construidas por el Ejército Liberal en el llano de El Rodeo, que tenía abandonadas. Fué desalojado también de allí; pero en esos momentos el Coronel Rosa recibió aviso de haber bajado un refuerzo al enemigo, y suspendió la persecución; tocó llamada á su tropa, con la cual, ya reconcentrada, cargó á este nuevo enemigo y lo derrotó con poca dificultad. Al oír este segundo tiroteo, el General

Reina destacó al Coronel don Carlos Tirón con Ir soldados para apoyarlo. Durante las tres horas de combate, el cañón enemigo estuvo vomitando metralla, aun á riesgo de herir á sus propias fuerzas, al ver que éstas se dejaban batir. Una bomba estalló bajo el caballo del ayudante del Mando en Jefe, Miguel Moncada, causándole inmediatamente la muerte, y quedando el jinete golpeado por la caída. El ayudante venía de comunicar órdenes al Coronel Rosa.

La fuerza enemiga derrotada se calcula en 200 hombres; fuerza escogida, pues el refuerzo que llegó lo formaba una compañía del batallón Guardia de Honor, de soldados de Intibucá, cuyo Capitán era José María Domínguez, y el jefe del destacamento el Teniente-Coronel Francisco Murillo Medina, tránsfuga de la revolución, que se distinguió por haber sido el primero en emprender la fuga á la cabeza de la tropa. La otra compañía era compuesta de gentes de distintas procedencias; teniendo el pesar de saber que en sus filas se encontraban varios comayagüelas, uno de los cuales, Domingo Méndez, murió en la trinchera enemiga.

Las pérdidas del enemigo, reconocidas hasta el momento, son y muertos, un herido, el esforzado Capitán Domínguez, que se ha traído á curar con esmero á nuestro campamento. Por nuestra parte tenemos que lamentar la muerte de los soldados Crescencio Valladares, de Güinope, Antonio Funes (a) Pato, de Yuscarán, y Miguel Ramírez, de Tegucigalpa. Todos pelearon con bravura y cayeron á veinte pasos de la trinchera del enemigo. No hubo ningún herido.

Hacemos esta relación por lo que nos consta de vista y datos recogidos en los momentos del combate. Después publicaremos el parte oficial y rasgos de valor personal y otros detalles que demuestran el patriotismo que anima á nuestras fuerzas, y que habrían honrado á los antiguos espartanos.

NÚMERO 6

Tatumbla: 13 de marzo de 1893

Continuamos la publicación de las cartas y telegramas más importantes que el Doctor Bonilla ha dirigido al señor Agüero. Después se publicarán las comunicaciones de éste, que completarán la demostración de que toda la culpabilidad por la mucha sangre que ya se ha derramado y se sigue derramando recae sobre él exclusivamente.

DOCUMENTOS JUSTIFICATIVOS

Por telégrafo de Güinope: 17 de febrero de 1893.

Señor Presidente, Licenciado don Rosendo Agüero.

Tegucigalpa.

En vista de un telegrama del General Vásquez para don Leandro Calderón, creo deber hablarle ya á Ud. con entera claridad. Creo que dicho General es el obstáculo para las negociaciones, porque procede con absoluta mala fe. Calderón vino enviado por él pretendiendo traer comisión de Ud. No se lo creí y le exigí por lo menos telegrama suyo. Él se dirigió á Vásquez, cuya contestación confirma mi creencia. La misión verdadera de Calderón fué entregar al General Sierra una carta del Doctor Rosa, proponiéndole entenderse personalmente con Vásquez, sin mencionar á Ud. ni á mí. Sierra, como leal, me mostró la carta, agregando que Calderón le trajo el recado verbal de parte de Vásquez de ponerse de acuerdo con él, y entonces mandarían juntos. Calderón ha reconocido que su conducta merecía la muerte, porque vería à tratar de corromper à uno de nuestros jefes; y sin embargo, está detenido en nuestro propio alojamiento, come en mi mesa y se le trata con toda consideración. Así ha comprometido Vásquez el nombre de Ud. en los momentos en que sus Comisionados trataban conmigo de arreglar la paz. Muchos otros antecedentes hay que he comunicado á Ud. si bien temo que la correspondencia haya sido interceptada. El mismo

Vásquez en su dicho telegrama afirma que sus Comisionados están aquí sólo conversando. Acaba de llegar el Doctor Gamero. En seguida hablaré con él; pero no olvide que las dificultades que ocasiona Vásquez estaban previstas en la correspondencia para el Doctor; y reconocerá que tenemos razón en no confiar. Inspírenos confianza su Gobierno, y la paz está hecha. Si Ud. manda allí, le llegará este telegrama.

P. Bonilla

Güinope: 20 de febrero de 1893.

Señor Lic. don Rosendo Agüero. —Tegucigalpa.

Me refiero á su apreciable fechada el 17 del presente. Como le dije por telégrafo, he sentido no ver en ella las explicaciones esperadas con tanta ansia. Sólo sí encuentro la autenticidad de los telegramas entre Alvarado Manzano, P. Planas y Luis Bográn, que indican: ó que Ud. está traicionado, puesto que me ha señalado como un peligro el bogranismo, ó que hay verdadera liga con éste. Ante ese dilema, una explicación era absolutamente necesaria. Mas no obstante su silencio, es tal mi confianza en su integridad, que lo atribuyo á las causas anteriormente expuestas.

Ojalá que el medio de solución que le llevan los señores Agurcia y Fortín sea posible, pues entonces en nuestra entrevista llegaremos de seguro al arreglo concreto; y espero la tendremos, aunque haga un sacrificio por causa del malestar de su salud.

Hoy se ha interrumpido de nuevo el telégrafo y he mandado al celador hasta El Valle. ¡Ojalá de allí se haya tomado mayor interés, para que hoy esté restablecida la comunicación!

Contesté su telegrama referente á Uclés. Lo que en él le digo es cierto; y si no se ha mandado una comisión á Cantarranas, donde podía haber dado fruto, es por saber que un hijo suyo estaba encargado del poder y que allí tiene su familia Ud., no obstante, mi seguridad de que ningún mal se les causaría.

Estoy informado, y debe ser cierto, por referirse á hechos públicos, de que allí impera el régimen del terror: que se destrenza á las mujeres y se las pasea por las calles, y hasta se las exhibe desnudas en el interior de su prisión: que hay muchos hombres, mujeres y niños en la Penitenciaría; y todos estos excesos cometidos en nombre de Ud., incapaz de concebirlos y de tolerarlos, me confirman en la idea de que carece de poder para impedirlos; pero me infunden desaliento sobre la posibilidad del arreglo de paz aun convenido con Ud.

Tales excesos demuestran una saña incompatible con sentimientos conciliadores. Me horrorizan más que la sangre de los combates; y si contra ese salvajismo de 9 años hemos venido luchando, muy lejos podemos estar de querer entronizarlo de nuevo. Ud. tampoco, ¿verdad?

Concluyamos pronto, señor, que ya se me acusa de debilidad, y no puedo prolongar más esta inacción. También la prensa de no sé quién, EL NOVENTA Y TRES, me ataca; y como á Ud. consta que es con injustica, sírvase ordenar la rectificación oficial. —Su afectísimo. —*P. Bonilla.*

EL FIN DE LA BATALLA.

Creemos que hoy terminará la gran batalla que ha de decidir de la suerte de la Patria, porque parece que el enemigo ha resuelto tomar por asalto nuestras posiciones. Al finalizar este articulo referiremos los incidentes, y tal vez el resultado de este combate, que creemos, fundamentalmente, atendido el espíritu que anima á nuestra tropa, será favorable á la causa de la redención de Honduras. Mientras ese resultado llega, daremos cuenta de lo ocurrido durante los días 8, 9, 10 y 11 del corriente.

En el número anterior nos olvidamos de hacer constar que el día 7 arrojó el enemigo contra nosotros 29 bombas, sin causar ningún daño personal.

El día 8 el enemigo lanzó sólo un proyectil en el día y tres por la noche, que consideramos señales para ordenar el movimiento que los combates del día obligaron á hacer á nuestros adversarios.

Para que se comprendan mejor las operaciones de este día, daremos algunos antecedentes.

Cuando el General Sierra salió de El Corpus, quedó al mando de la guarnición de aquella plaza el General don Estanislao Tomé, para tener en jaque á la fuerza de Choluteca, que constaba de 400 hombres y custodiaba doscientos rifles en almacén. El General Tomé durante su permanencia en El Corpus adquirió más elementos y se fortaleció; pero reducida la guarnición á doscientos hombres por la deserción, resolvió el enemigo dejar sólo las armas en mano y llevar á Amapala las demás. No era ya la plaza de Choluteca una plaza apetecible, y se ordenó al General Tomé replegarse con sus fuerzas á las que tiene á sus órdenes en este pueblo el Doctor Bonilla. En El Corpus se incorporaron á Tomé los Generales Gutiérrez y Dávila, y el Coronel don Miguel O. Bustillo, procedentes de Guatemala, vía Nicaragua, protestando con su presencia en el seno de la revolución contra la suposición de que la desaprobaban, sin más razón que el haberse equivocado del mismo modo que el Doctor Bonilla al juzgar al señor Agüero y su presencia en el Gobierno.

En el distrito de Goascorán los señores Coroneles Miguel Padilla, Sinforiano Bonilla, Pedro H. Bonilla y Román Pineda, y en Caridad el Teniente-Coronel don Ricardo Maldonado, organizaron una columna respetable, que comenzó sus operaciones con un importante hecho de armas: el sitio por trece horas de la plaza de San Antonio del Norte, al mando del Jefe de distrito, Agapito Castro, quien se rindió con 32 armas y unos miles de cartuchos. Carecemos de más detalles, que después daremos. Esta fuerza se reunió con el General Tomé en el Cerro de Hule, cumpliendo ordenes superiores; y ya reunidas se dirigieron á este campamento, llegando á la montaña de Azacualpa, frente al mismo, el 8 á las 8 a. m. y distante de él como á cuatro millas.

Con la llegada de la fuerza de Tomé, la que el General Villela tenía en el Valle quedaba colocada entre dos fuegos, y por lo mismo en muy falsa posición. Lo comprendió así, y destacó una fuerza al encuentro de la muestra sobre la montaña; pero antes de llegar le salió fuerza nuestra al mando del Coronel Padilla, estableciéndose un tiroteo que duró desde las 11 a. m. hasta las 6 p. m., hora en que el enemigo, á pesar del refuerzo que recibió, á virtud de una vigorosa carga de nuestra fuerza, y perseguido de cerca por ella, descendió en Precipitada fuga hasta el campamento del General Villela, dejando algunos rifles y cartuchos en nuestro Poder. Desgraciadamente este triunfo costó caro á la revolución, pues en ese encuentro, á la primera descarga perdió la vida el denodado Coronel Padilla, militar de grandes méritos y una de las principales columnas del Partido Liberal. Fueron heridos Nieves Cruz y Norberto Mejía. Cuando Villela mandó á hacer ese ataque, el General Reina destacó al Coronel Rosa para desalojar al enemigo de una fuerte posición que ocupaba sobre el camino de la Cruz del Arco, donde estaba atrincherado. Después de tres horas de combate y aprovechando la oscuridad de la noche, el enemigo huyó dejando un muerto y algunos rifles. Concurrió á este triunfo una avanzada de doce hombres que envió en apoyo de Rosa el General Tomé. Por nuestra parte no hubo ningún muerto en este encuentro, pero fueron heridos el Teniente Donaciano Laínez, de Danlí; Ángel María Valladares, de Langue; Anselmo Díaz, de Reitoca; Rosalio Sánchez y Juan Mata García, de Curarén, y Lucas Oliva, de La Venta.

Practicadas las operaciones, la fuerza de Villela, que tenía las pretensiones de cerrar el asedio, quedó encerada en un valle, con todas las alturas dominadas por nuestro ejército. Si éste, por el cansancio ocasionado por un día de constante marcha y combate, no hubiese quedado sin aptitud de seguir la lucha, fácil habría sido batir completamente al enemigo. Pero ese obstáculo dió lugar al General Villela para abandonar en precipitada fuga el campo por la noche, dejando la bandera, provisiones, armas, cartuchos, bestias y otros objetos; y los soldados, por el camino, hasta los caites, y perdiendo mucha gente que se desbandó en varias direcciones, mientras, con un rodeo de unas tres leguas, logró replegarse al cuerpo principal del ejército enemigo.

Con la fuga de Villela quedaron libres nuestras comunicaciones con el valle y la montaña, de donde obtenemos nuestras provisiones. Por tal motivo, y mientras los dos cuerpos de nuestro ejército se ponían en comunicación para combinar, por entonces, el plan de defensa, los días 9 y ro fueron de completa calma, excepto el disparo de un cañonazo el 9 y 3 el 10, y algunos de rifle cambiados á distancia de 800 á 1.000 varas: pero después del mediodía del r0, el enemigo ocupó posiciones sobre nuestro flanco derecho, sin poder averiguar en ese día el número de su fuerza, ni atacarlo, porque la del General Tomé necesitaba reorganizarse.

SUELTOS

El Doctor don Juan Ángel Arios, Ministro de Gobernación, fué conducido escoltado á la cárcel en Tegucigalpa porque reconvino al redactor de un periódico oficial por su paralelo entre José María Barahona y Policarpo Bonilla. El Ministro Dávila reclamó al llamado Presidente Agüero por esa prisión, y contestó: «Ciertamente esto nunca se ha visto: es orden del General Vásquez: le pondré un correo pidiéndole lo mande poner en libertad. Esto no necesita comentarios, y es el mejor justificativo de la revolución, que está reivindicando la honra nacional contra un hombre que quiere someter á todo un país á su capricho.

José María Medina. - Este valiente joven, cuyo destino ignorábamos, fué apaleado cruelmente y fusilado por orden del General don Belisario Villela, que con la rabia de su derrota no encontró medio más digno para vengarse al levantar el campo dominado por nuestras fuerzas. Bien se conoce que se ha puesto á discreción de su nuevo amo, que sólo respira sangre. Para que ese hombre sea mejor conocido publicaremos su correspondencia epistolar y telegráfica con varios jefes de la revolución.

NÚMERO 7

Tatumbla: 15 de marzo de 1893

ESCÁNDALO

No merece otro calificativo la conducta del Licenciado don Rosendo Agüero para con su Ministro de Gobernación, Doctor don Juan Ángel Arias. Verdad es que puede también calificarse de estupidez, porque sólo mientras Agüero conservaba á su lado á los Ministros Arias y Dávila, podía engañar en el exterior y adormecer el patriotismo de muchos liberales con la esperanza de que se llegase á un avenimiento, y Agüero dejase de ser el maniquí de Vásquez. Nuestros lectores conocerán ese escándalo en toda su fealdad, por la proclama del señor Arias, á que cedemos el lugar preferente.

Hondureños:

Los momentos que atraviesa nuestra desgraciada patria son solemnes: la hora de prueba ha llegado.

A la patria le debemos todo: por su redención démoselo todo.

Nuestras vidas, nuestros intereses, en cambio de su honra y dignidad, no vacilemos: que sean para ella.

Ofuscado por la reputación sobre arena de Rosendo Agüero; creyendo en su mentida honradez, desconociendo su criminal y nunca imaginable hipocresía ó infelicidad de carácter, acepté por sus ruegos el Ministerio de Gobernación en el Gobierno que organizara después del depósito del señor Leiva.

"La paz será mi misión y mi único objetivo", me dijo Rosendo Agüero. "Y para esto le suplico su cooperación. Antes dejaré el poder que hacer un tiro á Bonilla y los liberales".

Con esta impresión y para la paz, y solamente para la paz, acepté el Ministerio.

¡Burla infernal! Agüero, el menguado de Cantarranas, estaba vendido incondicionalmente al General Domingo Vásquez.

Desesperado por su oscura existencia de pueblo, respondió como debía al llamamiento del funesto aventurero que se llama Domingo Vásquez.

Desde ese momento abdicó por Vásquez su decoro y defensa personal, y entregó á él y sacrificó á sus bastardas ambiciones todo cuanto podía haber de noble en su vulgaridad lugareña.

Todo lo da en cambio del mendrugo del presupuesto.

Nada le detiene: es Vásquez si después de servirle de infeliz instrumento puede mejorarle su antes desgraciada vida.

Y así, poco le importa los que, engañados por él, son sacrificados por la bestia feroz de Domingo Vásquez.

Siendo aún Ministro del desgraciado Agüero; sin que tuviera una sombra que enrostrarme, sino es la de haberle manifestado que no podía continuar á su lado después de defraudadas mis esperanzas; después de ver que el hombre de Cantarranas no era el que una porción del pueblo hondureño se prometía para su salvación, sino el maniquí más despreciable del absurdo despotismo, consintió en que Vásquez por una coquetería de déspota me llevara á la cárcel. Allí permanecí sin que él en su criminal debilidad creyese tener poder para darme la libertad, á pesar de conocer la injusticia y sin razón, según él manifestó. De las prisiones de Tegucigalpa me sustrajo el mismo Vásquez la noche del 14 del corriente. Para esto usó de todas las formalidades que los tiranos déspotas acostumbran cuando tratan de inspirar terror á sus víctimas. Nada omitió. Traído á su campamento, por otra humorada de bandido, me ofreció la libertad de venir á. incorporarme con los defensores del pueblo, esperando que no aceptara este ofrecimiento. ¡Desgraciado! En su vanidad cree que todos renuncian en su presencia hasta de su condición de hombres.

¡Vana ilusión!

Domingo Vásquez: he venido á formar en las filas de los abnegados patriotas que al mando del Jefe del Partido Liberal, Doctor don Policarpo Bonilla, luchan por conquistar la libertad y los derechos del pueblo hondureño. Ya has comenzado á sentir el empuje victorioso de sus armas. En tu necia presunción desprecias las iras del pueblo que has entregado á la matanza para favorecer tus ambiciones. Tiembla, porque la hora llega. Te debemos pedir estrecha cuenta de tu salvajez. El pueblo te ha juzgado y sentenciado, y su fallo es inapelable. Espera, espera.

Y tú, Rosendo Agüero, nefanda oscuridad, piensa en lo que has sido y eres al presente, y medita en lo que te espera para el porvenir. ¡Desdichado! me inspiras lástima.

Hondureños: ¿Podéis continuar indiferentes á los infortunios de la patria?

Escoged: ó viles instrumentos de Vásquez renunciando al hogar, á la madre, á la esposa y al hijo; ó libertad para nosotros y cuanto nos es querido. Si lo primero, idos con Vásquez. Si lo segundo, venid con nosotros donde os esperan miles de hombres dispuestos a dar la vida por nuestras instituciones y libertades.

Con los últimos encontraréis á vuestro amigo.

Juan A. Arias.

Tatumbla: 15 de marzo de 1893.

LA BATALLA CONTINÚA

En el número anterior intitulamos nuestro artículo "El fin de la batalla porque creímos que el General Vásquez tendría vergüenza de estar combatiendo durante trece días hasta con un grupo de revolucionarios armados de garrotes, como él dice, y estaría ya decidido á tomar por asalto nuestros atrincheramientos. Pero nos equivocamos, como se verá en el curso de esta relación, que dejamos interrumpida por falta de espacio cuando íbamos á referirnos al combate que creíamos decisivo.

El día 11 á las 8 a. m., dos cañonazos del enemigo dieron la señal de un ataque general á la vez contra todas nuestras posiciones.

Descendiendo de la altura sobre el pueblo, el enemigo llegó á ocupar una casa á media falda, que muchas veces ha tenido y perdido en otros combates; y haciendo desde allí y de otras varias posiciones un nutrido fuego, quiso bajar al asalto de las trincheras defendidas por la fuerza del General Sierra; pero en sus varias intentonas fué rechazado, conformándose después con un tiroteo á distancia. No obstante, tuvimos que lamentar la muerte del joven Ramón Larios, de El Paraíso.

Para el ataque á nuestra posición central, el enemigo asaltó primero nuestros puestos avanzados al Oriente. El más saliente de éstos lo defendían el Comandante Juan Hernández, de Texiguat, y el Capitán Justo Hernández, quienes resistieron durante media hora con el heroísmo que caracteriza á los hijos de ese pueblo; pero, agobiados por el número y flanqueados por ambos lados, el Comandante ordenó á sus soldados la retirada, quedándose los últimos, él y el Capitán. Fue herido el Comandante en esos momentos, y no queriendo caer vivo en manos de enemigos cuya ferocidad conocía, suplicó al Capitán le matase, lo que ya no tuvo tiempo de hacer, ni aun de quitarle el Winchester. El enemigo, como él lo presentía, le acabó de matar á bayonetazos, según pudo verse al recoger al día siguiente el cadáver para enterrarlo con los honores militares.

El Capitán Hernández se unió á su fuerza, y después de corta resistencia en el segundo puesto atrincherado se replegó al campamento principal, cargando con tres rifles que dejaban sus soldados. Media hora dilató el combate contra esos puestos, y apoderándose de ellos el enemigo, se colocó á distancia de unas 150 varas de la extremidad Sudeste de nuestro campamento central.

Varias cargas dió el enemigo, hasta llegar á distancia de cien pasos; pero como vigorosos fueron los ataques, vigorosa fué la resistencia. Entre las 8 y las 9 de la noche hizo un supremo esfuerzo, y creyendo aprovecharse de la oscuridad, llegó hasta 40 ó 50 pasos de distancia de nuestras trincheras, pero iluminado el campo por bolas empapadas en aguarrás, encendidas, el enemigo se vió en un momento á descubierto, expuesto á nuestros fuegos; y para completar su pánico, al volver las espaldas, ó tratar de favorecerse tras los pinos, se le arrojaron bombas de dinamita á la vez que se le hacia un fuego nutrido de fusilería. En esos momentos el sargento Pablo López, de Intibucá, gritó: "Soy Texiguat, no me maten, vengo á presentarme", y se le permitió saltar la trinchera, entregando el rifle, cincuenta cartuchos y un cuchillo, con lo que probó no haber arrojado un sólo tiro contra nosotros. Se están aprovechando sus servicios, y es por consiguiente falso que se le haya ahorcado, como se asegura en el campamento enemigo. Los liberales á ningún prisionero matan. Ese privilegio queda hasta ahora á nuestros adversarios. Debemos hacer constar que el asalto fué resistido por el Estado Mayor al mando del General Archer, y por fuerza del primero y segundo batallones en la línea á cargo del Coronel Tirón.

Durante este mismo día, la fuerza al mando del General Tomé, junto con la columna destacada del centro al mando del Coronel Rosa, atacó por retaguardia al enemigo. Esas fuerzas se dividieron en tres columnas de ataque, quedando la auxiliar en reserva. Una de esas columnas, al mando del Coronel don Miguel O. Bustillo, á la cual se unió definitivamente don Pedro H. Bonilla, después de recorrer toda la línea de batalla, tomó el camino más largo hacia la derecha; la otra, al mando del Coronel Rosa, por el centro, y la otra, al mando del General Dávila, por la izquierda. La del centro, apoyada por los fuegos de las otras, se apoderó de la primera trinchera enemiga, y las otras dos avanzaron hasta distancia de 80 á 100 pasos de la tienda del General en Jefe Vásquez. Si la reserva de caballería hubiese apoyado nuestra derecha y retaguardia como se le había ordenado, y el refuerzo de infantería enviado hubiese llegado tiempo, el enemigo no hubiera podido flanquear y casi encerrar nuestras columnas, y el tren, una pieza de artillería, y tal vez los mismos Generales enemigos, habrían sido capturados, pues tuvieron que empeñar en la defensa su cuerpo de Estado Mayor. Rechazadas nuestras columnas de ataque, tomaron posiciones ventajosas en las alturas inmediatas. En este ataque apenas tomaron parte unos cincuenta hombres de los nuestros.

Durante el día 11 el enemigo arrojó contra el campamento central 38 bombas, y contra la fuerza de ataque á la retaguardia 17.

El día 12 continuó el tiroteo con flojedad, porque, según se supo después, el enemigo estaba preparando su retirada. Arrojó 3 cañonazos á retaguardia, pero ya en fuga con la pieza.

Las pérdidas sufridas fueron, además de Larios, Cirilo García, de Aramecina; y heridos Camilo Lagos, de Güinope; Julio Fonseca, Alejandro Ortega y Demetrio Martínez, de Tatumbla; Rafael Soto, de Cantarranas; Juan Vicente García, de Tegucigalpa; Fernando Rivas, de Juticalpa; Regino García y Domingo Ponce, en el campamento central; Olegario Flores, de La Libertad, en el pueblo, y Romualdo Figueroa, de Tegucigalpa, y Bartolomé Vásquez, en el ataque por retaguardia.

El enemigo tuvo la vergüenza de abandonar un campo que no había podido sostener, y de desfilar para su antiguo campamento, á vista y bajo las burlas de nuestra fuerza, aunque fuera del alcance de nuestros fuegos. Puede ser que el inmoderado y mal fundado orgullo del General Vásquez vaya decreciendo con tantos golpes sufridos.

NÚMERO 8

Tatumbla:18 de marzo de 1893

FRUTOS DE LA INCONSECUENCIA

Publicamos en seguida la manifestación del Licenciado don Fausto Dávila sobre los motivos que le han obligado á pasar del Gabinete al campo de la revolución. Otro fruto de la inconsecuencia del señor Agüero; pues el señor Dávila como el señor Arias, aceptaron las Carteras solamente porque el depositario de la

Presidencia les declaró que su solo objeto era la paz, y nunca combatir al Partido Liberal, en el cual debía apoyarse. Faltó á su palabra; y como hombres dignos y consecuentes, se separaron de un Gobierno que ya no tenía razón de ser, y resolvieron ocupar su puesto en las filas del Partido Liberal, en que siempre han militado, y cuya causa es hoy á los ojos de todo el pueblo hondureño, de todo Centro-América, la causa santa de la salvación de Honduras.

Hondureños:

Después de haber puesto mi renuncia como Secretario de Estado en los Despachos de Instrucción Pública y Justicia: después de haber dirigido al Presidente Agüero una carta interesándolo por la admisión de dicha renuncia, y manifestándole que no quería ni debía seguir en el Ministerio: después de los atropellos en la persona de mi colega y amigo el Doctor don Juan Ángel Arias, resolví venirme al campamento de la revolución. Estoy aquí en unión de los míos y dispuesto á correr una misma suerte.

Mi conducta en el Ministerio está al alcance del señor Presidente Agüero y de todos y cada uno de los revolucionarios, no creyendo estos últimos, ni por un momento, que yo podía estar al servicio de una causa distinta y mucho menos contraria á la que ellos sustentan con legítimo orgullo—la redención del pueblo hondureño. No podía esperar otra cosa de los hombres que siempre han dado pruebas de honradez y de ser unos é indivisibles en su objeto legítimo, santo y patriótico de reivindicar los derechos del pueblo, que de mucho tiempo atrás vienen siendo patrimonio exclusivo de los que en mala hora y para desgracia de la patria tienen todavía la dirección de la política y de la administración del país.

Ojalá se convenzan nuestros contrarios, no de la justicia de la causa que sustentamos, porque esa está en la conciencia de todo centroamericano, sino del poder efectivo de la revolución. Así se economizaría la sangre de tanto valiente para emplearla toda entera en el servicio de la patria, así en la paz como en una guerra internacional, que no debemos esperar, porque el Partido Liberal en el Poder trabajará sin descanso por la paz y por la tranquilidad de Centro-América.

Estamos en vísperas de celebrar el triunfo de la revolución, que será la unión y concordia de todos los elementos sanos que queden después de la matanza injustificable que ha comenzado en este pueblo y que de seguro aquí concluirá. Nuestra conciencia está tranquila, pues hemos obtenido el triunfo moral que justifica la revolución ante propios y extraños.

Hondureños: soldados de la revolución liberal: nos hemos colocado en un terreno del cual no podemos retroceder: si triunfamos, trabajaremos sin descanso por la paz y por el engrandecimiento de nuestra patria; y si sucumbimos, dejaremos á la posteridad un legado de honra y de valor.

¡Viva la revolución!

F. Dávila.

Tatumbla:18 de marzo de 1893.

CONTINUAMOS EN BATALLA

Después de su derrota del 13, el General Vásquez no se ha atrevido á destacar fuerzas contra nosotros, y se ha limitado á bombardear nuestras posiciones y á disparos de rifle cambiados á larga distancia. Está encerrado en su campamento de la altura, en el cual ha resuelto cambiar de sitio su tienda de campaña, para ponerla fuera del alcance de nuestros rifles Level, que buenos sustos han causado personalmente á él y á todos los jefes enemigos, y bastantes daños á su ejército. Después de la acción de los días 11 y 12 se recogieron ocho cadáveres de enemigos y se encontraron muchas más sepulturas y ceniceras de montones de cadáveres quemados.

Buenas razones deben tener el General Vásquez para no atacarnos, pues en su correspondencia última con el señor Agüero le ha confesado que, mientras no le mande refuerzos, se halla en impotencia para vencernos. Y esto lo confesaba antes de incorporarse á nuestro ejército la fuerte columna del General Bonilla. Pero, si él no trata de poner término á esta situación, le atacaremos nosotros en su propio atrincheramiento. No es el primer combate en que de ellos se les desaloja. Para explicar la prudencia del enemigo, basta hacer notar que al paso que nuestra fuerza armada se ha doblado, la de nuestros adversarios ha quedado reducida á menos de la mitad.

Viendo la inmovilidad del enemigo, por nuestra parte se resolvió hostilizarle hasta sobre sus posiciones. Con tal fin se destacó una pequeña columna al mando del Coronel Rosa, el 15 del corriente, con la cual llegó en exploración hasta distancia de unas 300 varas de los atrincheramientos enemigos situados en La Calera. El 16 volvió à salir en expedición, pernoctó en el Hato de Enmedio, distante tres cuartos de legua de Tegucigalpa; y al día siguiente avanzó sobre la capital hasta La Cruz Larga, á vista de la población; y á su regreso trajo prisioneras de cuarenta á cincuenta mujeres que conducían al campamento enemigo varias cargas de éstas. También una de sus avanzadas detuvo al Coronel Santiago Pereira, que iba á reemplazar en Tegucigalpa al Coronel Figueroa, y caminaba con dos asistentes y quince hombres. Pereira al principio ofreció rendirse; pero en seguida quiso hacer uso del revólver, y los soldados, viendo amenazado al oficial, dispararon sobre Pereira, quedando éste muerto en el acto. Fueron tomados los dos asistentes armados de rifle Remington. Pereira portaba un Winchester. En seguida fueron capturados ó dispersados los otros quince soldados, quitándoles q rifles, y se tomó también el de un sargento que conducía diez hombres del campamento enemigo, desarmados, para Tegucigalpa. Todos los mencionados se encuentran presos en nuestros campamentos, sirviendo con su trabajo personal, pero con garantía, al menos por ahora, de su vida; á menos que continúe el enemigo en su infame conducta y nos obligue á las represalias.

El enemigo se enfurece porque todos los pueblos reciben nuestro ejército con los brazos abiertos y huyen del suyo como de la peste, sin fijarse en que es consecuencia natural de la conducta devastadora que el enemigo observa, en contraste manifiesto con el respeto á la vida y á la propiedad que practicamos nosotros.

Volviendo á las operaciones del enemigo, diremos: que el día 13 arrojó el enemigo 3 proyectiles sobre el pueblo y 5 sobre el campamento central: el 14 cuatro al mismo campamento, dos el 15 y dos el 16, éstos sobre el pueblo. El 17 arrojó 7 sobre el pueblo y 5 sobre el centro. El 18 arrojó 8 proyectiles sobre el pueblo y hoy 6 sobre el centro. Nuestra fuerza está penetrada de que el cañón sólo ha hecho daño cuando nuestra fuerza ha cometido graves imprudencias, y recibe con gritos de burla las descargas baldías del cañón enemigo. De seguro sólo los artilleros de éste han recibido más daño de nuestros rifles Level que toda nuestra fuerza de su cañón.

SUELTOS

Rectificación. —Nos la pide nuestro excelente amigo Doctor don Pedro H. Bonilla, por haberle llamado Coronel en nuestros números anteriores. El señor Bonilla, aunque el organizador y jefe de la columna venida de los pueblos fronterizos al Salvador, declara que siempre quedará hombre civil. No obstante, continuará sirviendo en nuestro ejército con tal grado, que tiene bien merecido, aunque al triunfar la revolución volverá á la vida civil.

Prevención. —Se tiene noticia de que algunos individuos que voluntariamente se han presentado á las filas del Ejército Liberal, se han ido llevando algunas bestias y cometiendo abusos en su marcha. La revolución liberal no los ha autorizado para tales abusos, y declara que á su tiempo los hará responsables por su conducta. La revolución batalla por implantar en Honduras el orden y la libertad, y no patrocina ni tolera abusos ni desórdenes: ténganlo entendido los que á la sombra de ella pretendan ampararse.

Se encarga á las autoridades civiles y militares que capturen á los individuos que lleven armas ó bestias sin pasaporte de uno de los jefes expedicionarios de la revolución, y los ponga á disposición del jefe expedicionario más inmediato.

Hoy recibió el Doctor Bonilla, por la vía de Langue, telegramas de los Presidentes Reina Barrios y Ezeta, en que aseguran su propósito de no intervenir absolutamente en nuestra actual contienda. Ténganlo entendido los pueblos, á los cuales se pretende hacer creer que el llamado Gobierno de Agüero, ó mejor dicho de Vásquez, espera miles de hombres de El Salvador y Guatemala en su auxilio. En el próximo número publicaremos esos telegramas.

Cada día pierde terreno el falso Gobierno ante la opinión pública. De todas partes recibe la revolución auxilios y refuerzos y muestras de simpatía, con ruegos de concluir pronto con la tiranía, que ya no pueden soportar.

Yoro. —Este departamento, después de tomado por los liberales el cuartel el 6 del corriente, se ha pronunciado por entero en favor de la revolución. A la fecha la Costa Norte debe estar de cuenta de la misma.

Rasgos espartanos. —El día que murió Miguel Ramírez, de Tegucigalpa, preguntó el Doctor Bonilla si tenía madre, y al contestarle afirmativamente, mostró su compasión por esa madre. Estaba presente Felipe Ramírez, el menor de tres hermanos de Miguel, y dijo: "No compadezca á mi madre: cuatro hijos somos; ella nos mandó, y si otros cuatro tuviera, á todos los mandaría. Mi hermano ha muerto: no importa: á eso hemos venido todos". Y no se le vió derramar una lágrima.

NÚMERO 9

Tatumbla: 23 de marzo de 1893

Cumplimos nuestro ofrecimiento hecho en el número anterior, de publicar los telegramas cruzados entre el Doctor Bonilla y los Presidentes de Guatemala y El Salvador, que demuestran la verdad que hemos afirmado: no habrá intervención de ningún Gobierno vecino en nuestra contienda, porque nadie tiene derecho á dudar de su sinceridad, principalmente siendo esa política el único medio de impedir la guerra centroamericana.

TELEGRAMAS IMPORTANTES

Güinope: 20 de febrero de 1893.
Señores Presidentes de Guatemala, El Salvador, Nicaragua y Costa Rica.

Al tomar el Poder, aunque temporalmente, el señor Agüero, todos los hondureños pensamos que la paz fácilmente se establecería. Así lo demuestra la correspondencia cruzada entre él y yo; y sin embargo aun no puede concluirse un arreglo, porque nos hemos convencido de que el General Vásquez es quien manda, y trata sólo de desarmar la revolución para adueñarse del Poder, según documentos fehacientes. En Tegucigalpa impera el terror, que

Agüero sólo sería incapaz de autorizar. Quiero se sepa la causa de la guerra si continúa, y no se olvide que la solución pacífica interesa á la paz de Centro-América. Agüero es casi generalmente considerado como un prisionero. —Su afectísimo.

P. Bonilla

Telegrama N.° I. —De Palacio, Guatemala: 3 de marzo de 1893. —Recibido en Pasaquina, á las 7 y 15 p. m. Don Policarpo Bonilla. Güinope.

Hoy he recibido el parte de Ud., que contesto como centroamericano. No dudo de las desgracias de Honduras destrozado por la guerra civil. En las conversaciones que aquí tuve con Ud. recordará que le manifesté que estaba resuelto á no intervenir en las cuestiones de otros países, y así continúo estando.

Ustedes aclararán entre sí las cuestiones de su patria, y ojalá que cesen las calamidades de que es víctima. Respecto de lo que me dice sobre la paz, no puedo más de manifestar que yo sabré mantenerla en Guatemala. —Su afectísimo. —J. M. Reina Barrios. —Es auténtico.

Aparicio Sosa.

Telegrama de Casa Presidencial: marzo 4 de 1893.- Recibido en Pasaquina, á las 10 y 30 a. m.

Señor Doctor Policarpo Bonilla. —Güinope.

Su telegrama fechado en 20 de febrero último vino á enterarme de la situación de esa República hermana. Al referirme á su citado telegrama no puedo menos que deplorar sinceramente la aflictiva situación de los hondureños envueltos, según hechos que relaciona, en la anarquía. Cualquiera que sea el giro que tomen los sucesos que motivan su comunicación, debe estar seguro de que yo, como Gobernante de El Salvador, no haré más que seguir la política de no intervención que he venido sosteniendo desde la inauguración de mi Gobierno, dedicando mis esfuerzos á conservar el orden interior y labrar por todos los medios posibles la felicidad de mi patria. Como al logro de mis aspiraciones contribuye la paz de los pueblos centro-americanos, trabajaré siempre en favor de ello, sin salir jamás del programa que arriba le he indicado. -Su afectísimo. C Ezeta. —Es auténtico. —*Aparicio Sosa.*

DOCUMENTOS JUSTIFICATIVOS

Güinope: 24 de febrero de 1893.
Señor Presidente, Licenciado don Rosendo Agüero.
Tegucigalpa.

Mi estimado amigo:

Recibí su apreciable de fecha de ayer.

Bastante sorprendido con su telegrama de hoy, en que me dice que Agurcia y Fortín no le habían indicado nada sobre las garantías exigidas por mí para el arreglo, cuando recibí su carta en que me dice que se lo manifestaron. En verdad debe haber sido así, porque al presentarles yo los peligros y dificultades que Ud. conoce, porque se los he expuesto con franqueza, de ellos nació concretar los medios de garantizar á la revolución, al país y á Ud. mismo, contra tales peligros. Los cuatro me aseguraron que creían à Ud. tan identificado con el Partido Liberal y la revolución que sostiene, que de seguro no vacilaría en poner en sus manos las armas para sostener el Gobierno que preside contra cualquier tentativa de restauración, de imposición exterior ó de conquista. Les contesté que si tal era su disposición, considero seguro el arreglo de la paz; mas no considerando al telégrafo ni al correo suficientemente discretos, les encargaba á los que allí iban, tratar verbalmente con Ud. eso, y le explicasen la razón de mi insistencia sobre la entrevista, que es el ser el único medio de entendernos como verdaderos amigos que somos, compatriotas, como liberales y como hombres honrados. Viéndonos, Ud. me explicaría su verdadera situación; y así como hemos buscado con sus Comisionados, buscaríamos con Ud. juntos el medio de dejarla clara, limpia, digna de Ud. que la va á soportar y de mí que ayudo á crearla.

Como Arias me dijo en un telegrama, antenoche, que estaba

autorizado por Ud. para ofrecerme garantías en el sentido insinuado por los Comisionados, á juzgar por su carta anterior, he llegado á pensar que en ese sentido le ha dado amplias instrucciones y medios de hacer efectivo inmediatamente el convenio en lo que tenga de urgente.

En mis primeras bases no había concretado nada sobre este punto, tanto porque entonces no estábamos en armas, como porque dejaba á elección de Ud. ó del que recibiera el depósito, identificarse ó no con el Partido Liberal, con tal que se removiesen todos los empleados anteriores, sustituyéndolos con personas de confianza general. Mas esa sustitución hoy debe pactarse ya en concreto, por ser cuestión de actualidad y medio de anular los peligros á que he hecho referencia.

En cuanto á la renuncia del señor Leiva, considero á todos interesados para que no convengamos en algo sobre ese punto, que asegure su presentación en corto término y lo que debe hacerse si falta.

Todo lo que he hablado es bajo el supuesto de que Arias me traerá la intimidad de su modo de sentir; y que en ella encontraré la reprobación de todos los actos de salvajez que en esa población se están cometiendo, tales que me hacen temer hasta por la seguridad de mi madre, á quien han comenzado á hostilizar con policías que vigilan su casa. Temo por la seguridad de otras personas de mi familia y de mi cariño, que también 1° son para Ud., y supongo no puede protegerlas. Temo por todos mis amigos, á quienes se maltrata horriblemente, como no lo hizo el mismo Bográn. No me extraña, porque el General Vásquez me ha declarado á mí, él mismo, que cree que en Honduras sólo se puede mandar con el garrote, inspirando terror. Felizmente, para comprobar la justicia de mis temores manifestados con tanta antelación, se ha descarado el General Vásquez á tiempo. Ud., como hombre honrado, no puede aprobar eso, y menos cuando las víctimas son aquellos que han creído ver en Ud. á su salvador.

Una palabra de Ud. de reprobación de esos escándalos, ó dicha en su nombre en este campamento, es necesaria para tranquilizar á más de 300 hijos de ese pueblo que hay aquí, y que tienen en peligro allí á sus familiares, á sus amigos, y la perspectiva para ellos y para todos los hondureños, de la cárcel, el palo y el patíbulo. Sin seguridades contra ese porvenir no me atrevo á pactar la paz; pero Ud. tampoco podrá dejar de darlas, por exponerse á llenar de luto á más de trescientas familias sólo de ese lugar, cuyas maldiciones oiría Ud. diariamente y le llevarían al estado en que quedó Leiva, aunque lo mereciese sólo por dejar hacer.

En estos momentos sabe el General Reina, que ya sabrá Ud. es mi segundo en el mando de las fuerzas, que su hijo Antonio Mejía está preso y amenazado de palos. ¿No ve Ud. en este paso el propósito claro de imposibilitarme para tratar la paz, creándome la justa oposición de ese jefe y de todos los que creen en peligro á sus familiares y amigos?

Usted ha insinuado la idea de que sería un interés personalísimo el que me retrajera de arreglo de paz (lo relativo á Vásquez); pero hoy no puedo decirlo ya porque se trata de salvar el fruto de tan larga lucha; y si con la guerra hubiéramos de fracasar, con gusto hacemos de antemano el sacrificio de nuestra vida, por tal de no ser cómplices en la creación de un régimen peor que el que hemos venido combatiendo.

Pero felizmente mi confianza en la honradez y energía de Ud. es sin límites, y espero que Ud. salvará á su país.

He dado una prueba más de que no me guía interés personal; autoricé á sus Comisionados para proponer mi salida y la del General Vásquez del país (por ejemplo, mientras se elige nuevo Presidente), como solución á la dificultad; y tenga seguridad de que por mi parte no tendría inconveniente en salir del brazo con él como amigo particular. El sacrificio que de él exijo en bien del país, es el mismo que yo estoy dispuesto á hacer, y no puede quejarse.

Febrero 24. Por la llegada de sus Comisionados Arias. Dávila y López, suspendí esta carta. La termino convencido de que es va inútil toda tentativa de avenimiento entre Ud. y sus mejores amigos. Ligeras modificaciones se han hecho á las bases que Ud. les dió, excepto en lo que á garantías se refiere; y éstas, teniéndose buena fe é intención de cumplir de parte de Uds., no pueden justificar una guerra que Ud. con razón ha calificado de insensata, pues ciertamente lo es de parte de Ud., al sacrificar un país á un hombre, que hará de Ud. lo que hizo del anciano Leiva.

Páselo bien, cuanto le sea posible, y mande á su afectísimo. -*P. Bonilla.*

ALGO SOBRE LA BATALLA

En los días 19 y 20 el enemigo continuó en su inmovilidad, limitándose el primero de esos á lanzar al pueblo 6 proyectiles. El 20 recibió el enemigo un refuerzo que debió ser de 500 hombres, pues esos salieron de Copán, Gracias é Intibucá; pero por la deserción le llegaron menos de 300. Con ese motivo hizo grandes evoluciones, como para engañar á niños; y colocó uno de los cañones en la altura, al Noreste de nuestro centro, único punto que le faltaba por ensayar. Con las dos piezas lanzó 21 proyectiles sobre nuestro centro y 17 sobre el pueblo. Parecía que preparaba un ataque general, pero no logró engañarnos. Tuvo que reconcentrarse, al ver que nuestras fuerzas no se movieron de sus posiciones y no le dejaban el campo libre para ocupar la montaña de Azacualpa, para donde ha destacado fuerzas por la vía del Cerro de Hule, que en estos momentos (las 10 p. m.) deben encontrarse frente á frente de las columnas del General Bonilla y del Coronel Rosa. Probablemente, si no ahora, al amanecer se empeñará entre ellos el combate, que quizá se haga general, cuyo resultado, como siempre, lo esperamos favorable á nuestra causa, á pesar de la constante superioridad numérica del enemigo.

NÚMERO 10

El Picacho (sobre Tegucigalpa): 30 de marzo de 1893

FIN DE LA BATALLA EN TATUMBLA

El día 23, el enemigo subió á la montaña de Lisopo, á donde por una incidental demora no pudo llegar primero el Coronel Rosa con el fin de esperarlo en un desfiladero, donde de seguro lo habría deshecho por completo.

El 24 se empeñó el combate entre las fuerzas al mando del General Vásquez sobre la montaña y las del General Bonilla. Después de muchos incidentes, en que nuestras fuerzas perdieron y

300

recobraron varias veces sus posiciones, quedaron definitivamente dueñas de ellas y el enemigo rechazado. Durante ese día el enemigo arrojó dos proyectiles sobre nuestro centro.

El día 25 se empeñó de nuevo el combate en la montaña. Fué encarnizado, pero como á las dos de la tarde, á consecuencia del pánico que produjo en la pequeña fuerza que defendía el plan del Matasano el fuego de cañón que hizo el enemigo, fuerza que no había estado nunca expuesta á él, se desbandó, á pesar de los esfuerzos del General Dávila para contener el movimiento. Esa fuerza llegó al campamento centra, y allí fué desarmada para poner los rifles en manos de los valientes que voluntariamente se ofrecieron á empuñarlas para ir á sostener el honor de nuestra bandera. El General Bonilla, quedando descubierto su flanco derecho y cortado con la fuerza del Coronel Rosa, tuvo que cambiar posiciones, ocupando las alturas inmediatas apoyando su retaguardia en los puestos avanzados que allí tenía colocados. Durante la noche hubo calma.

A la vez que se combatía en Azacualpa el 24, el Comandante don Secundino Valladares, destacado desde el 23 sobre la altura ocupada por el antiguo campamento de Vásquez, cerca del cerro de Uyuca, fue atacado por fuerzas superiores en número, pero las derrotó completamente. El 25 fué de nuevo atacado, y con un refuerzo que recibió del General Reina y otro del General Sierra, se logró rechazar al enemigo hasta dentro de sus atrincheramientos. En ambos combates sufrimos algunas bajas. Después publicaremos los nombres de los muertos y heridos.

Dirigió el enemigo el día 24, 5 cañonazos sobre el pueblo. El 25 sobre el centro 7 y contra el campamento del General Bonilla 9. El 26 sobre el pueblo 33 desde el Portillo, y sobre el centro desde Azacualpa 5, y 3 más del Portillo.

El 25, cansadas nuestras fuerzas de 32 días de batalla, pedían ir sobre Tegucigalpa, convencidas de que Vásquez no atacaría nuestras posiciones otra vez, y sus reclamaciones aumentaron el 26. Durante la tarde y la noche el enemigo atacó un puesto avanzado del General Bonilla, pero fué vigorosamente rechazado. En esa noche, á las 8, levantamos el campo, yendo á vanguardia el General Sierra, en el centro el Doctor Bonilla y los Generales Reina, Gutiérrez y Tomé y los hombres civiles de más importancia, en la retaguardia los Generales Bonilla y Dávila y la columna del Coronel Rosa. La marcha se hizo en el mayor orden y en silencio para dar un chasco á Vásquez, quien lo sufrió completo, Pues siguió cañoneando todas nuestras posiciones hasta la tarde del día siguiente.

El 24 por la noche llegó nuestro ejército á acampar en la altura del Picacho à tiro de rife de Tegucigalpa, sin que el enemigo se atreviese á impedirnos el paso, a pesar de haber llegado la cabeza de nuestra columna hasta las primeras casas de la ciudad. Era la intención atacar esa misma noche; pero dos noches sin dormir y una continuada marcha con gran rodeo para burlar á Vásquez, tenían abrumada de fatiga á nuestra tropa, y se resolvió tomar posiciones hasta el día siguiente, aun comprendiendo que esa demora daría lugar á la concentración de tuerzas enemigas. Era preciso mudar de táctica, y así se acordó.

Muy temprano del día siguiente, 28 de marzo, el General Sierra, á la cabeza de su columna, descendió de la altura sobre la explanada La Leona, después que el Coronel Rosa había desalojado del Picacho y de otra trinchera de abajo las fuerzas que el enemigo tenía avanzadas. Después de una media hora de fuego, la explanada fué tomada por asalto, con graves pérdidas de parte del enemigo, y menores de la nuestra. Al mismo tiempo el General Reina destacó un cuerpo de caballería á tomar la Casamata, donde había un gran depósito de pólvora negra y dinamita, de las cuales se trajo una gran cantidad para el servicio de nuestro ejército; y destacó también varias escuadras para apoyar el ataque.

A estas operaciones se limitaba por entonces la intención de los jefes, porque se calculaba con razón que Vásquez destacaría fuerzas á proteger la población. En efecto, cuando nuestras tropas llenas de entusiasmo penetraron en la ciudad y llegaron hasta la plaza de la Casa presidencial, se acercaban por varios caminos columnas enemigas de auxilio. Entonces se ordenó la concentración en La Leona, cuyo movimiento se ejecutó con el mayor orden. Llegados á dicha posición, se ordenó concentrarse de nuevo en el campamento del Picacho, porque se recibió noticia de que venía considerable ejército á atacarnos por el Oriente. El combate en esta altura se comenzó á las 4 p. m., con verdadero encarnizamiento por ambas partes; y aunque desalojado al principio de sus posiciones más avanzadas al General Bonilla, logró recobrarlas con una enérgica carga; y apoyado en seguida por la columna del General Sierra, y por algunas escuadras destacadas de la retaguardia, logró, entre las diez y las once de la noche, poner al enemigo en completa derrota, dejando miles de cartuchos, más de sesenta rifles y bestias, se capturaron cinco prisioneros y se encontraron más de treinta cadáveres del enemigo. Por nuestra parte tuvimos que lamentar en toda la jornada la muerte de nueve de nuestros compañeros, quedando heridos cerca de veinte. La derrota fué tan completa, que estamos seguros de que no volvieron á ver la cara de Vásquez más de sesenta á ochenta soldados de los 500 con que atacaron los Generales Villela y López. En los combates de La Leona y la ciudad el enemigo perdió, según informes fidedignos, más de veinte muertos y de cuarenta heridos. Por nuestra parte murieron tres y fueron heridos cuatro.

(Continuará.)[23]

A LOS NICARAGÜENSES

Grande es mi gratitud y la de todos mis compatriotas por las repetidas muestras de cariño, aprecio y consideraciones de que os somos deudores los proscritos hondureños.

En vista de la señalada honra que me habéis hecho, eligiéndome vuestro representante á la Asamblea Nacional Constituyente, esa gratitud se ha hecho mucho mayor en los corazones de todos los desgraciados hijos de Honduras, que, vencidos en una heroica lucha por la causa de la libertad, gimen en su patria bajo el peso de la tiranía hemos buscado un refugio en vuestro suelo.

Esa elección la considero como la voz de aliento que me dais para soportar tantos insultos y calumnias como se me prodigan de palabra y por la prensa en mi patria nativa; es la vindicación más espléndida de la causa de la revolución liberal de Honduras, tan desgraciada como justa.

---

[23] Así concluye el último número del "Boletín de la Revolución".

Bajo la influencia de tales sentimientos he creído de mi deber consagrar mi trabajo al estudio de las instituciones que más pueden convenir á vuestro país, para asegurar vuestros derechos más sagrados, y el progreso, la paz y prosperidad de Nicaragua, que considero mi patria tanto como lo es vuestra. Para ello he tenido á la vista las anteriores Constituciones de este país y las de las otras Repúblicas de Centro América, que tienen una organización social y política tan semejante, sin despreciar lo bueno que en las de otras naciones he encontrado. De ese estudio ha resultado el proyecto que os ofrezco en estas páginas.

No pretendo que hay en él nada nuevo. Mi trabajo se ha reducido casi á adoptar lo que me ha parecido más adaptable y mejor entre lo bueno que he hallado en los varios Códigos fundamentales que he consultado. Ojalá que de algo pueda servir á la Augusta Asamblea que está encargada de decretar la Constitución Política que ha de regir á Nicaragua.

Managua: 12 de septiembre de 1893.

PROYECTO DE CONSTITUCIÓN DE NICARAGUA (EXTRACTO)

de Constitución Política de la República de Nicaragua que presentó el Dr. P. Bonilla como Diputado por el departamento de Carazo

NOSOTROS, los Representantes del Pueblo Soberano de Nicaragua, convocados para dar la LEY FUNDAMENTAL de la Nación, decretamos y sancionamos la siguiente

CONSTITUCIÓN

CAPÍTULO I
De la Nación

Artículo 1.º La República de Nicaragua es lo que antiguamente se denominó Provincia, y después de la Independencia, Estado de Nicaragua. Su territorio linda: por el Este y Noreste, con el Mar de las Antillas; por el Norte y Noroeste, con la República de Honduras; por el Oeste y Sur, con el Océano Pacífico, y por el Sudeste, con la República de Costa-Rica. Los limites especiales del país serán determinados por las leyes.

Para la buena administración del país se dividirá el territorio en departamentos, cuyo número y límites y la manera de regirlos, fijará la ley.

Art. 2.º La nación nicaragüense es libre, soberana é independiente, y no podrá ser nunca patrimonio de persona ó familia alguna.

Art. 3.º La soberanía es inalienable é imprescriptible, y reside esencialmente en la universalidad de los nicaragüenses, sin poder atribuírsela fracción de pueblos ó de individuos.

Art. 4.º Siendo Nicaragua una sección disgregada de la República de Centro América, queda en capacidad de concurrir con alguno ó más de los Estados que formaron parte de ella, á la organización de un Gobierno Nacional, cuando el Congreso

Legislativo lo estime conveniente; pudiendo el mismo derogar ó reformar la presente Constitución, según lo exigiere la naturaleza del pacto que se celebre.

Art. 5.º Todo poder público emana del pueblo: los funcionarios del Estado son sus delegados, y no tienen más facultades que las que expresamente les da la ley. Por ella legislan, administran y juzgan: por ella se les debe obediencia y respeto, y conforme á ella debe dar cuenta de sus funciones.

CAPÍTULO II
De los nicaragüenses

Art. 6.º Los nicaragüenses se dividen en naturales y naturalizados.

Art. 7.º Son naturales:

1.º Todas las personas nacidas ó que nazcan en el territorio de la República, cualquiera que sea la nacionalidad del padre, con excepción de los hijos de los Agentes Diplomáticos y Consulares, y de los extranjeros no domiciliados en el país. Se tendrá por domiciliado, para los efectos de este inciso, todo extranjero casado con nicaragüense que resida en el país, ó todo el que tenga en él negocios de comercio, de agricultura, cualquiera otro que exija arraigo.

2.º Los hijos de padre nicaragüense ó hijos ilegítimos de madre nicaragüense nacidos en país extranjero, cuando conforme á las leyes del lugar del nacimiento les corresponda la nacionalidad de Nicaragua, ó cuando les diere derecho de elegir y opten por la nicaragüense.

Sin embargo, de los principios generales establecidos en los números anteriores, podrán celebrarse tratados con las naciones amigas, modificando las reglas para la nacionalidad de los hijos de extranjero, con tal que haya reciprocidad.

3.º Se consideran también nicaragüenses naturales los hijos de las otras Repúblicas de Centro-América, que manifiesten ante la autoridad competente su deseo de ser nicaragüenses.

Art. 8.º Son naturalizados:

1.º Los hispanos americanos que obtengan carta de

naturalización de la autoridad departamental respectiva, quien la concederá con sólo la comprobación de residencia en el país durante un año.

2.° Los extranjeros de otras nacionalidades que soliciten y obtengan de la misma autoridad la naturalización, comprobando su residencia en el país durante tres años.

3.° Los extranjeros que hayan obtenido naturalización en cualquiera otra República de Centro-América y la soliciten en Nicaragua, trasladando á este país su residencia.

4.° Los que obtengan carta de naturalización del Poder Legislativo.

5.° Los que, conforme á las leyes anteriores, hayan adquirido la nacionalidad nicaragüense.

6.° Los extranjeros que acepten un empleo público con goce de sueldo quedarán naturalizados por el mismo hecho, aunque no declaren su asentimiento, y se entenderá que renuncian á su nacionalidad. Podrán reservarse ésta al aceptar empleo en el profesorado, la milicia, ó por contrato sobre servicio en cualquier arte, profesión ú oficio.

CAPÍTULO III
De los extranjeros

Art. 9.° Los extranjeros, desde el instante en que pisan el territorio de la República, estarán estrictamente obligados á respetar las autoridades y á observar las leyes, adquiriendo derecho á ser protegidos por ellas.

Art. 10°. La República es un asilo sagrado para todo el que quiera refugiarse en su territorio. La extradición sólo podrá otorgarse á virtud de tratados, por delitos comunes graves, nunca por delitos políticos, aunque por consecuencia de éstos resulte un delito común, ni en ningún caso respecto de los nicaragüenses.

Art. 11°. Los extranjeros pueden adquirir toda clase de bienes, no quedando éstos exonerados de las cargas ordinarias ó extraordinarias, generales ó locales establecidas ó que establezcan las leyes sobre los bienes de los nicaragüenses, ó por razón de industria, comercio ó profesión.

Art. 12°. El extranjero que intentare reclamación diplomática contra Nicaragua, si no terminare el asunto por voluntario desistimiento, perderá el derecho de habitar en el territorio de la República.

Art. 13°. La ley podrá establecer la forma y casos en que pueda negarse á un extranjero la entrada al territorio de la República, ú ordenarse su expulsión por considerársele pernicioso, pero sin atacar los demás derechos y garantías que se les conceden en este capítulo.

CAPÍTULO IV
De la ciudadanía

Art. 14°. Son ciudadanos todos los nicaragüenses mayores de veintiún años, ó de diez y ocho que sean casados ó sepan leer y escribir.

Art. 15°. Son derechos exclusivos de los ciudadanos:

1.° El derecho electoral.

2.° El de optar á los cargos públicos, llenando las condiciones establecidas por las leyes.

Art. 16°. Se suspenden los derechos de ciudadanía:

1.° Por auto de prisión, mientras subsista.

2.° Por conducta notoriamente viciada ó vagancia legalmente declarada.

3.° Por enajenación mental, judicialmente establecida.

4.° Por interdicción judicial.

5.° Por declaración de haber lugar á formación de causa, mientras esté pendiente.

6.° Por sentencia en que se imponga pena más que correccional que lleve anexa la inhabilitación para el ejercicio de los derechos políticos, durante el tiempo de la condena.

7.° Por ser deudor fraudulento declarado, mientras no obtenga rehabilitación judicial.

8.° Por naturalizarse en país extranjero, no siendo de Centro-América, mientras no recobre la nacionalidad nicaragüense.

9.° Por admitir empleo de otro Gobierno, con excepción de los de Centro América, ó prestar servicio militar sin licencia del Poder Ejecutivo; por vender su voto en las elecciones; por coartar la libertad electoral cometer fraude en las elecciones, ejerciendo funciones públicas; por subscribir actas ó proclamas promoviendo apoyando la reelección del Presidente de la República; por hacer armas contra Nicaragua en favor ó en apoyo de otro Gobierno, y por traficar en esclavos, mientras no transcurran dos años ó no se obtenga rehabilitación acordada por el Poder Legislativo, después de haber cesado la causa.

En general, en los casos en que no esté expresado el tiempo que dura la suspensión, se entenderá que se recobra la ciudadanía un año después de haber cesado la causa.

Art. 17º. El voto activo es irrenunciable y obligatorio, y corresponde á los ciudadanos en ejercicio de sus derechos El sufragio es directo y secreto. Toda elección debe ser decidida por mayoría absoluta de votos. Una ley especial determinará la manera de practicarse las elecciones.

CAPÍTULO V
Garantías de orden y progreso

Art. 18º. El servicio militar es obligatorio. Todo nicaragüense de veintiuno á cuarenta años es soldado del ejército. La ley hará la organización de éste, y establecerá las causas de exención del servicio.

Fuera de los límites de las edades consignadas, nadie puede ser obligado al servicio militar, aunque tenga despachos de oficial, ni á aceptar éstos. Sin embargo, estando el ejército activo en campaña, todos los ciudadanos están obligados á formar guardias cívicas para mantener el orden. Podrá también decretarse el reclutamiento de todos los nicaragüenses hábiles, en el caso de guerra que ponga en peligro la autonomía o integridad del territorio de la República.

Art. 19º. La ley podrá establecer el fuero militar, pero limitado al ejército en servicio activo y por delitos militares. En ningún caso podrá dársele el carácter de fuero atractivo.

Art. 20º. La fuerza pública es esencialmente obediente: ningún cuerpo armado puede deliberar.

Art. 21º. Toda persona ó reunión de personas que asuma el título de representación del pueblo, ó se arrogue sus derechos, comete sedición.

Art. 22°. Toda autoridad usurpada es ilegal: sus actos son nulos. Toda decisión acordada por intimación directa ó indirecta de un cuerpo armado ó de una reunión de pueblo, es nula de derecho, y no tendrá efectos legales.

Art. 23°. Por la declaración de estado de sitio de la República ó parte de ella, podrán suspenderse todas ó algunas de las garantías individuales, según lo determine, con arreglo á la ley, el decreto en que se haga; pero no podrán afectarse en manera alguna la de inviolabilidad de la vida humana y la que prohíbe la confiscación. El estado de sitio sólo podrá decretarse cuando esté alterado ó en grave peligro el orden público Por guerra civil ó exterior; y deberá limitarse á la localidad ó localidades amenazadas. La ley reglamentará los casos y efectos de la declaración de estado de sitio.

Art. 24°. En caso de epidemia podrán suspenderse las garantías individuales, en cuanto sea necesario para dar cumplimiento á las disposiciones que las Juntas de Sanidad dicten para extirparla, en conformidad con las prescripciones de la ley.

Art. 25°. Ni los nicaragüenses, ni los extranjeros podrán en ningún caso reclamar al Gobierno indemnización por daños y perjuicios que á sus personas ó bienes causaren las facciones, quedándoles expeditos sus derechos para entablar su reclamo contra los funcionarios ó particulares culpables.

Art. 26°. El Estado tiene el primordial deber de fomentar la instrucción pública en los diversos ramos, dando preferencia á la primaria. Esta es obligatoria, y siendo costeada por el Estado, es gratuita. La instrucción que se da en los establecimientos públicos debe ser laica.

Art. 27°. El Estado proveerá todo lo conducente al bienestar y adelanto del país, fomentando el progreso de la agricultura, de la industria y del comercio; de la inmigración, de la colonización de tierras desiertas y de la construcción de caminos y ferrocarriles; del planteamiento de nuevas industrias y del establecimiento de instituciones de crédito; de la importación de capitales extranjeros y de la exploración y canalización de los ríos y lagos, por medio de leyes protectoras de estos fines, y de concesiones temporales de privilegios y recompensas de estímulo.

Art. 28°. Toda guerra en que tome parte Nicaragua contra otra u otras de las Repúblicas de Centro-América, motivada por el propósito de reconstruir la antigua patria, será tenida como guerra civil. En consecuencia, ningún nicaragüense se considerará como traidor, aunque luche en contra del partido que haya adoptado el Gobierno.

Art. 29°. Ninguno de los poderes constituidos podrá celebrar aprobar tratados ó convenciones en que de alguna manera se altere la forma de Gobierno establecida, ó se menoscabe la integridad del territorio ó la soberanía nacional; lo cual se entiende sin perjuicio de lo dispuesto en el artículo 4° de esta Constitución.

Art. 30°. Los empleos públicos deberán conferirse á ciudadanos en ejercicio de sus derechos, del estado seglar y que reúnan las demás condiciones que la ley establezca. Se exceptúan los empleos en los establecimientos de enseñanza y de beneficencia y para el despacho de especies fiscales, que puedan conferirse á las mujeres y á los extranjeros. Podrán además conferirse á estos empleos militares sin jurisdicción, y de representación diplomática y consular de la República.

Art. 31°. Todo empleado ó funcionario de la República, al tomar posesión de su destino, hará la promesa siguiente: "Prometo que cumpliré y haré cumplir la Constitución y las leyes, ateniéndome á su texto, cualesquiera que sean las órdenes que las contraríen, y la autoridad de que emanen".

CAPÍTULO VI
Derechos y garantías individuales

Art. 32°. La Constitución garantiza á todos los habitantes de la República, nicaragüenses extranjeros, *la inviolabilidad de la vida humana, la seguridad individual, la libertad, la igualdad y la propiedad*, en los términos consignados en los artículos siguientes.

INVIOLABILIDAD DE LA VIDA HUMANA

Art. 33°. La pena de muerte se declara abolida. En los casos en que por una sublevación militar ú otro hecho igualmente grave, se halle en peligro la existencia de un ejército ó parte de él, la suerte de una batalla, mientras dure el peligro, no como pena, sino como medio extremo de represión, podrá privarse de la vida á los principales culpables, de conformidad con las prescripciones de la ley militar.

SEGURIDAD INDIVIDUAL

Art. 34°. La República reconoce la garantía de Hábeas Corpus. En consecuencia, toda persona tiene derecho de recurrir al Tribunal requiriendo amparo contra cualquier atentado arbitrariedad de que sea víctima.

El mismo recurso tendrá para hacer efectivo el ejercicio de todas las garantías que la Constitución otorga, cuando sea indebidamente coartado en el goce de ellas.

Art. 35°. Ninguna autoridad puede dar órdenes de detención ó prisión, sino es de conformidad con la ley. Esa orden debe ser siempre escrita, salvo cuando el delincuente sea tomado infraganti, en cuyo caso puede ser detenido por cualquier persona, para entregarlo inmediatamente á la autoridad respectiva.

La detención para inquirir no pasará de seis días. El Juez de instrucción está obligado, dentro de ese término, á decretar la prisión ó libertad del indiciado. No podrá decretarse prisión sin que conste plenamente la comisión de un delito que merezca pena más que correccional y sin que haya presunción grave contra el procesado. La ley determinará cuándo puede imponerse prisión ó arresto como pena correccional ó por vía de apremio.

Art. 36°. Aun con auto de prisión, ninguno puede ser llevado á la cárcel ni detenido en ella si presentare fianza, cuando por el delito no deba aplicarse pena aflictiva, cuando por su naturaleza la ley disponga que sea admisible.

Art. 37°. Nadie puede ser preso ni detenido sino en los lugares públicos designados al efecto. Los menores de edad y las mujeres deberán serlo en lugares separados de los demás presos.

Art. 38°. La incomunicación de los detenidos ó presos no podrá verificarse sino por orden escrita del Juez de la causa, por motivos calificados y por el tiempo estrictamente necesario. Las prisiones que no sean de absoluta necesidad para la seguridad de los reos no deben emplearse, y sólo podrá ordenarlas el Juez respectivo.

Art. 39º. El derecho de defensa es inviolable. La restricción indebida de él, en causa civil ó criminal, produce nulidad.

Art. 40º. Nadie puede ser condenado sin juicio previo, fundado en ley anterior al proceso; ni juzgado por comisiones especiales ó sustraído de los jueces designados por la ley, antes del hecho que origina la causa.

Art. 41º. Nadie puede ser condenado ni absuelto en juicio criminal, por delito que merezca pena más que correccional, sin ser declarado previamente por un Jurado, culpable ó inocente. La ley reglará la organización y atribuciones del Jurado.

Art. 42º. Nadie puede ser obligado en materia criminal á declarar contra sí mismo, ni contra su cónyuge y pariente en el cuarto grado de consanguinidad o segundo de afinidad. La declaración que se exigiere violando esta garantía es nula.

Art. 43º. El tormento es abolido para siempre, ya sea como pena ó por vía de investigación.

Art. 44º. Un mismo Juez no puede serlo en diversas instancias en una misma causa.

Art. 45º. Ningún poder ni autoridad puede avocarse causas pendientes legítimamente ante los Tribunales de justicia, ni abrir juicios fenecidos.

Art. 46º. Nadie será juzgado en otra jurisdicción que en aquella donde se hubiere cometido el delito, si no estuviere dispuesto previamente por la ley lo contrario.

Art. 47º. Nadie puede ser inquietado ni perseguido, con tal que por un acto directo y positivo no perturbe el orden ni infrinja la ley.

Art. 48º. Sólo podrá practicarse el registro ó la pesquisa de la persona, por orden escrita de autoridad competente, para prevenir averiguar delitos ó faltas.

Art. 49º. El domicilio es inviolable, y no podrá decretarse el allanamiento por la autoridad sino en los casos siguientes:

1.º La casa de cualquier habitante, en persecución actual de un delincuente.

2.º La del reo á quien se hubiere proveído auto de prisión.

3.º Por reclamo del interior de una casa ó por desorden

escandaloso que exija pronto remedio.

También puede ser allanada aquella en que se halle refugiado un delincuente, ó se oculten efectos hurtados, prohibidos ó estancados, precediendo al menos semiplena prueba de estos hechos, y llenando las demás formalidades que prescriba la ley.

Art. 50º. La correspondencia epistolar y telegráfica es inviolable: la sustraída de las estafetas ó de cualquier otro lugar no hace fe contra ninguno. Sólo en los asuntos criminales ó civiles que la ley determine, pueden ocuparse, por orden judicial escrita, los papeles privados; debiéndose registrar á presencia del poseedor y devolverse en el acto los que no tengan relación con lo que se indaga.

Art. 51º. Las leyes no pueden tener efecto retroactivo, excepto en materia penal, cuando la nueva ley sea favorable al delincuente.

Art. 52º. Las leyes, órdenes, providencias ó sentencias proscriptivas, ó condenatorias sin juicio, son nulas.

Art. 53º. La policía de seguridad sólo podrá ser confiada á las autoridades civiles.

LIBERTAD

Art. 54º. El esclavo que pise el territorio nicaragüense queda libre. El tráfico de esclavos es un crimen.

Art. 55º. Se garantiza el libre ejercicio de todas las religiones, sin más limite que el trazado por la moral y el orden público.

Art. 56º. Todos tienen libertad:

1º . De publicar sus ideas por la imprenta, sin previa censura, con responsabilidad por los delitos que cometan. En los escritos contra los empleados públicos, aunque sean anónimos, y siempre que se publique la firma del autor, no habrá responsabilidad por injuria, sino sólo por calumnia.

2.º De disponer de sus propiedades, sin restricción alguna, por venta, donación, testamento ó cualquiera otro título legal.

3.º De ejercer su profesión, oficio ó industria.

4.º De asociarse y reunirse pacíficamente y sin armas. Se prohíbe el establecimiento de toda clase de asociaciones monásticas.

5.º De ejercitar el derecho de petición.

6º. De enseñar.

7º· De transitar, permanecer y salir del territorio de la República, sin pasaporte.

8º· De ejercer la navegación y el comercio.

9º. De tener y portar armas, excepto las designadas para uso del ejército. La ley arreglará el uso de este derecho; y sólo podrá suspenderse por el Poder Ejecutivo, cuando haya conatos para trastornar el orden público.

IGUALDAD

Art. 57º. Ante la ley no hay fueros ni privilegios personales.

Art. 58º. La igualdad es la base de los impuestos.

Art. 59º. La ley civil no reconoce diferencia entre nacionales y extranjeros.

PROPIEDAD

Art. 60º. La propiedad es inviolable. Nadie puede ser privado de ella sino en virtud de ley ó de sentencia fundada en ley. La expropiación por causa de utilidad pública debe ser calificada por ley ó por sentencia fundada en ley, y no se verificará sin previa indemnización.

Art. 61º. La confiscación se declara abolida para siempre. Cuando las necesidades de la guerra lo exijan, podrá ocuparse ó utilizarse la propiedad privada, sin previa indemnización, pero en conformidad con una disposición general, y sin que en ningún caso se haga por la sola razón de ser enemigo el propietario. La propiedad confiscada es imprescriptible.

Art. 62º. Sólo el Congreso impone contribuciones.

Art. 63º. Ningún servicio personal es exigible sino en virtud de ley ó de sentencia fundada en ley.

Art. 64º. Todo autor ó interventor goza de la propiedad exclusiva de su obra descubrimiento.

Art. 65º. Se prohíben las vinculaciones. Ninguna corporación permanente tendrá capacidad legal para conservar en propiedad ó administrar por sí bienes raíces, salvo los destinados al ejercicio ú objeto de su institución. Exceptúanse los establecimientos de beneficencia.

Art. 66º. La República reconoce que todos estos derechos y garantías son anteriores y superiores á las leyes positivas. Las leyes podrán reglar su uso, pero en ningún caso, con ocasión de reglamentar ú organizar su ejercicio, podrán disminuir, restringir ó adulterar su esencia. La omisión de otros derechos y garantías, no implicará su negación, pues se consagran todos los que nacen de la soberanía del pueblo y de la forma republicana de gobierno. La falta de ley reglamentaria no impedirá su goce, pues los Tribunales estarán obligados á asegurarlo, conforme á las reglas naturales de justicia y de equidad.

Art. 67º. Los funcionarios públicos serán responsables con sus personas y propiedades por cualquiera violación de los derechos y garantías que quedan consignados.

CAPÍTULO VII
Del Gobierno

Art. 68º. El Gobierno de la Nación es democrático, representativo, alternativo y responsable. Se compondrá de cuatro poderes distintos, que se denominarán Legislativo, Ejecutivo, Judicial y Municipal. Los tres primeros son independientes entre sí: el último sólo depende de aquéllos en la forma que se dispone en la Sección IV de este capítulo.

SECCIÓN I
Del Poder Legislativo

I

DE SU ORGANIZACIÓN

Art. 69º. El Poder Legislativo se ejerce por un Congreso de Diputados, que se reunirá de derecho en la capital de la República, del primero al quince de enero de cada año, sin necesidad de convocatoria. Sus sesiones durarán hasta sesenta días, prorrogables cuando asuntos pendientes de interés actual lo exijan, pudiendo cerrarlas antes, de acuerdo con el Ejecutivo. Instalado el Congreso en la capital, podrá acordar trasladarse á otra población. También tendrá sesiones extraordinarias cuando sea convocado por el Poder Ejecutivo; en cuyo caso sólo se ocupará en los asuntos que motiven la reunión, expresados en el decreto de convocatoria.

Art. 70°. Un número de Diputados que no baje de cinco, tiene facultad para tomar las medidas convenientes á fin de hacer concurrir á los demás, hasta obtener la instalación del Congreso. Puede instalarse y deliberar con las dos terceras partes de los Diputados electos, y para que haya resolución, basta, por lo general, la mayoría absoluta de votos.

Art. 71°. También podrá convocar extraordinariamente al Congreso, para cualquier lugar de la República, una reunión de cinco Diputados, cuando el Ejecutivo haya impedido las sesiones ó disuelto el Congreso; y en general, cuando se trate de juzgar al mismo Presidente y sus Ministros, y no conviniere esperar las sesiones ordinarias. Convocado así el Congreso y reunida una mayoría de sus miembros, podrá comenzar sus deliberaciones.

Art. 72°. Los Diputados serán elegidos por cuatro años, y no podrán ser reelectos para período sucesivo. A los dos años del primer período, se renovarán por mitad, por sorteo que hará el Congreso al cerrar sus sesiones. La renovación sucesiva se hará por orden de antigüedad.

Art. 73°. Para ser Diputado se requiere ser ciudadano en ejercicio de sus derechos, del estado seglar y mayor de veintiún años.

Art. 74°. No pueden ser electos Diputados los Secretarios y Subsecretarios de Estado, los empleados del Poder Ejecutivo que ejercen jurisdicción general ó departamental, los militares en servicio, los contratistas de obras ó servicios públicos que se costeen con fondos del Estado, los que de resultas de tales contratos tengan reclamaciones de interés propio, los deudores morosos á la Hacienda Pública y los que tengan pendientes cuentas de administración de los fondos de la misma.

Art. 75°. El Diputado es inviolable. El hecho mismo de atentar contra su persona el Poder Ejecutivo ó sus agentes, sin la inmediata represión ó castigo del culpable, induce tentativa de usurpación del Poder de parte de aquél.

El Diputado sólo es responsable oficialmente por delito de traición, venalidad y defraudación á la Hacienda Pública; pero sólo puede ser juzgado en las sesiones del Congreso posteriores á las en que se cometa el delito.

Mas en ningún caso responderá el Diputado por sus opiniones ó iniciativa parlamentaria que no se conviertan en hechos que envuelvan la criminalidad indicada.

Art. 76º. Desde quince días antes de las sesiones del Congreso, no podrá iniciarse contra los Representantes juicio alguno civil ni criminal. Para poder ser enjuiciado criminalmente dentro de dicho periodo un Diputado, debe ser acusado ante la Asamblea para el efecto de que ésta lo deponga, si lo encuentra culpable de delito que merezca pena aflictiva. Mientras tanto, el Juez respectivo sólo podrá instruir el juicio informativo.

Sobre delito menos grave el Juez instruirá el proceso, pero no podrá detener ni llamar á declarar al culpable, sino después del período expresado.

Si durante el mismo período fuere sorprendido algún Diputado en flagrante delito, podrá ser detenido para ponerlo inmediatamente á la disposición de la Asamblea.

Art. 77º. Para elegir Diputados al Congreso se dividirá el territorio de la República en distritos electorales, que constarán de diez mil habitantes, ó con tracción que no llegue á mil.

Cada distrito elegirá un Diputado propietario y un suplente; pero entretanto se hace esa división, se elegirán cuatro Diputados propietarios y cuatro suplentes por los departamentos de Chinandega, León, Managua, Masaya, Granada y Rivas, y dos propietarios y dos suplentes por los demás. También elegirán un Diputado propietario y un suplente las poblaciones de la Costa atlántica.

II

ATRIBUCIONES DEL CONGRESO

Art. 78°. Corresponden al Congreso las atribuciones siguientes:

En el Departamento del Interior

1.ª Calificar la elección de sus miembros y aprobar ó no sus credenciales.

2.ª Admitirles sus renuncias por causas legalmente comprobadas, y otorgarles licencias.

3.ª Llamar á los suplentes en caso de muerte ó legítimo impediente de los propietarios, y hacer concurrir á los Diputados ausentes sin legítima excusa, cuando no lo haya hecho la Junta Preparatoria.

4.ª Formar su Reglamento interior.

5.ª Decretar, interpretar, reformar y derogar las leyes

6.ª Crear y suprimir empleos, fijar sus atribuciones, dar pensiones, decretar honores, patentes de invención, privilegios temporales ó subsidios para nuevas industrias ó para mejorar las existentes.

7.ª Conceder amnistías ó indultos, generales ó particulares, y conmutar las penas.

8.ª Decretar el peso, ley y tipo de la moneda nacional, y arreglar el sistema de peso y medidas.

9.ª Declarar la elección de Presidente y Vicepresidente de la República y de los Magistrados de la Corte Suprema de Justicia, ó hacerla en su caso, y admitir ó no sus renuncias, y conceder licencia á los primeros.

10ª. Designar anualmente, de entre los miembros del Congreso, tres personas que deban ejercer el Poder Ejecutivo para suplir las faltas del Presidente y Vicepresidente de la República, en los casos prescritos por esta Constitución.

11ª. Nombrar el Fiscal propietario y el suplente de la Corte Suprema de Justicia; y

12ª. Declarar con lugar á formación de causa á los funcionarios que esta Constitución determina.

En el Departamento de Relaciones Exteriores

Art. 79°. I.ª Proveer á la defensa y seguridad exterior del país.

2.ª Aprobar, modificar ó improbar los tratados concluidos con las naciones extranjeras; y

3.ª Reglar el comercio marítimo y terrestre.

En el Departamento de Hacienda

Art. 80°. 1.ª Aprobar ó improbar la cuenta de gastos públicos.

2.ª Fijar anualmente el presupuesto de ingresos y gastos de la República.

3.ª Imponer y suprimir contribuciones.

4.ª Contraer deudas nacionales, reglar el pago de las existentes y decretar empréstitos.

5.ª Nombrar los miembros del Tribunal de Cuentas ó Contaduría Mayor.

6.ª Habilitar puertos mayores, crear y suprimir aduanas.

En el Departamento de Guerra

Art. 81. 1.ª Aprobar ó improbar las declaraciones de estado de sitio hechas durante su receso, y los actos ejecutados en uso de las facultades extraordinarias que ese estado concede al Ejecutivo.

2.ª Fijar anualmente el número de fuerzas de mar y tierra que ha de mantenerse en pie.

3.ª Declarar la guerra y hacer la paz.

4.ª Aprobar desaprobar la declaratoria de guerra que haya hecho el Poder Ejecutivo.

5.ª Permitir la salida de tropas nacionales fuera de la República, y conceder el tránsito permanencia de tropas extranjeras en el territorio, guardando en todo caso las leyes de la neutralidad.

6.ª Conferir los grados de General de Brigada y General de División á iniciativa del Ejecutivo.

7.ª Declarar en estado de sitio la República ó una parte de ella, de conformidad con la ley que lo reglamente.

Art. 82. En vista de las Memorias en que los Secretarios de Estado den cuenta de los actos del Ejecutivo, resolverá el Congreso sobre su aprobación ó improbación; pero en ningún caso la aprobación que conceda librará al Ejecutivo de la responsabilidad criminal y de sus efectos legales, en caso de acusación por cualquiera de los mismos actos, estén ó no mencionados en la misma Memoria.

Art. 83. Tendrá el Congreso también todas las facultades, que sin estar mencionadas en este párrafo, se encuentren consignadas en distintos artículos de esta Constitución; y las que se desprendan de su espíritu y no estén conferidas á otros funcionarios públicos.

III

DE LA FORMACION, SANCION Y PROMULGACION DE LA LEY

Art. 84. Tienen exclusivamente la iniciativa de la ley los Diputados, el Presidente de la República, por conducto de sus Secretarios de Estado, y la Corte Suprema de Justicia en materias de su competencia.

Todo proyecto de ley debe presentarse por escrito. Cuando la iniciativa parta de los Diputados, no podrá ser suscrita por más de una tercera parte de los miembros presentes en el Congreso.

Art. 85. Ningún proyecto de ley, salvo el caso de urgencia ó escasa importancia, calificadas por el Congreso, será votado sino después de tres deliberaciones. Toda proposición en que se pida esa calificación al Congreso, debe ir precedida de una exposición de motivos en que aquélla se funde, y la resolución deberá dictarse por dos tercios de votos.

Art. 86. Todo proyecto de ley, después de discutido y aprobado por el Congreso, se pasará al Ejecutivo, quien, no teniendo objeciones que hacerle, le dará su sanción y lo hará promulgar como ley.

Art. 87. Cuando el Ejecutivo encontrare inconvenientes para sancionar un proyecto de ley, lo devolverá al Congreso dentro de diez días, puntualizando las razones en que funda su desacuerdo. Si dentro del término fijado no lo objetare, se tendrá por sancionado y lo hará promulgar como ley. En el caso de devolución, el Congreso reconsiderará el proyecto, y si fuese ratificado con los dos tercios de votos, volverá á pasarlo al Ejecutivo, quien lo tendrá por ley.

Art. 88. Cuando el Congreso vote un proyecto de ley al terminar sus sesiones y el Ejecutivo encuentre dificultades para su sanción, está obligado á dar inmediatamente aviso al Congreso, para que permanezca reunido hasta diez días, contados desde la fecha del proyecto, y no haciéndolo, éste se tendrá por sancionado.

Art. 89. Cuando un proyecto de ley fuere desechado ó no ratificado, no podrá proponerse en las mismas sesiones, sino hasta en la Legislatura siguiente; pero los artículos de un proyecto, no desechados, pueden incluirse en otro nuevo ante la misma Legislatura.

Art. 90. Las votaciones en el Congreso deberán ser nominales y consignarse en el acta del día, cuando cualquier Diputado lo pida.

Art. 91. No es necesaria la sanción del Ejecutivo en los actos ó resoluciones siguientes:

1.° En las elecciones que el Congreso haga ó declare, ó en las renuncias que admita ó deseche.

2.° En los juicios de responsabilidad.

3.° En la Ley de Presupuesto.

4.° En las resoluciones que recaigan sobre los actos de que el Ejecutivo dé cuenta ó tratados que someta á la aprobación del Congreso.

Art. 92. Todo proyecto de ley, aprobado por el Congreso, se extenderá por duplicado, y se pasará al Ejecutivo con esta fórmula: *Al Poder Ejecutivo*. Si éste no lo aprobare, lo devolverá al Congreso con esta fórmula: *Vuelva al Congreso Nacional*.

Art. 93. Recibido por el Ejecutivo un proyecto de ley, si no le hiciere objeciones, lo sancionará, devolviendo un ejemplar al Congreso, y reservando otro para promulgarlo como ley, en el término de diez días.

Art. 94. La ley sólo obliga en virtud de su promulgación.

Art. 95. La promulgación de la ley será con esta fórmula: "*El Presidente de la República de Nicaragua, a sus habitantes, sabed:*

que el Congreso Nacional ha ordenado lo siguiente: (aquí el texto y firmas). Por tanto, ejecútese".

SECCIÓN II
Del Poder Ejecutivo

I

DE SU ORGANIZACION

Art. 96. El Poder Ejecutivo se ejercerá por un ciudadano que se denomina Presidente de la República, y debe ser nicaragüense natural, domiciliado en el país tres años, por lo menos, antes de su elección, ciudadano en ejercicio de sus derechos, sin haberlos tenido suspensos durante los últimos cinco años, y mayor de treinta años.

Art. 97. El Presidente de la República deberá ser elegido popularmente y su elección declarada por el Congreso. Cuando hecho el escrutinio de votos no resultare electo por mayoría absoluta, el Congreso procederá á elegirlo entre los tres candidatos que hayan obtenido mayor número de sufragios. En este caso la votación será pública y nominal, y la elección deberá quedar concluida en una sola sesión.

Art. 98. Habrá un Vicepresidente, electo en la misma forma que el Presidente, y debe reunir las mismas condiciones que éste, cuyas faltas llenará en casos de muerte, renuncia, remoción, licencia ó cualquier otro impedimento, hasta completar el período, si la falta fuese absoluta.

Art. 99. Las faltas del Vicepresidente serán llenadas por los tres Designados, según el orden de su nombramiento. Los Designados deberán reunir las condiciones que se exigen para ejercer la Presidencia.

Art. 100. En caso de falta absoluta del Presidente, mientras el Vicepresidente ó Designados, en su caso, reciben el Poder, el Secretario de Estado en el Despacho de Gobernación estará encargado de mantener el orden y de dar posesión al llamado sucederle.

Art. 101. La duración del período presidencial será de cuatro años, sin lugar á reelección sucesiva, ni antes de que transcurra un período igual. El que haya ejercido la Presidencia no podrá ser elegido Vicepresidente para el siguiente período. El período presidencial comenzará y concluirá el primero de febrero del año de la renovación.

Art. 102. No podrá ser electo Presidente para el siguiente período el ciudadano que estuviere ejerciendo la Presidencia ó la hubiere ejercido en los últimos tres meses.

Art. 103. Los actos del Presidente de la República deberán ser refrendados por los Secretarios de Estado, que serán de su libre nombramiento y remoción, sin cuyo requisito no tienen validez, ni deberán ser obedecidos. Podrá nombrar hasta seis Secretarios de Estado, distribuyendo entre ellos, como le parezca más conveniente, los diversos ramos de la administración.

Art. 104. Para ser Secretario de Estado se requiere: ser nicaragüense, natural ó naturalizado, con cinco años de residencia en el país, y mayor de veinticinco años.

No pueden ser Secretarios de Estado los contratistas de obras ó servicios públicos por cuenta del Estado: los que de resultas de tales contratos tengan reclamaciones de interés propio, los deudores morosos á la Hacienda pública y los que tengan cuentas pendientes de administración de fondos de la misma.

Los Secretarios de Estado son solidariamente responsables, con el Presidente de la República, por los actos que autoricen.

Art. 105. Los Secretarios de Estado podrán concurrir á las sesiones de la Asamblea é ilustrar las deliberaciones, pero no podrán estar presentes al tiempo de la votación. Deberán concurrir siempre que se les llame á contestar las interpelaciones que les hiciere cualquier Diputado sobre los asuntos de administración, exceptuando los de los ramos de Guerra y Relaciones Exteriores, cuando juzguen necesaria la reserva, á menos que el Congreso les ordene contestar.

Art. 106. Los Secretarios de Estado deberán presentar al Congreso, dentro de los diez primeros días de sus sesiones ordinarias, informes detallados y comprobados de los actos del Ejecutivo en cada uno de los ramos de administración pública; y en vista de ellos, el Congreso resolverá sobre la aprobación ó improbación de la conducta del Presidente y Ministro respectivo. No presentando sus informes en el término señalado, el Congreso podrá exigir al Presidente la destitución del Secretario de Estado moroso, y señalarle un término para que el nuevamente nombrado cumpla aquella obligación. Si tampoco éste cumpliere, quedarán de hecho suspensos en sus funciones el Presidente y Secretario, hasta que el Congreso resuelva sobre su conducta.

Art. 107. El proyecto de Ley de Presupuesto deberá ser acordado por el Presidente de la República, en consejo con todos sus Secretarios, y cada uno propondrá los gastos de su respectivo ramo. El proyecto deberá presentarse al Congreso, lo más tarde, quince días después de instalado; y en caso de omisión, podrá hacerse lo que dispone el artículo anterior.

Art. 108. Cada Secretario será el ordenador de los gastos de su respectivo ramo, y deberá presentar al Congreso anualmente cuenta detallada y comprobada de los fondos asignados, los cuales pondrá à su disposición el Secretario de Estado en el Despacho de Hacienda.

Art. 109. Para suplir la falta de los Secretarios de Estado, se nombrarán Subsecretarios, que tendrán los mismos deberes y atribuciones, y deberán reunir las mismas condiciones que aquéllos, con excepción de la edad, pues bastará que hayan cumplido veintiún años.

Art. 110. El Presidente de la República es el Comandante General del Ejército, y será responsable de los actos que ejecute, del mismo modo que por los de la Presidencia.

Art. 111. Las funciones de Comandante General son indelegables. Cuando el Presidente crea conveniente tomar el mando directo de las fuerzas en campaña, deberá depositar el Poder en la persona llamada por la ley á sustituirlo.

II

DE LAS ATRIBUCIONES DEL PODER EJECUTIVO

Art. 112. El Presidente de la República es el Jefe de la Nación: tiene á su cargo la administración general del país, y sus deberes y atribuciones son los consignados en los varios artículos de la Constitución, y además los siguientes.

Art. 113. 1º. Ejecutar y hacer cumplir las leyes, expidiendo los decretos y órdenes conducentes á este objeto, sin poder alterar su espíritu con disposiciones reglamentarias.

2.º Mantener ilesas la soberanía é independencia de la República y la integridad de su territorio.

3.º Conservar la paz y seguridad interior.

4.º Nombrar los empleados subalternos del Poder Ejecutivo, admitir sus renuncias, removerlos ó destituirlos de conformidad con la ley.

5.º Conmutar las penas, previo informe favorable del Tribunal que haya pronunciado el fallo que cause ejecutoria.

6.º Conceder á los empleados de su nombramiento licencias, jubilaciones, retiros y goce de montepíos conforme á las leyes.

7.º Prorrogar las sesiones ordinarias del Congreso, cuando tenga asuntos de importancia que someterle, y convocarlo á sesiones extraordinarias cuando asuntos de importancia ó de urgencia lo exijan.

8.º Señalar, antes de la instalación del Congreso, el lugar donde debe reunirse provisionalmente, cuando en el designado por la ley no hubiere suficiente seguridad ó libertad para deliberar, por causa de epidemia ó de guerra.

9.º Dar cuenta en un Mensaje al Congreso, al abrir sus sesiones ordinarias, del estado general de la administración pública.

10.º Habilitar cerrar puertos menores, nacionalizar y matricular buques.

11.ºFomentar la instrucción pública en todos los ramos del saber humano.

12.º Abrir y cerrar las vías de comunicación; pero las contratas que celebre para la construcción de muelles, caminos de hierro y apertura de canales, no tendrán efecto mientras no sean aprobadas por el Poder Legislativo; y ningún reclamo podrá hacerse contra Nicaragua en el caso de improbación, si antes hubiesen comenzado á ejecutarse.

13.º Fomentar el comercio, la agricultura, la minería y todas las demás industrias, artes y oficios, haciendo las concesiones que las leyes permitan.

14.º Permanecer dentro del territorio de la República, no pudiendo salir sin permiso del Poder Legislativo, á menos que lo exijan las necesidades de la guerra; pero en uno y otro caso, depositará el Poder en la persona designada por la ley.

En el Departamento de Relaciones Exteriores

Art. 114. 1.º Concluir y firmar tratados de paz, comercio, navegación, alianza, neutralidad y las demás negociaciones requeridas para el mantenimiento y cultivo de las buenas relaciones internacionales, quedando sujetos tales tratados á la aprobación del Congreso.

2.º Cultivar relaciones de amistad con las Repúblicas de Centro-América, estrechando con ellas los lazos de fraternidad; y preparar la opinión pública del país para la Unión Nacional.

3.º Nombrar Agentes Diplomáticos y Consulares de la República, recibir los Ministros y admitir los Cónsules de las demás naciones.

En el Departamento de Hacienda

Art. 115.- 1.º Recaudar y administrar las rentas de la República, promoviendo su desarrollo, y decretar su inversión conforme á las leyes.

2.º Decretar en los casos de invasión ó rebelión, si los recursos del Erario no bastaren, una contribución extraordinaria general, de cuyo decreto, así como de la inversión de los fondos, dará cuenta al Congreso en sus próximas sesiones.

En el Departamento de Guerra

Art. 116. 1.º Aceptar la guerra que sea declarada á Nicaragua por otra nación, después de emplear todos los medios decorosos para evitarla; y tanto para este caso, como para sofocar cualquiera insurrección interior, que no pueda terminar por medios pacíficos, llamar al servicio al ejército, en cantidad necesaria, además de la fuerza permanente. En ambos casos, está obligado á demostrar ante el Congreso su inculpabilidad en la guerra sostenida.

2.° Declarar la guerra y hacer la paz en receso del Congreso y cuando las circunstancias no permitan convocar á éste para resolverlo, sometiendo todo á su aprobación.

3.° Conceder patentes de corso y cartas de represalia.

4.° Decretar el estado de sitio en receso del Congreso, debiendo dar cuenta á éste en su próxima reunión de las causas que lo hayan motivado, y de los actos que hubiere ejecutado, haciendo uso de las facultades extraordinarias que ese estado le confiere; y será responsable por el delito de usurpación si lo decreta ó prolonga indebidamente.

5.° Organizar el ejército de la República, y conferir grados hasta el de Coronel inclusive, y en el campo de batalla, cuando tenga el mando de las fuerzas, los grados de General de Brigada y de División, á los militares que tengan una conducta distinguida; ó aprobar los grados que confiera el General en Jefe, en igualdad de circunstancias. La orden en que confieran los grados de General, deberá dictarse dentro de tres días después de la acción de armas que los motivare.

Art. 117. Todos los decretos, órdenes ó disposiciones que el Poder Ejecutivo emita, traspasando las facultades que esta Constitución le confiere, serán nulos y no obedecidos, aunque se den á reserva de someterlos á la aprobación del Congreso. Los empleados públicos que les den cumplimiento, serán solidariamente responsables con sus autores, y los particulares que se aprovechen de ellos, estarán obligados á indemnizar los daños causados.

SECCIÓN III
Del Poder Judicial

Art. 118. El Poder Judicial de la República se ejercerá por una Corte Suprema de Justicia, que residirá en la capital, compuesta de cinco Magistrados, y por los Tribunales superiores é inferiores que la ley establezca.

Art. 119. Para ser Magistrado de la Corte Suprema de Justicia se necesita ser ciudadano en ejercicio de sus derechos, no haberlos tenido suspensos durante los últimos cinco años, mayor de veinticinco años y Abogado de la República.

Art. 120. Los Magistrados de la Corte Suprema de Justicia serán electos popularmente. Si no resultare mayoría absoluta de votos en favor de alguno ó algunos de ellos, el Congreso los elegirá entre los que hayan obtenido mayor número, para que desempeñen interinamente el cargo, convocando á nuevas elecciones, para declararlas en sus próximas sesiones.

Art. 121. Se elegirán de igual manera cinco Magistrados suplentes, que llenarán las faltas temporales ó absolutas de los propietarios, y deberán reunir las mismas condiciones que éstos. Si la falta fuere absoluta, el Poder Ejecutivo convocará á elecciones, para reponer al propietario.

Art. 122. La Corte Suprema nombrará los funcionarios de los Tribunales inferiores, seccionales, departamentales ó de distrito, en conformidad con la ley: y ésta determinará la manera de nombrar los funcionarios locales.

Art. 123. No podrán ser Magistrados ni Jueces de un mismo Tribunal, los parientes dentro del cuarto grado de consanguinidad y segundo de afinidad legítima. Si resultaren electos dos ó más parientes dentro de "los grados indicados, será preferido el que hubiere obtenido mayor número de votos; y en caso de igualdad, el Abogado más antiguo, reponiéndose la elección de los demás.

Art. 124. El período de los Magistrados será de cuatro años, pudiendo ser reelectos.

Art. 125. La Corte Suprema de Justicia admitirá ó desechará las renuncias á los individuos de los Tribunales inferiores; concederá licencias á éstos y á sus propios miembros, y ejercerá todas las demás funciones que esta Constitución y las leyes le señalen.

Art. 126. La ley determinará los deberes y atribuciones de los demás Tribunales de Justicia y funcionarios subalternos.

Art. 127. Cuando la ley no determine Tribunal competente para conocer de un asunto, lo será la Corte Suprema de Justicia el Tribunal que ella designe.

Art. 128. La facultad de juzgar y ejecutar lo juzgado pertenece exclusivamente a los Tribunales de Justicia. A ellos corresponde la aplicación de las leyes en casos concretos que legalmente se sometan á su conocimiento, y negarles cumplimiento cuando sean contrarias á la Constitución.

Art. 129. También podrá entablarse, directamente ante la Corte Suprema de Justicia, el recurso de inconstitucionalidad de una ley, que verse sobre asuntos no ventilables ante los Tribunales de Justicia, por toda persona que, al serle aplicada en un caso concreto, sea perjudicada en sus legítimos derechos. La ley reglamentará el uso de este recurso.

Art. 130. La administración de justicia será gratuita.

Art. 131. Los miembros de los Tribunales de Justicia no podrán ejercer empleo alguno del Poder Ejecutivo. Si lo aceptaren, vacará por el mismo hecho el empleo judicial.

Art. 132. Los Tribunales podrán requerir el auxilio de la fuerza armada para el cumplimiento de sus resoluciones; y si les fuere negado, ó no la hubiere disponible, podrán exigirlo de los ciudadanos, armándolos al afecto. El funcionario que indebidamente se negare á dar el auxilio, incurrirá en responsabilidad.

SECCIÓN IV
Del Gobierno Municipal

Art. 133. El Gobierno Municipal de los pueblos estará á cargo de Municipalidades electas popularmente por sus respectivos vecinos.

Para que un pueblo tenga Municipalidad necesita contar, por lo menos, con quinientos habitantes. El número de los miembros de las Municipalidades será determinado por la ley, proporcionalmente al número de la población.

Art. 134. Las Municipalidades decretarán libremente los impuestos y contribuciones locales, y administrarán sus fondos en provecho de la comunidad, rindiendo cuentas de su administración ante el Tribunal establecido por la ley.

También nombrarán libremente los empleados de su dependencia.

Art. 135. Las atribuciones de las Municipalidades serán puramente económicas y administrativas. La ley las determinará, lo mismo que las condiciones que deben tener sus miembros para ser electos.

En el ejercicio de sus funciones primitivas serán absolutamente independientes de los otros poderes, sin deber en ningún caso contrariar las leyes generales del país; y serán responsables por los abusos que cometan, colectiva ó individualmente, ante los Tribunales de Justicia.

De los funcionarios superiores del Poder Ejecutivo sólo dependerán al dar cumplimiento á las órdenes y disposiciones generales para todos los pueblos de la República ó para los del departamento.

Art. 136. Las Municipalidades tendrán facultad, conforme á la ley, de conmutar las penas impuestas por faltas.

Art. 137. Corresponde á las Municipalidades el nombramiento de los agentes de policía de seguridad y de orden; pero en la capital de la República ejercerá esta facultad el Poder Ejecutivo, el cual tendrá la dirección suprema del ramo. Una ley secundaria lo reglamentará.

CAPÍTULO VIII
Del Tesoro Nacional

Art. 138. Forman el Tesoro público de la Nación:

1.º Todos sus bienes muebles y raíces.

2.º Todos sus créditos activos.

3.º Todos los derechos, impuestos y contribuciones que paguen los habitantes de la República.

Art. 139.-Para la administración de los fondos públicos habrá una Tesorería General de recaudación y pagos, y los demás empleados que sean necesarios. Podrá encargarse á la Tesorería General la Dirección General de las rentas.

Art. 140.- El Tesorero General será nombrado por el Poder Ejecutivo. Para ejercer ese cargo se requiere ser mayor de veinticinco años, ciudadano no suspenso en el ejercicio de sus derechos durante los últimos cinco años, y no ser acreedor ni deudor de la Hacienda Pública, ni tener cuentas pendientes con ella.

Art. 141.- Ninguna suma podrá extraerse del Tesoro, pagarse ó abonarse, sino en virtud de designación previa de la ley. Esta determinará las entradas y los gastos de la Nación.

De cualquier cantidad exigida ó invertida contra lo dispuesto por la ley, será responsable el que ordene la exacción ó el gasto indebido. También lo será el ejecutor ó beneficiado, si no prueba su inculpabilidad.

Art. 142. - El Poder Ejecutivo no podrá celebrar contratos que comprometan los fondos nacionales, sin previa publicación de la propuesta en el periódico oficial y licitación pública. Exceptúanse las que tengan por objeto proveer á las necesidades de la guerra, y las que por su naturaleza no puedan celebrarse sino es con persona determinada.

Art. 143. - Para fiscalizar la administración del Tesoro Nacional, habrá una Contaduría Mayor ó Tribunal de Cuentas, cuyas atribuciones serán: examinar y finiquitar las cuentas de los que administran intereses públicos, ó deducirles responsabilidad cuando en ella hubiesen incurrido: dirigir la Contabilidad Fiscal, y vigilar por la recaudación é inversión de los caudales públicos, conforme á la Ley de Presupuesto y demás vigentes, interviniendo en la forma que la ley determine para evitar extralimitaciones y fraudes.

Art. 144. - Los miembros de este Tribunal ó Contaduría Mayor serán electos por el Congreso, y deberán tener las mismas condiciones que el Tesorero General. Su número, organización y atribuciones serán determinados por la ley.

CAPÍTULO IX
Responsabilidad de los funcionarios públicos

Art. 145.- Todo funcionario público es responsable por sus actos.

Art. 146.- El Presidente de la República, ó el que haga sus veces, los Magistrados y Fiscal de la Corte Suprema de Justicia, los Secretarios de Estado ó Subsecretarios cuando lo sustituyan, los Ministros Diplomáticos y Contadores Mayores, responderán ante el Congreso por los delitos que cometan en el ejercicio de sus funciones. El Congreso, previos los trámites que determine su Reglamento, declarará si ha lugar á formación de causa, para el efecto de entregar el reo al Tribunal competente. Igual juicio previo se necesita para proceder contra el Presidente de la República por delitos comunes.

Art. 147.- Los Diputados al Congreso serán juzgados por los delitos oficiales y por delitos comunes, en la forma establecida en los artículos 75 y 76 de esta Constitución.

Art. 148.- Los Contadores del Tribunal de Cuentas serán juzgados por la Corte Suprema de Justicia, por los delitos oficiales que cometan, á fin de declarar si ha ó no lugar á formación de causa contra ellos y sujetarlos á los Tribunales ordinarios.

Art. 149.- Desde que se declare por la Asamblea ó por la Corte Suprema de Justicia que ha lugar á formación de causa, el acusado quedará suspenso en el ejercicio de sus funciones, no pudiendo, por ningún motivo, permanecer más en su puesto sin hacerse reo de usurpación, y ningún individuo deberá obedecerle. Si la sentencia definitiva fuere absolutoria, el acusado volverá al ejercicio de su empleo: en caso contrario, quedará por el mismo hecho depuesto.

Art. 150.- Cuando el Poder Ejecutivo, en las cuentas que rindan sus Ministros al Poder Legislativo, omitiere alguno de los actos que, según la ley, debieran comprenderse en aquéllas, será requerido por el Congreso para que cumpla con su deber á este respecto; y si no lo hiciere, se observará lo dispuesto en el artículo 106 de esta Constitución.

www.ingramcontent.com/pod-product-compliance
Lightning Source LLC
Chambersburg PA
CBHW071137130626
46553CB00004B/1417